HISTOIRE
DE
LA RÉVOLUTION.
FRANÇAISE.

TOME IV.

TYPOGRAPHIE DE FIRMIN DIDOT FRÈRES,
RUE JACOB, N° 24.

HISTOIRE

DE

LA RÉVOLUTION

FRANÇAISE,

PAR M. A. THIERS,

DE L'ACADÉMIE FRANÇAISE, MINISTRE ET DÉPUTÉ.

TOME QUATRIÈME.

Quatrième Édition.

PARIS,
CHEZ LECOINTE, ÉDITEUR,
QUAI DES AUGUSTINS, N° 49.

MDCCCXXXIV.

HISTOIRE
DE
LA RÉVOLUTION
FRANÇAISE.

CHAPITRE PREMIER.

Position des partis après la mort de Louis XVI. — Changements dans le pouvoir exécutif. Retraite de Roland; Beurnonville est nommé ministre de la guerre, en remplacement de Pache. — Situation de la France à l'égard des puissances étrangères; rôle de l'Angleterre; politique de Pitt. — État de nos armées dans le Nord; anarchie dans la Belgique par suite du gouvernement révolutionnaire. — Dumouriez vient encore à Paris; son opposition aux jacobins. — Deuxième coalition contre la France; plans de défense générale proposés par Dumouriez. — Levée de trois cent mille hommes. Invasion de la Hollande par Dumouriez;

détails des plans et des opérations militaires. — Pache est nommé maire de Paris. — Agitation des partis dans la capitale ; leur physionomie, leur langage et leurs idées dans la commune, dans les Jacobins et dans les sections. — Troubles à Paris à l'occasion des subsistances ; pillage des boutiques des épiciers. — Continuation de la lutte des girondins et des montagnards ; leurs forces, leurs moyens. — Revers de nos armées dans le Nord. Décrets révolutionnaires pour la défense du pays. — Établissement du *tribunal criminel extraordinaire* ; orageuses discussions dans l'assemblée à ce sujet ; événements de la soirée du 10 mars ; le projet d'attaque contre la convention échoue.

La mort de l'infortuné Louis XVI avait causé en France une terreur profonde, et en Europe un mélange d'étonnement et d'indignation. Comme l'avaient prévu les révolutionnaires les plus clairvoyants, la lutte se trouvait engagée sans retour, et toute retraite était irrévocablement fermée. Il fallait donc combattre la coalition des trônes, et la vaincre ou périr sous ses coups. Aussi, dans l'assemblée, aux Jacobins, partout, on disait qu'on devait s'occuper uniquement de la défense extérieure, et dès cet instant, les questions de guerre et de finances furent constamment à l'ordre du jour.

On a vu quelle crainte s'inspiraient l'un à l'autre les deux partis intérieurs. Les jacobins croyaient voir un dangereux reste de royalisme dans cette résistance opposée à la condamnation de Louis XVI, et dans cette horreur qu'inspiraient à beaucoup de départements les excès commis depuis le 10 août. Aussi doutèrent-ils de leur victoire jusqu'au dernier moment; mais la facile exécution du 21 janvier les avait enfin rassurés. Depuis lors ils commençaient à croire que la cause de la révolution pouvait être sauvée, et ils préparaient des adresses pour éclairer les départements, et achever leur conversion. Les girondins, au contraire, déjà touchés du sort de la victime, et alarmés en outre de la victoire de leurs adversaires, commençaient à découvrir dans l'événement du 21 janvier le prélude de longues et sanglantes fureurs, et le premier fait du système inexorable qu'ils combattaient. On leur avait bien accordé la poursuite des auteurs de septembre, mais c'était là une concession sans résultat. En abandonnant Louis XVI, ils avaient voulu prouver qu'ils n'étaient pas royalistes; en leur abandonnant les septembriseurs, on voulait leur prouver qu'on ne protégeait pas le crime; mais cette double preuve n'avait satisfait ni rassuré personne. On voyait toujours en eux de faibles républicains et presque des royalistes, et ils voyaient toujours dans leurs adversaires des ennemis altérés de sang et de carnage. Roland, complétement découragé, non par le danger, mais par l'impossibilité manifeste d'être utile, donna sa démission le 23 janvier. Les jacobins s'en applaudirent, mais s'écrièrent aussitôt qu'il restait encore au ministère les traîtres Clavière et Lebrun, dont l'intrigant Brissot s'était rendu maître; que le mal n'était pas entièrement détruit; qu'il ne fallait pas se ralentir, mais au contraire redoubler de zèle jusqu'à ce qu'on eût écarté du gouvernement les *intrigants*, les *girondins*, les *rolandins*, les *brissotins*, etc... Sur-le-champ les girondins demandèrent la réorganisation du ministère de la guerre, que Pache, par sa faiblesse envers les jacobins, avait mis dans l'état le plus déplorable. Après de violentes discussions, Pache fut renvoyé comme incapable. Ainsi les deux chefs qui partageaient le ministère, et dont les noms étaient devenus les deux points opposés de ralliement, furent exclus du gouvernement. La majorité de la convention crut avoir fait par là quelque chose pour la paix, comme si, en supprimant les noms dont se servaient les passions ennemies, ces passions elles-mêmes n'eussent pas dû survivre pour trouver des noms nouveaux et continuer de se combattre. Beurnonville, l'ami de Dumouriez, et surnommé l'*Ajax français*, fut appelé à l'administration de la guerre.

Il n'était connu encore des partis que par sa bravoure; mais son attachement à la discipline allait bientôt le mettre en opposition avec le génie désordonné des jacobins. Après ces mesures, on mit à l'ordre du jour les questions de finances, qui étaient les plus importantes dans ce moment suprême où la révolution avait à lutter avec toute l'Europe. En même temps on décida que dans quinze jours au plus tard le comité de constitution ferait son rapport, et qu'immédiatement après on s'occuperait de l'instruction publique. Un grand nombre d'hommes, qui ne comprenaient pas la cause des troubles révolutionnaires, se figuraient que c'était le défaut de lois qui amenait tous les malheurs de l'état, et que la constitution remédierait à tous les désordres. Aussi une grande partie des girondins et tous les membres de la Plaine ne cessaient de demander la constitution, et de se plaindre des retards qu'on y apportait, en disant que leur mission était de constituer. Ils le croyaient en effet; ils s'imaginaient tous qu'ils n'avaient été appelés que pour ce but, et que cette tâche pouvait être terminée en quelques mois. Ils n'avaient pas encore compris qu'ils étaient appelés, non à constituer, mais à combattre; que leur terrible mission était de défendre la révolution contre l'Europe et la Vendée; que bientôt, de corps délibérant qu'ils étaient, ils allaient se changer en une dictature sanglante, qui tout à la fois proscrirait les ennemis intérieurs, livrerait des batailles à l'Europe et aux provinces révoltées, et se défendrait en tous sens par la violence; que leurs lois, passagères comme une crise, ne seraient considérées que comme des mouvements de colère; et que de leur œuvre, la seule chose qui devait subsister, c'était la gloire de la défense, unique et terrible mission qu'ils avaient reçue de la destinée, et qu'ils ne jugeaient pas eux-mêmes encore devoir être la seule.

Cependant, soit l'accablement causé par une longue lutte, soit l'unanimité des avis sur les questions de guerre, tout le monde étant d'accord pour se défendre, et même pour provoquer l'ennemi, un peu de calme succéda aux terribles agitations produites par le procès de Louis XVI, et on applaudit encore Brissot dans ses rapports diplomatiques contre les puissances.

Telle était la situation intérieure de la France et l'état des partis qui la divisaient. Sa situation à l'égard de l'Europe était effrayante. C'était une rupture générale avec toutes les puissances. Jusqu'ici la France n'avait eu encore que trois ennemis déclarés, le Piémont, l'Autriche et la Prusse. La révolution, partout approuvée des peuples selon le degré de leurs lumières, partout odieuse aux gouvernements selon le degré de leurs craintes, venait cependant de produire des sensations toutes nouvelles sur l'opinion du monde, par les terribles événements du 10 août, des 2 et 3 septembre, et du 21 janvier. Moins dédaignée depuis qu'elle s'était si énergiquement défendue, mais moins estimée depuis qu'elle s'était souillée par des crimes, elle avait cessé d'intéresser aussi vivement les peuples, et d'être considérée avec autant de mépris par les gouvernements.

La guerre allait donc devenir générale. On a vu l'Autriche se laissant, par des liaisons de famille, engager dans une guerre peu utile à ses intérêts; on a vu la Prusse, dont l'intérêt naturel était de s'allier avec la France contre le chef de l'empire, se portant, par les raisons les plus frivoles, au-delà du Rhin, et compromettant ses armées dans l'Argonne; on a vu Catherine, autrefois philosophe, désertant comme tous les gens de cour la cause qu'elle avait d'abord embrassée par vanité, poursuivre la révolution à la fois par mode et par politique, exciter enfin Gustave, l'empereur d'Autriche et le roi de Prusse, pour les distraire de la Pologne et les rejeter sur l'Occident; on a vu le Piémont attaquant la France contre ses intérêts, mais par des raisons de parenté et de haine contre la révolution; les petites cours d'Italie, détestant notre nouvelle république, mais n'osant l'attaquer, la reconnaissant même à la vue de notre pavillon; la Suisse gardant une parfaite neutralité; la Hollande et la diète germanique ne s'expliquant pas encore, mais laissant apercevoir une malveillance profonde; l'Espagne observant une neutralité prudente sous l'influence du sage comte d'Aranda; et enfin l'Angleterre laissant la France se déchirer elle-même, le continent s'épuiser, les colonies se dévaster, et abandonnant ainsi le soin de sa vengeance aux désordres inévitables des révolutions.

La nouvelle impétuosité révolutionnaire allait déconcerter toutes ces neutralités calculées. Jusqu'ici Pitt avait raisonné sa conduite d'une manière assez juste. Dans sa patrie, une demi-révolution qui n'avait régénéré qu'à moitié l'état social, avait laissé subsister une foule d'institutions féodales, qui devaient être un objet d'attachement pour l'aristocratie et pour la cour, et un objet de réclamations pour l'opposition. Pitt avait un double but : premièrement, de modérer la haine aristocratique, de contenir l'esprit de réforme, et de conserver ainsi son ministère en dominant les deux partis; secondement, d'accabler la France sous ses propres désastres et sous la haine de tous les gouvernements européens; il voulait en un mot rendre sa patrie maîtresse du monde, et être maître de sa patrie; c'était là le double objet qu'il poursuivait, avec l'égoïsme et la force d'esprit d'un grand homme d'état. La neutralité servait à merveille ses projets. En empêchant la guerre, il contenait la haine aveugle de sa cour pour la liberté; en laissant se développer sans obstacle tous les excès de la révolution française, il faisait tous les jours de sanglantes réponses aux apologistes de cette révolution, réponses qui ne prouvaient rien, mais qui produisaient un effet certain. Au célèbre Fox, l'homme le plus éloquent de l'opposition et de l'Angleterre, il répondait en citant les crimes de la France réformée. Burke, déclamateur véhément, était chargé d'énumérer ces crimes, et s'acquittait de ce soin avec une violence absurde; un jour même il alla jusqu'à jeter de la tribune un poignard qui, disait-il, était fabriqué par les propagandistes jacobins. Tandis qu'à Paris on accusait Pitt de payer des troubles, à Londres il accusait les révolutionnaires français de répandre l'argent pour exciter des révolutions, et nos émigrés accréditaient encore ces bruits en les répétant. Tandis que par cette logique machiavélique, il désenchantait les Anglais de la liberté française, il soulevait l'Europe contre nous, et ses envoyés disposaient toutes les puissances à la guerre. En Suisse, il n'avait pas réussi; mais à La Haye, le docile stathouder, éprouvé par une première révolution, se défiant toujours de son peuple, et n'ayant d'autre appui que les flottes anglaises, lui avait donné toute espèce de satisfaction, et témoignait, par une foule de démonstrations hostiles, sa malveillance pour la France. C'est surtout en Espagne que Pitt employait le plus d'intrigues, pour décider cette puissance à la plus grande faute qu'elle ait jamais commise, celle de se réunir à l'Angleterre contre la France, sa seule alliée maritime. Les Espagnols avaient été peu émus par notre révolution; et c'étaient moins des raisons de sûreté et de politique que des raisons de parenté et des répugnances communes à tous les gouvernements, qui indisposaient le cabinet de Madrid contre la république française. Le sage comte d'Aranda, résistant aux intrigues des émigrés, à l'humeur de l'aristocratie espagnole, et aux suggestions de Pitt, avait eu soin de ménager la susceptibilité de notre nouveau gouvernement. Renversé néanmoins en dernier lieu, et remplacé par don Manuel Godoï, depuis prince de la Paix, il laissait sa malheureuse patrie en proie aux plus mauvais conseils. Jusque-là le cabinet de Madrid avait refusé de s'expliquer à l'égard de la France; au moment du jugement définitif de Louis XVI, il offrit la reconnaissance politique de la république, et sa médiation auprès de toutes les puissances, si on laissait au monarque détrôné la vie sauve. Pour toute réponse, Danton avait proposé la guerre, et l'assemblée adopta l'ordre du jour. Depuis ce temps, la disposition à la guerre ne fut plus douteuse. La Catalogne se remplissait de troupes. Dans tous les ports on armait avec activité, et une prochaine attaque était résolue. Pitt triomphait donc, et sans se déclarer encore, sans se compromettre trop précipitamment, il se donnait le temps d'élever sa marine à un état redoutable, il satisfaisait son aristocratie par ses préparatifs, il dépopularisait notre révolution par les déclamations qu'il payait; et tandis qu'il se renforçait ainsi en silence, il nous préparait une ligue accablante qui, en occupant toutes nos forces, ne nous permettrait ni de secourir nos colonies, ni d'arrêter les succès de la puissance anglaise dans l'Inde.

Jamais à aucune époque on ne vit l'Europe être saisie d'un pareil aveuglement, et commettre autant de fautes contre elle-même. Dans l'Occident, en effet, on voyait l'Espagne, la Hollande, toutes les puissances maritimes, égarées par les passions aristocratiques, s'armer avec leur ennemie l'Angleterre, contre la France leur seule alliée. On voyait encore la Prusse, par une inconcevable vanité, s'unir au chef de l'empire contre cette France dont le grand Frédéric avait toujours recommandé l'alliance. Le petit roi de Sardaigne tombait dans la même faute par des motifs à la vérité plus naturels, ceux de la parenté. Dans l'Orient et le Nord, on laissait Catherine commettre un crime contre la Pologne, un attentat contre la sûreté de l'Allemagne, pour le frivole avantage d'acquérir quelques provinces, et pour pouvoir encore déchirer la France sans distraction. On méconnaissait donc à la fois toutes les anciennes et utiles amitiés, et on cédait aux perfides suggestions des deux dominations les plus redoutables, pour s'armer contre notre malheureuse patrie, ancienne protectrice ou alliée de ceux qui l'attaquaient aujourd'hui. Tout le monde y contribuait, tout le monde se prêtait aux vues de Pitt et de Catherine; d'imprudents Français parcouraient l'Europe pour hâter ce funeste renversement de la politique et de la prudence, et pour attirer sur leur pays le plus affreux des orages. Et quels étaient les motifs d'une aussi étrange conduite? On livrait la Pologne à Catherine, parce qu'elle avait voulu régulariser son antique liberté; on livrait la France à Pitt, parce qu'elle avait voulu se donner la liberté qu'elle n'avait pas encore! Sans doute la France avait commis des excès; mais ces excès devaient s'accroître encore avec la violence de la lutte, et on allait, sans parvenir à immoler cette liberté détestée, préparer trente ans de la guerre la plus meurtrière, provoquer de vastes invasions, faire naître un conquérant, amener des désordres immenses, et finir par l'établissement des deux colosses qui dominent aujourd'hui l'Europe sur les deux éléments, l'Angleterre et la Russie.

Au milieu de cette conjuration générale, le Danemark seul, conduit par un ministre habile, et la Suède, délivrée des rêves présomptueux de Gustave, gardaient une sage réserve, que la Hollande et l'Espagne auraient dû imiter en se réunissant au système de la neutralité armée. Le gouvernement français avait parfaitement jugé ces dispositions générales, et l'impatience qui le caractérisait dans ce moment ne lui permettait pas d'attendre les déclarations de guerre, mais le portait au contraire à les provoquer. Depuis le 10 août il n'avait cessé de demander à être reconnu, mais il avait gardé encore quelque mesure à l'égard de l'Angleterre, dont la neutralité était précieuse à cause des ennemis qu'on avait déjà à combattre. Mais après le 21 janvier il avait mis toutes les considérations de côté, et il était décidé à une guerre universelle. Voyant que les hostilités cachées n'étaient pas moins dangereuses que les hostilités ouvertes, il se hâta de faire déclarer ses ennemis; aussi dès le 22 janvier, la convention nationale passa en revue tous les cabinets, ordonna des rapports sur la conduite de chacun d'eux à l'égard de la France, et se prépara à leur déclarer la guerre s'ils tardaient à s'expliquer d'une manière catégorique.

Depuis le 10 août l'Angleterre avait retiré son ambassadeur de Paris, et n'avait souffert l'ambassadeur français à Londres, M. de Chauvelin, que comme envoyé de la royauté renversée. Toutes ces subtilités diplomatiques n'avaient d'autre but que de satisfaire aux convenances à l'égard du roi enfermé au Temple, et en même temps de différer les hostilités, qu'il ne convenait pas de commencer encore. Cependant Pitt feignit de demander un envoyé secret pour expliquer ses griefs contre le gouvernement français. On envoya le citoyen Maret dans le mois de décembre. Il eut avec Pitt un entretien particulier. Après de mutuelles protestations, pour déclarer que l'entrevue n'avait rien d'officiel, qu'elle était tout amicale, et qu'elle n'avait d'autre motif que le désir bienveillant de contribuer à éclairer les deux nations sur leurs griefs réciproques, Pitt se plaignit de ce que la France menaçait les alliés de l'Angleterre, attaquait même leurs intérêts, et en preuve il cita la Hollande. Le grief principalement allégué fut l'ouverture de l'Escaut, mesure peut-être imprudente, mais généreuse, que les Français avaient prise en entrant dans les Pays-Bas. Il était absurde en effet que, pour procurer aux Hollandais le monopole de la navigation, les Pays-Bas, que traverse l'Escaut, ne pussent pas faire usage de ce fleuve. L'Autriche n'avait pas osé abolir cette servitude, mais Dumouriez le fit par ordre de son gouvernement, et les habitants d'Anvers virent avec joie des navires remonter l'Escaut jusque dans leur ville. La réponse était facile : car la France, en respectant les droits des voisins neutres, n'avait pas promis de consacrer des iniquités politiques, parce que des neutres y seraient intéressés. D'ailleurs le gouvernement hollandais s'était montré assez malveillant pour qu'on ne lui dût pas de si grands ménagements. Le second grief allégué était le décret du 15 novembre, par lequel la convention nationale promettait secours à tous les peuples qui secoueraient le joug de la tyrannie. Ce décret, imprudent peut-être, rendu dans un moment d'enthousiasme, ne signifiait pas, comme le prétendait Pitt, qu'on invitait tous les peuples à la révolte, mais que dans tous les pays en guerre avec la révolution, on prêterait secours aux peuples contre leurs gouvernements. Pitt se plaignait enfin des menaces et des déclamations continuelles qui partaient des Jacobins contre tous les gouvernements; et sous ce rapport les gouvernements n'étaient pas en reste avec les jacobins, et on ne se devait rien en fait d'injures.

Cet entretien n'amena rien, et laissa voir seulement que l'Angleterre cherchait des longueurs pour différer la guerre, qu'elle voulait sans doute, mais qu'il ne lui convenait pas encore de déclarer. Cependant le célèbre procès du mois de janvier précipita les événements : le parlement anglais fut soudainement réuni et avant le terme ordinaire. Une loi inquisitoriale fut rendue contre les Français qui voyageaient en Angleterre; la Tour de Londres fut armée; on ordonna la levée des milices; des préparatifs et des proclamations annoncèrent une guerre imminente. On excita la populace de Londres, on réveilla cette aveugle passion qui, en Angleterre, fait regarder une guerre contre la France comme un grand service national; on arrêta enfin des vaisseaux chargés de grains qui venaient dans nos ports; et à la nouvelle du 21 janvier, l'ambassadeur français, que jusque-là on avait refusé en quelque sorte de reconnaître, reçut l'ordre de sortir sous huit jours du royaume. La convention nationale ordonna aussitôt un rapport sur la conduite du gouvernement anglais envers la France, sur ses intelligences avec le stathouder des Provinces-Unies, et le 1er février, après avoir entendu Brissot, qui, pour un moment, réunit les applaudissements des deux partis, elle déclara solennellement la guerre à la Hollande et à l'Angleterre. La guerre avec le gouvernement espagnol était imminente, et sans être encore déclarée, on la regardait comme telle. La France avait ainsi l'Europe tout entière pour ennemie; et la condamnation du 21 janvier fut l'acte par lequel elle avait rompu avec tous les trônes, et s'était engagée irrévocablement dans la carrière de la révolution.

Il fallait soutenir l'assaut terrible de tant de puissances conjurées, et quelque riche que fût la France en population et en matériel, il était difficile qu'elle pût résister à l'effort universel dirigé contre elle. Cependant, ses chefs n'en étaient pas moins remplis de confiance et d'audace. Les succès inespérés de la république dans l'Argonne et dans la Belgique leur avaient persuadé que tout homme, surtout le Français, pouvait devenir un soldat en six mois. Le mouvement qui agitait la France leur faisait croire en outre que la population entière pouvait être transportée sur les champs de bataille, et qu'ainsi il était possible de réunir jusqu'à trois ou quatre millions d'hommes, qui seraient bientôt des soldats, et surpasser de la sorte tout ce que pourraient faire tous les souverains de l'Europe ensemble. — Voyez, disaient-ils, tous les royaumes; c'est une petite quantité d'hommes recrutés avec effort qui remplissent les cadres des armées; la population entière y est étrangère, et on voit une petite poignée d'individus enrégimentés décider du sort des empires les plus vastes. Mais supposez, au contraire, une nation tout entière arrachée à la vie privée, et s'armant pour sa défense, ne doit-elle pas détruire tous les calculs ordinaires? Qu'y a-t-il d'impossible à *vingt-cinq millions d'hommes qui exécutent?* Quant aux dépenses, elles ne les inquiétaient pas davantage. Le capital des biens nationaux s'augmentait chaque jour par l'émigration, et il excédait de beaucoup la dette. Dans le moment, ce capital n'avait pas de valeur par le défaut d'acheteurs, mais les assignats en tenaient la place, et leur valeur fictive suppléait à la valeur future des biens qu'ils représentaient. Au cours, ils étaient réduits à un tiers de leur valeur nominale; mais ce n'était qu'un tiers à ajouter à la circulation, et ce capital était si énorme, qu'il suffisait au-delà de l'excédant qu'il fallait émettre. Après tout, ces hommes qu'on allait transporter sur le champ de bataille, vivaient bien dans leurs foyers, beaucoup même vivaient avec luxe, pourquoi ne vivraient-ils pas en campagne? La terre et le vivre peuvent-ils manquer à des hommes, quelque part qu'ils se trouvent? D'ailleurs l'ordre social tel qu'il existait avait des richesses plus qu'il n'en fallait pour suffire au besoin de tous; il n'y avait qu'à en faire une meilleure distribution; et pour cela on se proposait d'imposer les riches, et de leur faire supporter les frais de la guerre. Enfin, les états dans lesquels on allait pénétrer, ayant aussi un ancien ordre social à renverser, des abus à détruire, pourraient réaliser des profits immenses sur le clergé, la noblesse, la royauté, et ils devaient payer à la France le secours qu'on leur fournissait.

C'est ainsi que raisonnait l'ardente imagination de Cambon, et ces idées envahissaient toutes les têtes. L'ancienne politique des cabinets calculait autrefois sur cent et deux cent mille soldats, payés avec quelques taxes ou quelques revenus de domaine; maintenant c'est toute une masse d'hommes qui se levait elle-même, et se disait : *Je composerai les armées*; qui regardait à la somme générale des richesses, et se disait encore : *Cette somme est suffisante, et, partagée entre tous, elle suffira au besoin de tous*. Sans doute ce n'était pas la nation entière qui tenait ce langage, mais c'était la portion la plus exaltée qui formait ces résolutions, et qui allait par tous les moyens les imposer à la masse de la nation.

Avant de montrer la distribution des ressources imaginées par les révolutionnaires français, il faut se reporter sur nos frontières, et y voir comment s'était achevée la dernière campagne. Son début avait été brillant, mais un premier succès, mal soutenu, n'avait servi qu'à étendre notre ligne d'opérations, et à provoquer de la part de l'ennemi un effort plus grand et plus décisif. Ainsi notre défense était devenue plus difficile, parce qu'elle était plus étendue; l'ennemi battu devait réagir avec énergie, et son effort redoublé allait concourir avec une désorganisation presque générale de nos armées. Ajoutez que le nombre des coalisés était doublé, car les Anglais sur nos côtes, les Espagnols sur les Pyrénées, les Hollandais vers le nord des Pays-Bas, nous menaçaient de nouvelles attaques.

Dumouriez s'était arrêté sur les bords de la Meuse, et n'avait pu pousser jusqu'au Rhin, par des raisons qui n'ont pas été assez appréciées, parce qu'on n'a pu s'expliquer les lenteurs qui avaient suivi la rapidité de ses premières opérations. Arrivé à Liége, la désorganisation de son armée était complète. Les soldats étaient presque nus; faute de chaussure, ils s'enveloppaient les pieds avec du foin; ils n'avaient, avec quelque abondance, que la viande et le pain, grace à un marché que Dumouriez avait maintenu d'autorité. Mais l'argent manquait pour leur fournir le prêt, et ils pillaient les paysans, ou se battaient avec eux pour leur faire recevoir des assignats. Les chevaux mouraient de faim faute de fourrages, et ceux de l'artillerie avaient péri presque tous. Les privations, le ralentissement de la guerre, ayant dégoûté les soldats, tous les volontaires partaient en bandes, s'appuyant sur un décret qui déclarait que la patrie avait cessé d'être en danger. Il fallut un autre décret de la convention pour empêcher la désertion, et quelque sévère qu'il fût, la gendarmerie placée sur les routes suffisait à peine à arrêter les fuyards. L'armée était réduite d'un tiers. Ces causes réunies empêchèrent de poursuivre les Autrichiens avec toute la vivacité nécessaire. Clerfayt avait eu le temps de se retrancher sur les bords de l'Erft, Beaulieu du côté de Luxembourg; et il était impossible à Dumouriez, avec une armée réduite à trente ou quarante mille hommes, de chasser devant lui un ennemi retranché dans des montagnes et des bois, et appuyé sur Luxembourg, l'une des plus fortes places du monde. Si, comme on le répétait sans cesse, Custine, au lieu de faire des courses en Allemagne, se fût rabattu sur Coblentz, s'il s'était joint à Beurnonville pour prendre Trèves, et que tous deux eussent ensuite descendu le Rhin, Dumouriez s'y serait porté de son côté par Cologne; tous trois se donnant ainsi la main, Luxembourg se serait trouvé investi, et serait tombé par défaut de communications. Mais rien de tout cela n'avait eu lieu; Custine, voulant attirer la guerre de son côté, ne fit que provoquer inutilement une déclaration de la diète impériale, qu'irriter la vanité du roi de Prusse, et l'engager davantage dans la coalition; Beurnonville, réduit à ses propres forces, n'avait pu faire tomber Trèves; et l'ennemi s'était maintenu à la fois dans l'électorat de Trèves et dans le duché de Luxembourg. En cet état de choses, Dumouriez, en s'avançant vers le Rhin, aurait découvert son flanc droit et ses derrières, et n'aurait pu d'ailleurs, dans la situation où se trouvait son armée, envahir le pays immense qui s'étend de la Meuse jusqu'au Rhin et jusqu'aux frontières de la Hollande, pays difficile, sans moyens de transports, coupé de bois, de montagnes, et occupé par un ennemi encore respectable. Certes Dumouriez, s'il en avait eu les moyens, aurait bien mieux aimé faire des conquêtes sur le Rhin, que venir solliciter à Paris pour Louis XVI. Le zèle pour la royauté, qu'il s'est attribué à Londres pour se faire valoir, et que les jacobins lui ont imputé à Paris pour le perdre, n'était pas assez grand pour le faire renoncer à des victoires, et venir se compromettre au milieu des factions de la capitale. Il ne quitta le champ de bataille que parce qu'il n'y pouvait plus rien faire, et parce qu'il voulait, par sa présence auprès du gouvernement, terminer les difficultés qu'on lui avait suscitées en Belgique.

On a déjà vu au milieu de quels embarras allait le placer sa conquête. Le pays conquis désirait une révolution, mais ne la voulait pas entière et radicale comme la révolution de France. Dumouriez, par goût, par politique, par raison de prudence militaire, devait se prononcer naturellement pour les penchants modérés des pays qu'il occupait. Déja, on l'a vu en lutte pour épargner aux Belges les inconvénients de la guerre, pour les faire participer au profit des approvisionnements, enfin pour leur insinuer plutôt que leur imposer les assignats. Il n'était payé de tant de soins que par les invectives des jacobins. Cambon avait préparé une autre contrariété à Dumouriez en faisant rendre le décret du 15 décembre. « Il faut, « avait dit Cambon au milieu des plus vifs ap- « plaudissements, nous déclarer *pouvoir révolu-* « *tionnaire* dans les pays où nous entrons. Il est « inutile de nous cacher; les despotes savent « ce que nous voulons; il faut donc le procla- « mer hautement puisqu'on le devine, et que « d'ailleurs la justice en peut être avouée. Il « faut que, partout où nos généraux entreront, « ils proclament la souveraineté du peuple, l'a- « bolition de la féodalité, de la dime, de tous « les abus; que toutes les anciennes autorités « soient dissoutes, que de nouvelles administra-

« tions locales soient provisoirement formées,
« sous la direction de nos généraux; que ces
« administrations gouvernent le pays et avisent
« aux moyens de former des conventions natio-
« nales qui décideront de son sort; que sur-le-
« champ les biens de nos ennemis, c'est-à-dire
« les biens des nobles, des prêtres, des com-
« munautés, laïques ou religieuses, des égli-
« ses, etc., soient séquestrés et mis sous la sauve-
« garde de la nation française, pour qu'il en soit
« tenu compte aux administrations locales, et
« pour qu'ils servent de gage aux frais de la
« guerre, dont les pays délivrés devront suppor-
« ter une partie, puisque cette guerre a pour but
« de les affranchir. Il faut qu'après la campagne
« on entre en compte. Si la république a reçu en
« fournitures plus qu'il ne faut pour la portion
« de frais qu'on lui devra, elle paiera le surplus,
« sinon on le lui paiera à elle. Il faut que nos
« assignats, fondés sur la nouvelle distribution
« de la propriété, soient reçus dans les pays con-
« quis, et que leur champ s'étende avec les prin-
« cipes qui les ont produits; qu'enfin le pouvoir
« exécutif envoie des commissaires pour s'en-
« tendre avec ces administrations provisoires,
« pour fraterniser avec elles, tenir les comptes
« de la république, et exécuter le séquestre
« décrété. Point de demi-révolution, ajoutait

« Cambon. Tout peuple qui ne voudra pas ce
« que nous proposons ici sera notre ennemi, et
« méritera d'être traité comme tel. Paix et fra-
« ternité à tous les amis de la liberté, guerre
« aux lâches partisans du despotisme; *guerre*
« *aux châteaux, paix aux chaumières!* »

Ces dispositions avaient été sur-le-champ
consacrées par un décret, et mises à exécution
dans toutes les provinces conquises. Aussitôt
une nuée d'agents, choisis par le pouvoir exécutif dans les jacobins, s'étaient répandus dans
la Belgique. Les administrations provisoires
avaient été formées sous leur influence, et ils
les poussaient à la plus excessive démagogie. Le
bas peuple, excité par eux contre les classes
moyennes, commettait les plus grands désordres. C'était l'anarchie de 93, qui, amenée pro-
gressivement chez nous par quatre années de
troubles, se produisait là tout-à-coup, et sans
aucune transition de l'ancien au nouvel ordre
de choses. Ces proconsuls, revêtus de pouvoirs
presque absolus, faisaient emprisonner, séques-
trer hommes et biens; en faisant enlever toute
l'argenterie des églises, ils avaient fort indis-
posé les malheureux Belges, très-attachés à leur
culte, et surtout donné lieu à beaucoup de malversations. Ils avaient formé des espèces de
conventions pour décider du sort de chaque

contrée, et, sous leur despotique influence, la réunion à la France fut votée à Liége, à Bruxelles, à Mons, etc... C'étaient là des malheurs inévitables, et d'autant plus grands, que la violence révolutionnaire se joignait, pour les produire, à la brutalité militaire. Des divisions d'un autre genre éclataient encore dans ce malheureux pays. Des agents du pouvoir exécutif prétendaient asservir à leurs ordres les généraux qui se trouvaient dans l'étendue de leur commissariat; et, si ces généraux n'étaient pas jacobins, comme il arrivait souvent, c'était une nouvelle occasion de querelles et de luttes, qui contribuaient à augmenter le désordre général. Dumouriez, indigné de voir ses conquêtes compromises, et par la désorganisation de son armée, et par la haine qu'on inspirait aux Belges, avait déja traité durement quelques-uns de ces proconsuls, et était venu à Paris exprimer son indignation, avec la vivacité de son caractère, et la hauteur d'un général victorieux, qui se croyait nécessaire à la république.

Telle était notre situation sur ce principal théâtre de la guerre. Custine, rejeté dans Mayence, y déclamait contre la manière dont Beurnonville avait exécuté sa tentative sur Trèves. Kellermann se maintenait aux Alpes, à Chambéry et à Nice. Servan s'efforçait en vain de composer une armée aux Pyrénées; et Monge, aussi faible pour les jacobins que l'était Pache, avait laissé décomposer l'administration de la marine. Il fallait donc porter toute l'attention publique sur la défense des frontières. Dumouriez avait passé la fin de décembre et le mois de janvier à Paris, où il s'était compromis par quelques mots en faveur de Louis XVI, par son absence des Jacobins, où on l'annonçait sans cesse et où il ne paraissait jamais, enfin par ses liaisons avec son ancien ami Gensonné. Il avait rédigé quatre mémoires, l'un sur le décret du 15 décembre, l'autre sur l'organisation de l'armée, le troisième sur les fournitures, et le dernier sur le plan de campagne pour l'année qui s'ouvrait. Au bas de chacun de ses mémoires se trouvait sa démission, si on refusait d'admettre ce qu'il proposait.

L'assemblée avait, outre son comité diplomatique et son comité militaire, établi un troisième comité extraordinaire, dit de *défense générale*, chargé de s'occuper universellement de tout ce qui intéressait la défense de la France. Il était fort nombreux, et tous les membres de l'assemblée pouvaient même, s'il leur plaisait, assister à ses séances. L'objet qu'on avait eu en le formant était de concilier les membres des partis opposés, et de les rassurer sur leurs intentions en les faisant travailler ensemble au salut commun. Robespierre, irrité d'y voir les girondins, y paraissait peu; ceux-ci étaient au contraire fort assidus. Dumouriez y comparut avec ses plans, ne fut pas toujours compris, déplut souvent par sa hauteur, et abandonna ses mémoires à leur sort. Il se retira donc à quelque distance de Paris, peu disposé à se démettre de son généralat, quoiqu'il en eût menacé la convention, et attendant le moment d'ouvrir la campagne.

Il était entièrement dépopularisé aux Jacobins, et calomnié tous les jours dans les feuilles de Marat, pour avoir soutenu la demi-révolution en Belgique, et y avoir affiché une grande sévérité contre les démagogues. On l'accusait d'avoir volontairement laissé échapper les Autrichiens de la Belgique; et, remontant même plus haut, on assurait publiquement qu'il avait ouvert les portes de l'Argonne à Frédéric-Guillaume, qu'il aurait pu détruire. Cependant les membres du conseil et des comités, qui cédaient moins aveuglément aux passions démagogiques, sentaient son utilité, et le ménageaient encore. Robespierre même le défendait, en rejetant tous les torts sur ses prétendus amis les girondins. On se mit ainsi d'accord pour lui donner toutes les satisfactions possibles, sans déroger cependant aux décrets rendus et aux principes rigoureux de la révolution. On lui rendit ses deux commissaires ordonnateurs Malus et Petit-Jean, on lui accorda de nombreux renforts, on lui promit des approvisionnements suffisants, on adopta ses idées pour le plan général de campagne, mais on ne fit aucune concession quant au décret du 15 décembre et à la nouvelle administration de l'armée. La nomination de Beurnonville, son ami, au ministère de la guerre, fut un nouvel avantage pour lui, et il put espérer de la part de l'administration, le plus grand zèle à le pourvoir de tout ce dont il aurait besoin.

Il crut un moment que l'Angleterre le prendrait pour médiateur entre elle et la France, et il était parti pour Anvers avec cette espérance flatteuse. Mais la convention, fatiguée des perfidies de Pitt, avait, comme on l'a vu, déclaré la guerre à la Hollande et à l'Angleterre. Cette déclaration le trouva donc à Anvers, et voici ce qui fut résolu, en partie d'après ses plans, pour la défense du territoire. On convint de porter les armées à cinq cent deux mille hommes, et on trouvera que c'était peu, si on songe à l'idée qu'on s'était faite de la puissance de la France, et comparativement à la force à laquelle on les éleva plus tard. On devait garder la défensive à l'Est et au Midi ; demeurer en observation le long des Pyrénées et des côtes, et déployer toute l'audace de l'offensive dans le Nord, où, comme l'avait dit Dumouriez, « on ne pouvait se défendre qu'en gagnant « des batailles. » Pour exécuter ce plan, cent cinquante mille hommes devaient occuper la Belgique et couvrir la frontière de Dunkerque à la Meuse ; cinquante mille devaient garder l'espace compris entre la Meuse et la Sarre ; cent cinquante mille s'étendre le long du Rhin et des Vosges, de Mayence à Besançon et à Gex. Enfin une réserve était préparée à Châlons, avec le matériel nécessaire pour se rendre partout où le besoin l'exigerait. On faisait garder la Savoie et Nice par deux armées de soixante-dix mille hommes chacune ; les Pyrénées par une de quarante mille ; on plaçait sur les côtes de l'Océan et de la Bretagne quarante-six mille hommes, dont partie servirait à l'embarquement, s'il était nécessaire. Sur ces cinq cent deux mille hommes, il y en avait cinquante mille de cavalerie et vingt mille d'artillerie. Telle était la force projetée ; mais la force effective était bien moindre, et se réduisait à deux cent soixante-dix mille hommes, dont cent mille dans les diverses parties de la Belgique, vingt-cinq mille sur la Moselle, quarante-cinq mille à Mayence, sous les ordres de Custine, trente mille sur le Haut-Rhin, quarante mille en Savoie et à Nice, et trente mille au plus dans l'intérieur. Mais pour arriver au complet, l'assemblée décréta que le recrutement se ferait dans les gardes nationales; que tout membre de cette garde, non marié, ou marié sans enfants, ou veuf sans enfants, était à la disposition du pouvoir exécutif, depuis dix-huit ans jusqu'à quarante-cinq. Elle ajouta que trois cent mille hommes étaient encore nécessaires pour résister à la coalition, et que le recrutement ne s'arrêterait que lorsque ce nombre serait atteint*. En même temps on ordonna l'émission de huit cents millions d'assignats, et la coupe des bois de la Corse pour les constructions de la marine.

En attendant l'accomplissement de ces projets, on entra en campagne avec deux cent soixante-dix mille hommes. Dumouriez en avait trente mille sur l'Escaut, et environ soixante-dix mille sur la Meuse. Envahir rapidement la Hollande était un projet audacieux qui fermentait dans toutes les têtes, et auquel Du-

---

* Décret du 24 février.

mouriez était forcément entraîné par l'opinion générale. Plusieurs plans furent proposés. L'un, imaginé par les réfugiés bataves sortis de leur patrie après la révolution de 1787, consistait à envahir la Zélande avec quelques mille hommes, et à s'emparer du gouvernement, qui voulait s'y retirer. Dumouriez avait feint de se prêter à ce plan, mais il le trouvait stérile, parce que c'était se réduire à l'occupation d'une partie peu considérable et d'ailleurs peu importante de la Hollande. Le second lui appartenait; il consistait à descendre la Meuse par Venloo jusqu'à Grave, à se rabattre de Grave sur Nimègue, et à fondre ensuite sur Amsterdam. Ce projet eût été le plus sûr, si on avait pu prévoir l'avenir. Mais, placé à Anvers, Dumouriez en conçut un troisième, plus hardi, plus prompt, plus convenable à l'imagination révolutionnaire, et plus fécond en résultats décisifs, s'il eût réussi. Tandis que ses lieutenants, Miranda, Valence, Dampierre et autres, descendraient la Meuse, en occupant Maëstricht, dont on n'avait pas voulu s'emparer l'année précédente, et Venloo, qui ne devait pas résister long-temps, Dumouriez avait le projet de prendre avec lui vingt-cinq mille hommes, et de se porter furtivement entre Berg-op-Zoom et Breda, d'arriver ainsi au

Moerdyk, de traverser la petite mer du Biel-bos, et de courir par les embouchures des fleuves jusqu'à Leyde et Amsterdam. Ce plan audacieux n'était pas moins fondé que beaucoup d'autres qui ont réussi, et, s'il était hasardeux, il offrait cependant de bien plus grands avantages que celui d'attaquer directement par Venloo et Nimègue. En prenant ce dernier parti, Dumouriez attaquait de front les Hollandais, qui avaient déjà fait tous leurs préparatifs entre Grave et Gorkum, et il leur donnait même le temps de se renforcer d'Anglais et de Prussiens. Au contraire, en passant par l'embouchure des fleuves, il pénétrait par l'intérieur de la Hollande, qui n'était pas défendu, et s'il surmontait l'obstacle des eaux, la Hollande était à lui. En revenant d'Amsterdam, il prenait les défenses à revers, et faisait tout tomber entre lui et ses lieutenants, qui devaient le joindre par Nimègue et Utrecht.

Il était naturel qu'il prît le commandement de l'armée d'expédition, parce que c'était là qu'il fallait le plus de promptitude, d'audace et d'habileté. Ce projet avait le danger de tous les plans d'offensive, c'était de s'exposer soi-même à l'invasion en se découvrant. Ainsi la Meuse restait ouverte aux Autrichiens; mais, dans le cas d'une offensive réciproque, l'avantage reste à celui qui résiste le mieux au danger, et cède le moins vite à la terreur de l'invasion.

Dumouriez envoya sur la Meuse Thouvenot, dans lequel il avait toute confiance; il fit connaître à ses lieutenants Valence et Miranda les projets qu'il leur avait cachés jusque-là; il leur enjoignit de hâter les siéges de Maëstricht et de Venloo, et, en cas de retard, de se succéder devant ces places, de manière à faire toujours des progrès vers Nimègue. Il leur recommanda encore de fixer des points de ralliement autour de Liége et d'Aix-la-Chapelle, afin de réunir les quartiers dispersés, et de pouvoir résister à l'ennemi, s'il venait en forces troubler les siéges qu'on devait exécuter sur la Meuse.

Dumouriez partit aussitôt d'Anvers avec dix-huit mille hommes réunis à la hâte. Il divisa sa petite armée en plusieurs corps, qui avaient ordre de faire des sommations aux diverses places fortes, sans cependant s'arrêter à commencer des siéges. Son avant-garde devait se hâter d'enlever les bateaux et les moyens de transport, tandis que lui, avec un gros de troupes, se tiendrait à portée de donner secours à ceux de ses lieutenants qui en auraient besoin. Le 17 février 1793, il pénétra sur le territoire hollandais en publiant une proclamation, où il promettait amitié aux Bataves, et guerre seulement au stathouder et à l'influence anglaise. On s'avança en laissant le général Leclerc devant Berg-op-Zoom, en portant le général Berneron devant Klundert et Willemstadt, et en donnant à l'excellent ingénieur d'Arçon la mission de feindre une attaque sur l'importante place de Breda. Dumouriez était avec l'arrière-garde à Sevenberghe. Le 25, le général Berneron s'empara du fort de Klundert, et se porta devant Willemstadt. Le général d'Arçon lança quelques bombes sur Breda. Cette place était réputée très-forte; la garnison était suffisante, mais mal commandée, et, après quelques heures, elle se rendit à une armée d'assiégeants qui n'était guère plus forte qu'elle-même. Les Français entrèrent dans Breda le 27, et s'emparèrent d'un matériel considérable, consistant en deux cent cinquante bouches à feu, trois cents milliers de poudre et cinq mille fusils. Après avoir laissé garnison dans Breda, le général d'Arçon se rendit le 1ᵉʳ mars devant Gertruydenberg, place très-forte aussi, et s'empara le même jour de tous les travaux avancés. Dumouriez s'était rendu au Moerdyk, et réparait les retards de son avant-garde. Cette suite de surprises si heureuses, sur des places capables d'une longue résistance, jetait beaucoup d'éclat sur le début de cette tentative; mais des retards imprévus contrariaient le passage du bras de mer, opération la plus difficile de ce projet. Dumouriez avait d'abord espéré que son avant-garde, agissant plus promptement, traverserait le Bielbos au moyen de quelques bateaux, occuperait l'île de Dort, gardée tout au plus par quelques cents hommes, et s'emparant d'une nombreuse flottille, la ramènerait sur l'autre bord, pour transporter l'armée. Des délais inévitables empêchèrent l'exécution de cette partie du plan. Dumouriez tâcha d'y suppléer, en s'emparant de tous les bateaux qu'il put trouver, et en réunissant des charpentiers pour se composer une flottille. Cependant il avait besoin de se hâter, car l'armée hollandaise se réunissait à Gorkum, au Stry et à l'île de Dort; quelques chaloupes ennemies et une frégate anglaise menaçaient son embarquement, et canonnaient son camp, appelé par nos soldats le Camp des Castors. Ils avaient en effet construit des huttes de paille, et, encouragés par la présence de leur général, ils bravaient le froid, les privations, les dangers, l'avenir d'une entreprise aussi audacieuse, et ils attendaient avec impatience le moment de passer sur la rive opposée. Le 3 mars, le général Deflers arriva avec une nouvelle division; le 4, Gertruydenberg ouvrit ses portes, et tout fut préparé pour opérer le passage du Bielbos.

Pendant ce temps, la lutte continuait entre les deux partis de l'intérieur. La mort de Lepelletier avait déjà donné occasion aux montagnards de se dire menacés dans leurs personnes, et on n'avait pu leur refuser de renouveler dans l'assemblée le comité de surveillance. Ce comité avait été composé de montagnards qui, pour premier acte, firent arrêter Gorsas, député et journaliste attaché aux intérêts de la Gironde. Les jacobins avaient encore obtenu un autre avantage, c'était la suspension des poursuites décrétées le 20 janvier contre les auteurs de septembre. A peine ces poursuites avaient-elles été commencées, qu'on découvrit des preuves accablantes contre les principaux révolutionnaires, et contre Danton lui-même. Alors les jacobins s'étaient soulevés, avaient soutenu que tout le monde était coupable dans ces journées, parce que tout le monde les avait crues nécessaires, et les avait souffertes; ils osèrent même dire que le seul tort de ces journées était d'être restées incomplètes; et ils demandèrent la suspension des procédures dont on se servait pour attaquer les plus purs révolutionnaires. Conformément à leurs demandes, les procédures furent suspendues, c'est-à-dire abolies, et une députation de jacobins s'était aussitôt rendue auprès du ministre de la justice, pour qu'il dépêchât des courriers extraordinaires, à l'effet d'arrêter les poursuites déjà commencées contre les *frères de Meaux*.

On a déja vu que Pache avait été obligé de quitter le ministère, et que Roland avait donné volontairement sa démission. Cette concession réciproque ne calma point les haines. Les jacobins peu satisfaits demandaient qu'on instruisît le procès de Roland. Ils disaient qu'il avait ravi à l'état des sommes énormes, et placé à Londres plus de douze millions; que ces richesses étaient employées à pervertir l'opinion par des écrits, et à exciter des séditions, en accaparant les grains; ils voulaient qu'on instruisît aussi contre Claviere, Lebrun et Beurnonville, tous traîtres, suivant eux, et complices des intrigues des girondins. En même temps, ils préparaient un dédommagement bien autrement précieux à leur complaisant destitué. Chambon, le successeur de Pétion dans la mairie de Paris, avait abdiqué des fonctions trop au-dessus de sa faiblesse.

Les jacobins songèrent aussitôt à Pache, auquel ils trouvèrent le caractère sage et impassible d'un magistrat. Ils s'applaudirent de cette idée, la communiquèrent à la commune, aux sections, à tous les clubs, et les Parisiens entraînés par eux vengèrent Pache de sa disgrace en le nommant leur maire. Pourvu que Pache fût aussi docile à la mairie qu'au ministère de la guerre, la domination des jacobins était assurée dans Paris, et dans ce choix ils avaient consulté autant leur utilité que leurs passions.

La difficulté des subsistances et les embarras du commerce étaient toujours des sujets continuels de désordre et de plaintes, et de décembre en février, le mal s'était considérablement accru. La crainte des troubles et du pillage, la répugnance des cultivateurs à recevoir du papier, la cherté des prix provenant de la grande abondance du numéraire fictif, étaient, comme nous l'avons dit, les causes qui empêchaient le facile commerce des grains, et produisaient la disette. Cependant les efforts administratifs des communes suppléaient, jusqu'à un certain point, à l'activité du commerce, et les denrées ne manquaient pas dans les marchés, mais elles y étaient d'un prix exorbitant. La valeur des assignats diminuant chaque jour en raison de leur masse, il en fallait toujours davantage pour acquérir la même somme d'objets, et c'est ainsi que les prix devenaient excessifs. Le peuple, ne recevant que la même valeur nominale pour son travail, ne pouvait plus atteindre aux objets de ses besoins, et se répandait en plaintes et en menaces. Le pain n'était pas la seule chose dont le prix fût excessivement augmenté : le sucre, le café, la chandelle, le savon, avaient doublé de valeur. Les blanchisseuses étaient venues se plaindre à la convention de payer trente sous le savon, qu'elles ne payaient autrefois que quatorze. En vain on disait au peuple d'augmenter le prix de son travail, pour rétablir la proportion entre ses salaires et sa consommation; il ne pouvait se concerter pour y parvenir, et il criait contre les riches, contre les accapareurs, contre l'aristocratie marchande; il demandait enfin le moyen le plus simple, la taxe forcée et le *maximum*. Les jacobins, les membres de la commune, qui étaient peuple par rapport à l'assemblée, mais qui, par rapport au peuple lui-même, étaient des assemblées presque éclairées, sentaient les inconvénients de la taxe. Quoique plus portés que la convention à l'admettre, ils résistaient cependant, et on entendait aux Jacobins, Dubois de Crancé, les deux Robespierre, Thuriot et autres montagnards, s'élever tous les jours contre le projet du *maximum*. Chaumette et Hébert faisaient de même à la commune, mais les tribunes murmuraient, et leur répondaient quelquefois par des huées. Souvent des députations des sections venaient reprocher à la commune sa modération et sa connivence avec les accapareurs. C'était dans ces assemblées de sections que se réunissaient les dernières classes des agitateurs, et on y voyait régner un fanatisme révolutionnaire encore plus ignorant et plus emporté qu'à la commune et aux Jacobins. Coalisées avec les Cordeliers, où se rendaient tous les hommes d'exécution, les sections produisaient tous les troubles de la capitale. Leur infériorité et leur obscurité, en les exposant à plus d'agitations, les exposaient aussi à des menées en sens contraires; et c'était là que les restes de l'aristocratie osaient se montrer, et faire quelques essais de résistance. Les anciennes créatures de la noblesse, les anciens domestiques des émigrés, tous les oisifs turbulents qui, entre les deux causes opposées, avaient préféré la cause aristocratique, se rendaient dans quelques sections où une bourgeoisie honnête persévérait en faveur des girondins, et se cachaient derrière cette opposition raisonnable et sage pour combattre les montagnards, et travailler en faveur de l'étranger et de l'ancien régime. Dans ces luttes, la bourgeoisie honnête se retirait le plus souvent; les deux classes extrêmes d'agitateurs restaient alors en présence, et se combattaient dans cette région inférieure avec une violence effrayante. Tous les jours d'horribles scènes avaient lieu pour des pétitions à faire à la commune, aux jacobins ou à l'assemblée. Suivant le résultat de la lutte, il sortait de ces orages des adresses contre septembre et le *maximum*, ou des adresses contre les appelants, les aristocrates et les accapareurs.

La commune repoussait les pétitions incendiaires des sections, et les engageait à se défier des agitateurs secrets qui voulaient y introduire le désordre. Elle remplissait, par rapport aux sections, le rôle que la convention remplissait à son égard. Les jacobins n'ayant pas comme la commune des fonctions déterminées à exercer, s'occupant en revanche à raisonner sur tous les sujets, avaient de grandes prétentions philosophiques, et aspiraient à mieux comprendre l'économie sociale que les sections et le club des cordeliers. Ils affectaient donc en beaucoup de choses de ne pas partager les passions vulgaires de ces assemblées subalternes, et ils condamnaient la taxe comme dangereuse pour la liberté du commerce.

Mais, pour substituer un autre moyen à celui qu'ils repoussaient, ils proposaient de faire prendre les assignats au pair, et de punir de mort quiconque refuserait de les recevoir selon la valeur portée sur leur titre, comme si ce n'eût pas été là une autre manière d'attaquer la liberté du commerce. Ils voulaient encore qu'on s'engageât réciproquement à ne plus prendre ni sucre, ni café, pour en faire baisser forcément la valeur; enfin, ils avaient imaginé d'arrêter la création des assignats, et d'y suppléer par des emprunts sur les riches, emprunts forcés, et répartis d'après le nombre des domestiques, des chevaux, etc... Toutes ces propositions n'empêchaient pas le mal de s'accroître et de rendre une crise inévitable. En attendant qu'elle éclatât, on se reprochait réciproquement les malheurs publics. On accusait les girondins de s'entendre avec les riches et les accapareurs, pour affamer le peuple, pour le porter à des émeutes, et pour en prendre occasion de porter de nouvelles lois martiales; on les accusait même de vouloir amener l'étranger par des désordres, reproche absurde, mais qui devint mortel. Les girondins répondaient par les mêmes accusations. Ils reprochaient à leurs adversaires de causer la disette et les troubles par les craintes qu'ils inspiraient au commerce, et de vouloir arriver par les troubles à l'anarchie, par l'anarchie au pouvoir, et peut-être à la domination étrangère.

Déjà la fin de février approchait, et la difficulté de se procurer les denrées avait poussé l'irritation du peuple au dernier terme. Les femmes, apparemment plus touchées de ce genre de souffrance, étaient dans une extrême agitation. Elles se présentèrent aux Jacobins le 22, pour demander qu'on leur prêtât la salle, où elles voulaient délibérer sur la cherté des subsistances, et préparer une pétition à la convention nationale. On savait que le but de cette pétition serait de proposer le *maximum*, et la demande fut refusée. Les tribunes traitèrent alors les jacobins comme elles traitaient quelquefois l'assemblée; *à bas les accapareurs! à bas les riches!* fut le cri général. Le président fut obligé de se couvrir pour apaiser le tumulte, et on y expliqua ce manque de respect en disant qu'il y avait des aristocrates déguisés dans la salle des séances. Robespierre, Dubois de Crancé, s'élevèrent de nouveau contre le projet de la taxe, recommandèrent au peuple de se tenir tranquille, pour ne pas donner prétexte à ses adversaires de le calomnier, et ne pas leur fournir l'occasion de rendre d... ... meurtrières.

Marat, qui avait la prétention d'imaginer toujours les moyens les plus simples et les plus prompts, écrivit dans sa feuille, le 25 au matin, que jamais l'accaparement ne cesserait, si on n'employait des moyens plus sûrs que tous ceux qu'on avait proposés jusque-là. S'élevant contre *les monopoleurs, les marchands de luxe, les suppôts de la chicane, les robins, les ex-nobles*, que les infidèles mandataires du peuple encourageaient au crime par l'impunité, il ajoutait : « Dans tout pays où les droits du peuple ne « seraient pas de vains titres, consignés fas- « tueusement dans une simple déclaration, le « pillage de quelques magasins, à la porte des- « quels on pendrait les accapareurs, mettrait « bientôt fin à ces malversations, qui réduisent « cinq millions d'hommes au désespoir, et qui « en font périr des milliers de misère. Les dé- « putés du peuple ne sauront-ils donc jamais « que bavarder sur ses maux sans en proposer « le remède * ? »

C'était le 25 au matin que ce fou orgueilleux écrivait ces paroles. Soit qu'elles eussent réellement agi sur le peuple, soit que l'irritation portée à son comble ne pût déjà plus se contenir, une multitude de femmes s'assemblèrent

---

* *Journal de la République*, numéro du 25 février 1793.

en tumulte devant les boutiques des épiciers. D'abord on se plaignit du prix des denrées, et on en demanda tumultueusement la réduction. La commune n'avait pas été prévenue; le commandant Santerre était allé à Versailles pour organiser un corps de cavalerie, et aucun ordre n'était donné pour mettre la force publique en mouvement. Aussi les perturbateurs ne trouvèrent aucun obstacle, et purent passer des menaces aux violences et au pillage. Le rassemblement commença dans les rues de la Vieille-Monnaie, des Cinq-Diamants et des Lombards. On exigea d'abord que tous les objets fussent réduits à moitié prix; le savon à seize sous, le sucre à vingt-cinq, la cassonade à quinze, la chandelle à treize. Une grande quantité de denrées furent forcément arrachées à ce taux, et le prix en fut compté par les acheteurs aux épiciers. Mais bientôt on ne voulut plus payer, et on enleva les marchandises sans donner en échange aucune partie de leur valeur. La force armée accourue sur un point fut repoussée, et on cria de tous côtés *à bas les baïonnettes!* L'assemblée, la commune, les jacobins étaient en séance. L'assemblée écoutait un rapport sur ce sujet; le ministre de l'intérieur lui démontrait que les denrées abondaient dans Paris, mais que le mal provenait de la disproportion entre la valeur du numéraire et celle des denrées elles-mêmes. Aussitôt l'assemblée, voulant parer aux difficultés du moment, alloua de nouveaux fonds à la commune, pour faire délivrer des subsistances à meilleur prix. Dans le même instant, la commune, partageant ses sentiments et son zèle, se faisait rapporter les événements, et ordonnait des mesures de police. A chaque nouveau fait qu'on venait lui dénoncer, les tribunes criaient *tant mieux!* A chaque moyen proposé, elles criaient *à bas!* Chaumette et Hébert étaient hués pour avoir proposé de battre la générale et de requérir la force armée. Cependant il fut arrêté que deux fortes patrouilles, précédées de deux officiers municipaux, seraient envoyées pour rétablir l'ordre, et que vingt-sept autres officiers municipaux iraient faire des proclamations dans les sections.

Le désordre s'était propagé; on pillait dans différentes rues, et on proposait même de passer des épiciers chez les marchands. Pendant ce temps, des gens de tous les partis saisissaient l'occasion de se reprocher ce désordre, et les maux qui en étaient la cause.—Quand vous aviez un roi, disaient dans les rues les partisans du régime aboli, vous n'étiez pas réduits à payer les choses aussi cher, ni exposés à des pillages. — Voilà, disaient les partisans des girondins, où nous conduiront le système de la violence et l'impunité des excès révolutionnaires!

Les montagnards en étaient désolés, et soutenaient que c'étaient des aristocrates déguisés, des fayettistes, des rolandins, des brissotins qui, dans les groupes, excitaient le peuple à ces pillages. Ils assuraient avoir trouvé dans la foule, des femmes de haut rang, des gens à poudre, des domestiques de grands seigneurs, qui distribuaient des assignats pour entraîner le peuple dans les boutiques. Enfin, après plusieurs heures, la force armée se trouva réunie; Santerre revint de Versailles, les ordres nécessaires furent donnés; le bataillon des Brestois, présent à Paris, déploya beaucoup de zèle et d'assurance, et on parvint à dissiper les pillards.

Le soir il y eut une vive discussion aux Jacobins. On déplora ces désordres, malgré les cris des tribunes et malgré leurs démentis. Collot-d'Herbois, Thuriot, Robespierre, furent unanimes pour conseiller la tranquillité, et rejeter les excès sur les aristocrates et les girondins. Robespierre fit sur ce sujet un long discours où il soutint que le peuple était *impeccable*, qu'il ne pouvait jamais avoir tort, et que, si on ne l'égarait pas, il ne commettrait jamais aucune faute. Il soutint que dans ces groupes de pillards on plaignait le roi mort, qu'on y disait du bien du côté droit de l'assemblée, qu'il l'avait entendu lui-même, et que par conséquent il ne pouvait pas y avoir de doute sur les véritables instigateurs qui avaient égaré le peuple. Marat lui-même vint conseiller le bon ordre, condamner les pillages qu'il avait prêchés le matin dans sa feuille, et les imputer aux girondins et aux royalistes.

Le lendemain, les plaintes accoutumées et toujours inutiles retentirent dans l'assemblée. Barrère s'éleva avec force contre les crimes de la veille. Il fit remarquer les retards apportés par les autorités dans la répression du désordre. Les pillages en effet avaient commencé à dix heures du matin, et à cinq heures du soir la force armée n'était pas encore réunie. Barrère demanda que le maire et le commandant général fussent mandés pour expliquer les motifs de ce retard. Une députation de la section de Bon-Conseil appuyait cette demande. Salles prend alors la parole; il propose un acte d'accusation contre l'instigateur des pillages, contre Marat, et lit l'article inséré la veille dans sa feuille. Souvent on avait demandé une accusation contre les provocateurs au désordre, et particulièrement contre Marat; l'occasion ne pouvait être plus favorable pour les poursuivre, car jamais le désordre n'avait suivi de plus près la provocation. Marat, sans se déconcerter, soutient à la tribune qu'il est tout naturel que le peuple se fasse justice des accapareurs, puisque les lois sont insuffisantes, et qu'il faut *envoyer aux Petites-Maisons ceux qui proposent de l'accuser.* Buzot demande l'ordre du jour sur la proposition d'accuser *monsieur* Marat. « La loi est précise, dit-il, mais *monsieur* Marat « incidentera sur ses expressions, le jury sera « embarrassé, et il ne faut pas préparer un « triomphe à *monsieur* Marat, en présence de la « justice elle-même. » Un membre demande que la convention déclare à la république qu'hier matin Marat a conseillé le pillage, et qu'hier soir on a pillé. Une foule de propositions se succèdent; enfin on s'arrête à celle de renvoyer sans distinction tous les auteurs des troubles aux tribunaux ordinaires. — « Eh bien, s'écrie « alors Marat, rendez un acte d'accusation con- « tre moi-même, afin que la convention prouve « qu'elle a perdu toute pudeur! » A ces mots, un grand tumulte s'élève; sur-le-champ la convention renvoie devant les tribunaux Marat et tous les auteurs des délits commis dans la journée du 25. La proposition de Barrère est adoptée. Santerre et Pache sont mandés à la barre. De nouvelles dispositions sont prises contre les agents supposés de l'étranger et de l'émigration. Dans le moment, cette opinion d'une influence étrangère s'accréditait de toutes parts. La veille, on avait ordonné de nouvelles visites domiciliaires dans toute la France, pour arrêter les émigrés et les voyageurs suspects; ce même jour, on renouvela l'obligation des passe-ports, on enjoignit à tous les aubergistes ou logeurs de déclarer les étrangers logés chez eux; on ordonna enfin un nouveau recensement de tous les citoyens des sections.

Marat devait être enfin accusé, et le lendemain il écrivit dans sa feuille les lignes suivantes :

« Indigné de voir les ennemis de la chose
« publique machiner éternellement contre le
« peuple; révolté de voir les accapareurs en
« tout genre se coaliser pour le réduire au dé-
« sespoir par la détresse et la faim; désolé de
« voir que les mesures prises par la conven-
« tion pour arrêter ces conjurations n'attei-
« gnaient pas le but; excédé des gémissements
« des infortunés qui viennent chaque matin
« me demander du pain, en accusant la con-
« vention de les laisser périr de misère, je
« prends la plume pour ventiler les meilleurs
« moyens de mettre enfin un terme aux cons-
« pirations des ennemis publics, et aux souf-
« frances du peuple. Les idées les plus simples

« sont celles qui se présentent les premières à
« un esprit bien fait, qui ne veut que le bon-
« heur général sans aucun retour sur lui-même :
« je me demande donc pourquoi nous ne fe-
« rions pas tourner contre des brigands publics
« les moyens qu'ils emploient pour ruiner le
« peuple et détruire la liberté. En conséquence,
« j'observe que dans un pays où les droits du
« peuple ne seraient pas de vains titres, con-
« signés fastueusement dans une simple décla-
« ration, le pillage de quelques magasins à la
« porte desquels on pendrait les accapareurs,
« mettrait bientôt fin à leurs malversations !
« Que font les meneurs de la faction des
« hommes d'état ? ils saisissent avidement cette
« phrase, puis ils se hâtent d'envoyer des émis-
« saires parmi les femmes attroupées devant
« les boutiques des boulangers, pour les pous-
« ser à enlever, à prix coûtant, du savon, des
« chandelles et du sucre, de la boutique des
« épiciers détaillistes, tandis que ces émissaires
« pillent eux-mêmes les boutiques des pauvres
« épiciers patriotes : puis ces scélérats gardent
« le silence tout le jour, ils se concertent la nuit
« dans un conciliabule nocturne, tenu rue de
« Rohan, chez la catin du contre-révolutionnaire
« Valazé, et ils viennent le lendemain me dé-
« noncer à la tribune comme provocateur des

« excès dont ils sont les premiers auteurs. »

La querelle devenait chaque jour plus acharnée. On se menaçait déja ouvertement; beaucoup de députés ne marchaient qu'avec des armes, et on commençait à dire, avec autant de liberté que dans les mois de juillet et d'août de l'année précédente, qu'il fallait se sauver par l'insurrection, et supprimer la partie *gangrénée* de la représentation nationale. Les girondins se réunissaient le soir en grand nombre chez l'un d'eux, Valazé, et là, ils étaient fort incertains sur ce qu'ils avaient à faire. Les uns croyaient, les autres ne croyaient pas à des périls prochains. Certains d'entre eux, comme Salles et Louvet, supposaient des conspirations imaginaires, et en appelant l'attention sur des chimères, la détournaient du danger véritable. Errant de projets en projets, et placés au milieu de Paris, sans aucune force à leur disposition, et ne comptant que sur l'opinion des départements, immense il est vrai, mais inerte, ils pouvaient tous les jours succomber sous un coup de main. Ils n'avaient pas réussi à composer une force départementale; les troupes de fédérés spontanément arrivées à Paris depuis la réunion de la convention, étaient en partie gagnées, en partie rendues aux armées, et ils ne pouvaient guère compter que sur quatre cents Brestois, dont la ferme contenance avait arrêté les pillages. A défaut de garde départementale, ils avaient essayé en vain de transporter la direction de la force publique de la commune au ministère de l'intérieur. La Montagne, furieuse, avait intimidé la majorité, et l'avait empêchée de voter une pareille mesure. Déja même on ne comptait plus que sur quatre-vingts députés, inaccessibles à la crainte et fermes dans les délibérations. Dans cet état de choses, il ne restait aux girondins qu'un moyen, aussi impraticable que tous les autres, celui de dissoudre la convention. Ici encore les fureurs de la Montagne les empêchaient d'obtenir une majorité. Dans ces incertitudes, qui provenaient non pas de faiblesse, mais d'impuissance, ils se reposaient sur la constitution. Par le besoin d'espérer quelque chose, ils se flattaient que le joug des lois enchaînerait les passions, et mettrait fin à tous les orages. Les esprits spéculatifs aimaient surtout à se reposer sur cette idée. Condorcet avait lu son rapport au nom du comité de constitution, et il avait excité un soulèvement général. Condorcet, Pétion, Sieyes, furent chargés d'imprécations aux Jacobins. On ne vit dans leur république qu'une aristocratie toute faite pour quelques talents orgueilleux et despotiques. Aussi les montagnards ne voulaient plus qu'on s'en occupât, et beaucoup de membres de la convention, sentant déja que leur occupation ne serait pas de constituer, mais de défendre la révolution, disaient hardiment qu'il fallait renvoyer la constitution à l'année suivante, et pour le moment ne songer qu'à gouverner et se battre. Ainsi le long règne de cette orageuse assemblée commençait à s'annoncer; elle cessait déja de croire à la brièveté de sa mission législative; et les girondins voyaient s'évanouir leur dernière espérance, celle d'enchaîner promptement les factions avec des lois.

Leurs adversaires n'étaient au reste pas moins embarrassés. Ils avaient bien pour eux les passions violentes; ils avaient les jacobins, la commune, la majorité des sections; mais ils ne possédaient pas les ministères, ils redoutaient les départements, où les deux opinions s'agitaient avec une extrême fureur, et où la leur avait un désavantage évident; ils craignaient enfin l'étranger, et quoique les lois ordinaires des révolutions assurassent la victoire aux passions violentes, ces lois, à eux inconnues, ne pouvaient les rassurer. Leurs projets étaient aussi vagues que ceux de leurs adversaires. Attaquer la représentation nationale était un acte d'audace difficile, et ils ne s'étaient pas encore habitués à cette idée. Il y avait bien une trentaine d'agitateurs qui osaient et proposaient tout dans les sections, mais ces projets étaient désapprouvés par les jacobins, par la commune, par les montagnards, qui, tous les jours accusés de conspirer, s'en justifiant tous les jours, sentaient que des propositions de cette espèce les compromettaient aux yeux de leurs adversaires et des départements. Danton, qui avait pris peu de part aux querelles des partis, ne songeait qu'à deux choses : à se garantir de toute poursuite pour ses actes révolutionnaires, et à empêcher la révolution de rétrograder et de succomber sous les coups de l'ennemi. Marat lui-même, si léger et si atroce quand il s'agissait des moyens, Marat hésitait; et Robespierre, malgré sa haine contre les girondins, contre Brissot, Roland, Guadet, Vergniaud, n'osait songer à une attaque contre la représentation nationale; il ne savait à quel moyen s'arrêter, il était découragé, il doutait du salut de la révolution, et disait à Garat qu'il en était fatigué, malade, et qu'il croyait qu'on tramait la perte de tous les défenseurs de la république*.

* Voyez la note 4 à la fin du volume.

Tandis qu'à Marseille, à Lyon, à Bordeaux, les deux partis s'agitaient avec violence, la proposition de se défaire des *appelants*, et de les exclure de la convention, partit des jacobins de Marseille, luttant avec les partisans des girondins. Cette proposition, portée aux Jacobins de Paris, y fut discutée. Desfieux soutint que cette demande était appuyée par assez de sociétés affiliées pour être convertie en pétition, et la présenter à la convention nationale. Robespierre, qui craignait qu'une demande pareille n'entraînât tout le renouvellement de l'assemblée, et que dans la lutte des élections la Montagne ne fût battue, s'y opposa fortement, et réussit à l'écarter par les raisons ordinairement données contre tous les projets de dissolution.

Nos revers militaires vinrent précipiter les événements. Nous avons laissé Dumouriez campant sur les bords du Bielbos, et préparant un débarquement hasardeux, mais possible, en Hollande. Tandis qu'il faisait les préparatifs de son expédition, deux cent soixante mille combattants marchaient contre la France, depuis le Haut-Rhin jusqu'en Hollande. Cinquante-six mille Prussiens, vingt-quatre mille Autrichiens, vingt-cinq mille Hessois, Saxons, Bavarois, menaçaient le Rhin depuis Bâle jus-

qu'à Mayence et Coblentz. De ce point jusqu'à
la Meuse, trente mille hommes occupaient le
Luxembourg. Soixante mille Autrichiens et
dix mille Prussiens marchaient vers nos quartiers de la Meuse, pour interrompre les siéges
de Maëstricht et de Venloo. Enfin quarante
mille Anglais, Hanovriens et Hollandais, demeurés encore en arrière, s'avançaient du
fond de la Hollande sur notre ligne d'opération.
Le projet de l'ennemi était de nous ramener
de la Hollande sur l'Escaut, de nous faire repasser la Meuse, et ensuite de s'arrêter sur
cette rivière en attendant que la place de
Mayence eût été reprise. Son plan était de
marcher ainsi peu à peu, de s'avancer également sur tous les points à la fois, et de ne pénétrer vivement sur aucun, afin de ne pas
exposer ses flancs. Ce plan timide et méthodique aurait pu nous permettre de pousser beaucoup plus loin et plus activement l'entreprise
offensive de la Hollande, si des fautes ou des
accidents malheureux, ou trop de précipitation à s'alarmer, ne nous eussent obligés d'y
renoncer. Le prince de Cobourg, qui s'était
distingué dans la dernière campagne contre
les Turcs, commandait les Autrichiens, qui se
dirigeaient sur la Meuse. Le désordre régnait
dans nos quartiers, dispersés entre Maëstricht,

Aix-la-Chapelle, Liége et Tongres. Dans les premiers jours de mars, le prince de Cobourg passa la Roër, et s'avança par Duren et Aldenhoven sur Aix-la-Chapelle. Nos troupes, attaquées subitement, se retirèrent en désordre vers Aix-la-Chapelle, et en abandonnèrent même les portes à l'ennemi. Miacsinsky résista quelque temps; mais, après un combat assez meurtrier dans les rues de la ville, il fut obligé de céder, et de faire retraite vers Liége. Dans ce moment, Stengel et Neuilly, séparés par ce mouvement, étaient rejetés dans le Limbourg. Miranda, qui assiégeait Maëstricht, et qui pouvait être encore isolé du principal corps d'armée retiré à Liége, abandonna même la rive gauche, et se retira sur Tongres. Les Impériaux entrèrent aussitôt dans Maëstricht, et l'archiduc Charles, poussant hardiment les poursuites au-delà de la Meuse, se porta jusqu'à Tongres, et y obtint un avantage. Alors Valence, Dampierre et Miacsinsky, réunis à Liége, pensèrent qu'il fallait se hâter de rejoindre Miranda, et marchèrent sur Saint-Tron, où Miranda se rendait de son côté. La retraite fut si précipitée, qu'on perdit une partie du matériel. Cependant, après de grands dangers, on parvint à se rejoindre à Saint-Tron. Lamarlière et Champmorin, placés à

Ruremonde, eurent le temps de se rendre par Dietz au même point. Stengel et Neuilly, tout-à-fait séparés de l'armée et rejetés vers le Limbourg, furent recueillis à Namur par la division du général d'Harville. Enfin, ralliées à Tirlemont, nos troupes reprirent un peu de calme et d'assurance, et attendirent l'arrivée de Dumouriez, qu'on redemandait à grands cris.

A peine avait-il appris cette première déroute, qu'il avait ordonné à Miranda de rallier tout son monde à Maëstricht, et d'en continuer tranquillement le siége avec soixante-dix mille hommes. Il était persuadé que les Autrichiens n'oseraient pas livrer bataille, et que l'invasion de la Hollande ramènerait bientôt les coalisés en arrière. Cette opinion était juste, et fondée sur cette idée vraie, que, dans le cas d'une offensive réciproque, la victoire reste à celui qui sait attendre davantage. Le plan si timide des Impériaux, qui ne voulaient percer sur aucun point, justifiait pleinement cette manière de voir; mais l'insouciance des généraux, qui ne s'étaient pas concentrés assez tôt, leur trouble après l'attaque, l'impossibilité où ils étaient de se rallier en présence de l'ennemi, et surtout l'absence d'un homme supérieur en autorité et en influence, rendaient impossible l'exécution de l'ordre donné par Dumouriez. On lui écrivit donc lettres sur lettres pour le faire revenir de Hollande. La terreur était devenue générale; plus de dix mille déserteurs avaient déja abandonné l'armée, et s'étaient répandus vers l'intérieur. Les commissaires de la convention coururent à Paris, et firent intimer à Dumouriez l'ordre de laisser à un autre l'expédition tentée sur la Hollande, et de revenir au plus tôt se mettre à la tête de la grande armée de la Meuse. Il reçut cet ordre le 8 mars, et partit le 9, avec la douleur de voir tous ses projets renversés. Il revint, plus disposé que jamais à tout critiquer dans le système révolutionnaire introduit en Belgique, et à s'en prendre aux jacobins du mauvais succès de ses plans de campagne. Il trouva en effet matière à se plaindre et à blâmer. Les agents du pouvoir exécutif en Belgique exerçaient une autorité despotique et vexatoire. Ils avaient partout soulevé la populace, et souvent employé la violence dans les assemblées où se décidait la réunion à la France. Ils s'étaient emparés de l'argenterie des églises, ils avaient séquestré les revenus du clergé, confisqué les biens nobles, et avaient excité la plus vive indignation chez toutes les classes de la nation belge. Déja une insurrection contre les Français commençait à éclater du côté de Grammont.

Il n'était pas besoin de faits aussi graves pour disposer Dumouriez à traiter sévèrement les commissaires du gouvernement. Il commença par en faire arrêter deux, et par les faire traduire sous escorte à Paris. Il parla aux autres avec la plus grande hauteur, les fit rentrer dans leurs fonctions, leur défendit de s'immiscer dans les dispositions militaires des généraux, et de donner des ordres aux troupes qui étaient dans l'étendue de leur commissariat. Il destitua le général Moreton, qui avait fait cause commune avec eux. Il ferma les clubs, il fit rendre aux Belges une partie du mobilier pris dans les églises, et joignit à ces mesures une proclamation pour désavouer, au nom de la France, les vexations qu'on venait de commettre. Il qualifia du nom de *brigands* ceux qui en étaient les auteurs, et déploya une dictature qui, tout en lui rattachant la Belgique, et rendant le séjour du pays plus sûr pour l'armée française, excita au plus haut point la colère des jacobins. Il eut en effet avec Camus une discussion fort vive, s'exprima avec mépris sur le gouvernement du jour; et, oubliant le sort de Lafayette, comptant trop légèrement sur la puissance militaire, il se conduisit en général, certain de pouvoir, s'il le voulait, ramener la révolution en arrière, et disposé à le vouloir, si on le poussait à bout. Le même esprit s'était communiqué à son état-major : on y parla avec dédain de cette populace qui gouvernait Paris, des imbéciles conventionnels qui se laissaient opprimer par elle; on maltraitait, on éloignait tous ceux qui étaient soupçonnés de jacobinisme; et les soldats, joyeux de revoir leur général au milieu d'eux, affectaient, en présence des commissaires de la convention, d'arrêter son cheval, et de baiser ses bottes, en l'appelant leur père.

Ces nouvelles excitèrent à Paris le plus grand tumulte, provoquèrent de nouveaux cris contre les traîtres et les contre-révolutionnaires. Sur-le-champ le député Choudieu en profita pour réclamer, comme on l'avait fait souvent, le renvoi des fédérés séjournant à Paris. A chaque nouvelle fâcheuse des armées, on redemandait la même chose. Barbaroux voulut prendre la parole sur ce sujet, mais sa présence excita un soulèvement encore inconnu. Buzot voulut en vain faire valoir la fermeté des Brestois pendant les pillages; Boyer Fonfrède obtint seul, par une espèce d'accommodement, que les fédérés des départements maritimes iraient compléter l'armée encore trop faible des côtes de l'Océan.

Les autres conservèrent la faculté de rester à Paris.

Le lendemain 8 mars, la convention ordonna à tous les officiers de rejoindre leurs corps sur-le-champ. Danton proposa de fournir encore aux Parisiens l'occasion de sauver la France. « Demandez-leur trente mille hommes, « dit-il, envoyez-les à Dumouriez, et la Bel- « gique nous est assurée, la Hollande est con- « quise. » Trente mille hommes en effet n'étaient pas difficiles à trouver à Paris, ils étaient d'un grand secours à l'armée du Nord, et donnaient une nouvelle importance à la capitale. Danton proposa en outre d'envoyer des commissaires de la convention dans les départements et les sections, pour accélérer le recrutement par tous les moyens possibles. Toutes ces propositions furent adoptées. Les sections eurent ordre de se réunir dans la soirée; des commissaires furent nommés pour s'y rendre; on ferma les spectacles pour empêcher toute distraction, et le drapeau noir fut arboré à l'Hôtel-de-Ville en signe de détresse.

Le soir en effet la réunion eut lieu; les commissaires furent parfaitement reçus dans les sections. Les imaginations étaient ébranlées, et la proposition de se rendre sur-le-champ aux armées fut partout bien accueillie. Mais il arriva ici ce qui était arrivé déjà aux 2 et 3 septembre, on demanda avant de partir que les traîtres fussent punis. On avait adopté, depuis cette époque, une phrase toute faite : « On ne voulait pas, disait-on, laisser derrière soi des conspirateurs prêts à égorger les familles des absents. » Il fallait donc, si l'on voulait éviter de nouvelles exécutions populaires, organiser des exécutions légales et terribles, qui atteignissent sans lenteur, sans appel, les contre-révolutionnaires, les conspirateurs cachés, qui menaçaient au dedans la révolution déjà menacée au dehors. Il fallait suspendre le glaive sur la tête des généraux, des ministres, des députés infidèles, qui compromettaient le salut public. Il n'était pas juste en outre que les riches égoïstes qui n'aimaient pas le régime de l'égalité, à qui peu importait d'appartenir à la convention ou à Brunswick, et qui par conséquent ne se présentaient pas pour remplir les cadres de l'armée, il n'était pas juste qu'ils restassent étrangers à la chose publique, et ne fissent rien pour elle. En conséquence, tous ceux qui avaient au-dessus de quinze cents livres de rente, devaient payer une taxe proportionnée à leurs moyens, et suffisante pour dédommager ceux qui se dévoueraient, de tous les frais de la campagne. Ce double vœu d'un nouveau tribunal érigé contre le parti ennemi, et d'une contribution des riches en faveur des pauvres qui allaient se battre, fut presque général dans les sections. Plusieurs d'entre elles vinrent l'exprimer à la commune; les jacobins l'émirent de leur côté, et le lendemain la convention se trouva en présence d'une opinion universelle et irrésistible.

Le jour suivant en effet (le 9 mars), tous les députés montagnards étaient présents à la séance. Les jacobins remplissaient les tribunes. Ils en avaient chassé toutes les femmes, *parce qu'il fallait*, disaient-ils, *faire une expédition*. Plusieurs d'entre eux portaient des pistolets. Le député Gamon voulut s'en plaindre, mais ne fut pas écouté. La Montagne et les tribunes, fortement résolues, intimidaient la majorité, et paraissaient décidées à ne souffrir aucune résistance. Le maire se présente avec le conseil de la commune, confirme le rapport des commissaires de la convention sur le dévouement des sections, mais répète leur vœu d'un tribunal extraordinaire et d'une taxe sur les riches. Une foule de sections succèdent à la commune, et demandent encore le tribunal et la taxe. Quelques-unes y ajoutent la demande d'une loi contre les accapareurs, d'un *maximum* dans le prix des denrées, et de l'abro-

gation du décret qui qualifiait marchandise la monnaie métallique, et permettait qu'elle circulât à un prix différent du papier. Après toutes ces pétitions, on insiste pour la mise aux voix des mesures proposées. On veut d'abord voter sur-le-champ le principe de l'établissement d'un tribunal extraordinaire. Quelques députés s'y opposent. Lanjuinais prend la parole, et demande au moins que, si l'on veut absolument consacrer l'iniquité d'un tribunal sans appel, on borne cette calamité au seul département de Paris. Guadet, Valazé, font de vains efforts pour appuyer Lanjuinais : ils sont brutalement interrompus par la Montagne. Quelques députés demandent même que ce tribunal porte le nom de *révolutionnaire*. Mais la convention, sans souffrir une plus longue discussion, « décrète l'établissement d'un tri-
« bunal *criminel extraordinaire*, pour juger
« sans appel, et sans recours au tribunal de
« cassation, les conspirateurs et les contre-ré-
« volutionnaires, et charge son comité de lé-
« gislation de lui présenter demain un projet
« d'organisation. »

Immédiatement après ce décret, on en rend un second, qui frappe les riches d'une taxe extraordinaire de guerre ; un troisième qui organise quarante-une commissions, de deux députés chacune, chargées de se rendre dans les départements, pour y accélérer le recrutement par tous les moyens possibles, pour y désarmer ceux qui ne partent pas, pour faire arrêter les suspects, pour s'emparer des chevaux de luxe, pour y exercer enfin la dictature la plus absolue. A ces mesures on en ajouta d'autres encore : les bourses des colléges n'appartiendront à l'avenir qu'aux fils de ceux qui seront partis pour les armées; tous les célibataires travaillant dans les bureaux seront remplacés par des pères de famille; la contrainte par corps sera abolie. Le droit de tester l'avait été quelques jours auparavant. Toutes ces mesures furent prises sur la proposition de Danton, qui connaissait parfaitement l'art de rattacher les intérêts à la cause de la révolution.

Les jacobins, satisfaits de cette journée, coururent s'applaudir chez eux du zèle qu'ils avaient montré, de la manière dont ils avaient composé les tribunes, et de l'imposante réunion que présentaient les rangs serrés de la Montagne. Ils se recommandèrent de continuer, et d'être tous présents à la séance du lendemain où devait s'organiser le tribunal extraordinaire. Robespierre, se disaient-ils, nous l'a bien recommandé. Cependant ils n'étaient pas satisfaits encore de ce qu'ils avaient obtenu; l'un d'eux proposa de rédiger une pétition où ils demanderaient le renouvellement des comités et du ministère, l'arrestation de tous les fonctionnaires à l'instant même de leur destitution, et celle de tous les administrateurs des postes, et des journalistes contre-révolutionnaires. Sur-le-champ on veut faire la pétition; cependant le président objecte que la société ne peut pas faire un acte collectif, et on convient d'aller chercher un autre local, pour s'y réunir en qualité de simples pétitionnaires. On se répand alors dans Paris. Le tumulte y régnait. Une centaine d'individus, promoteurs ordinaires de tous les désordres, conduits par Lasouski, s'étaient rendus chez le journaliste Gorsas, armés de pistolets et de sabres, et avaient brisé ses presses. Gorsas s'était enfui, et n'était parvenu à se sauver qu'en se défendant avec beaucoup de courage et de présence d'esprit. Ils avaient fait de même chez l'éditeur de la *Chronique*, dont ils avaient aussi ravagé l'imprimerie.

La journée du lendemain 10 menaçait d'être encore plus orageuse. C'était un dimanche. Un repas était préparé à la section de la Halle-aux-Blés, pour y fêter les enrôlés qui devaient partir pour l'armée; l'oisiveté du peuple, jointe à l'agitation d'un festin, pouvait conduire aux

plus mauvais projets. La salle de la convention fut aussi remplie que la veille. Dans les tribunes, à la Montagne, les rangs étaient aussi serrés et aussi menaçants. La discussion s'ouvre sur plusieurs objets de détail. On s'occupe d'une lettre de Dumouriez. Robespierre appuie les propositions du général, et demande la mise en accusation de Lanoue et Stengel, tous deux commandant à l'avant-garde, lors de la dernière déroute. L'accusation est aussitôt portée. Il s'agit ensuite de faire partir les députés commissaires pour le recrutement. Cependant leur vote étant nécessaire pour assurer l'établissement du tribunal extraordinaire, on décide de l'organiser dans la journée, et de dépêcher les commissaires le lendemain. Cambacérès demande aussitôt et l'organisation du tribunal extraordinaire, et celle du ministère. Buzot s'élance alors à la tribune, et il est interrompu par des murmures violents. — « Ces murmu-
« res, s'écrie-t-il, m'apprennent ce que je savais
« déjà, qu'il y a du courage à s'opposer au
« despotisme qu'on nous prépare. » — Nouvelle rumeur. Il continue : — « Je vous aban-
« donne ma vie, mais je veux sauver ma mé-
« moire du déshonneur, en m'opposant au
« despotisme de la convention nationale. On
« veut que vous confondiez dans vos mains

« tous les pouvoirs. » — Il faut agir et non bavarder, s'écrie une voix. — « Vous avez « raison, reprend Buzot; les publicistes de la « monarchie ont dit aussi qu'il fallait agir, et « que par conséquent le gouvernement despo- « tique d'un seul était le meilleur.... » — Un nouveau bruit s'élève, la confusion règne dans l'assemblée; enfin on convient d'ajourner l'or- ganisation du ministère, et de ne s'occuper actuellement que du tribunal extraordinaire. On demande le rapport du comité. Ce rapport n'est pas fait, mais à défaut on demande le projet dont on est convenu. Robert Lindet en fait la lecture en déplorant sa sévérité. Voici ce qu'il propose du ton de la douleur la plus vive : le tribunal sera composé de neuf juges, nommés par la convention, indépendants de toute forme, acquérant la conviction par tous les moyens, divisés en deux sections tou- jours permanentes, poursuivant à la requête de la convention ou directement ceux qui, par leur conduite, ou la manifestation de leurs opinions, auraient tenté d'égarer le peuple, ceux qui, par les places qu'ils occupaient sous l'ancien régime, rappellent des prérogatives usurpées par les despotes.

A la lecture de ce projet épouvantable, des applaudissements éclatent à gauche, une violente agitation se manifeste à droite. — Plutôt mourir, s'écrie Vergniaud, que de consentir à l'établissement de cette inquisition vénitienne! — Il faut au peuple, répond Amar, ou cette mesure de salut, ou l'insurrection! — « Mon « goût pour le pouvoir révolutionnaire, dit « Cambon, est assez connu; mais si le peuple « s'est trompé dans les élections, nous pour- « rions nous tromper dans le choix de ces neuf « juges, et ce seraient alors d'insupportables « tyrans que nous nous serions imposés à nous- « mêmes! » — Ce tribunal, s'écrie Duhem, est encore trop bon pour des scélérats et des contre-révolutionnaires! — Le tumulte se prolonge, et le temps se consume en menaces, en outrages, en cris de toute espèce. Nous le voulons! s'écrient les uns; — nous ne le voulons pas! répondent les autres. Barrère demande des jurés, et en soutient la nécessité avec force. Turreau demande qu'ils soient pris à Paris; Boyer-Fonfrède, dans toute la république, parce que le nouveau tribunal aura à juger des crimes commis dans les départements, les armées, et partout. La journée s'écoule, et déjà la nuit s'approche. Le président Gensonné résume les diverses propositions, et se dispose à les mettre aux voix. L'assemblée, accablée de fatigue, semble prête à céder à tant de violence. Les membres de la Plaine commencent à se retirer, et la Montagne, pour achever de les intimider, demande qu'on vote à haute voix. — « Oui, « s'écrie Féraud indigné, oui, votons à haute « voix, pour faire connaître au monde les « hommes qui veulent assassiner l'innocence, « à l'ombre de la loi! » — Cette véhémente apostrophe ranime le côté droit et le centre, et, contre toute apparence, la majorité déclare, 1° qu'il y aura des jurés; 2° que ces jurés seront pris en nombre égal dans les départements; 3° qu'ils seront nommés par la convention.

Après l'admission de ces trois propositions, Gensonné croit devoir accorder une heure de répit à l'assemblée, qui était accablée de fatigue. Les députés se lèvent pour se retirer. — Je somme, s'écrie Danton, les bons citoyens de rester à leurs places! — Chacun se rassied aux éclats de cette voix terrible. « Quoi! re« prend Danton, c'est à l'instant où Miranda « peut être battu, et Dumouriez, pris par der« rière, obligé de mettre bas les armes, que « vous songeriez à délaisser votre poste*! Il « faut terminer l'établissement de ces lois ex-

---

* Dans ce moment on ne savait pas encore que Dumouriez avait quitté la Hollande pour revenir sur la Meuse.

« traordinaires destinées à épouvanter vos en-
« nemis intérieurs. Il les faut arbitraires, parce
« qu'il est impossible de les rendre précises;
« parce que, si terribles qu'elles soient, elles
« seront préférables encore aux exécutions
« populaires, qui, aujourd'hui comme en sep-
« tembre, seraient la suite des lenteurs de la
« justice. Après ce tribunal, il faut organiser
« un pouvoir exécutif énergique, qui soit en
« contact immédiat avec vous, et qui puisse
« mettre en mouvement tous vos moyens en
« hommes et en argent. Aujourd'hui donc le
« tribunal extraordinaire, demain le pouvoir
« exécutif, et après-demain le départ de vos
« commissaires pour les départements. Qu'on
« me calomnie, si l'on veut, mais que ma mé-
« moire périsse, et que la république soit
« sauvée ! »

Malgré cette violente exhortation, la suspension d'une heure est accordée, et les députés vont prendre un repos indispensable. Il était environ sept heures du soir. L'oisiveté du dimanche, les repas donnés dans la journée, la question qui s'agitait dans l'assemblée, tout contribuait à augmenter l'agitation populaire. Sans qu'il y eût de complot formé d'avance, comme le crurent les girondins, on était amené par la seule disposition des esprits à une scène éclatante. On était assemblé aux Jacobins; Bentabole était accouru pour y faire le rapport sur la séance de la convention, et se plaindre des patriotes, qui n'avaient pas été aussi énergiques ce jour-là que la veille. Le conseil général de la commune siégeait pareillement. Les sections, abandonnées par les citoyens paisibles, étaient livrées à quelques furieux, qui prenaient des arrêtés incendiaires. Dans celle des Quatre-Nations, dix-huit forcenés avaient décidé que le département de la Seine devait en ce moment exercer la souveraineté, et que le corps électoral de Paris devait s'assembler sur-le-champ pour retrancher de la convention nationale les députés infidèles, qui conspiraient avec les ennemis de la révolution. Ce même arrêté fut pris par le club des cordeliers, et une députation de la section et du club se rendait en ce moment à la commune pour lui en donner communication. Des perturbateurs, suivant l'usage ordinaire dans tous les mouvements, couraient pour faire fermer les barrières.

Dans ce même instant, les cris d'une populace furieuse retentissaient dans les rues; les enrôlés qui avaient dîné à la Halle-aux-Blés, remplis de fureur et de vin, munis de pistolets et de sabres, s'avançaient vers la salle des Ja-

cobins, en faisant entendre des chants épouvantables. Ils y arrivaient à l'instant même où Bentabole achevait son rapport sur la séance de la journée. Parvenus à la porte, ils demandent à défiler dans la salle. Ils la traversent au milieu des applaudissements. L'un d'eux prend la parole et dit : « Citoyens, au moment du dan-
« ger de la patrie, les vainqueurs du 10 août se
« lèvent pour exterminer les ennemis de l'exté-
« rieur et de l'intérieur. — Oui, leur répond le
« président Collot-d'Herbois, malgré les intri-
« gants, nous sauverons avec vous la liberté. » —
Desfieux prend alors la parole, dit que Miranda est la créature de Pétion, et qu'il trahit; que Brissot a fait déclarer la guerre à l'Angleterre pour perdre la France. Il n'y a qu'un moyen, ajoute-t-il, de se sauver, c'est de se débarrasser de tous ces traîtres, de mettre tous les *appelants* en état d'arrestation chez eux, et de faire nommer d'autres députés par le peuple. — Un homme vêtu d'un habit militaire, et sorti de la foule qui venait de défiler, soutient que ce n'est pas assez que l'arrestation, et qu'il faut des vengeances. — Qu'est-ce que l'inviolabilité? dit-il. Je la mets sous les pieds..... — A ces mots, Dubois de Crancé arrive et veut s'opposer à ces propositions. Sa résistance cause un tumulte affreux. On propose de se diviser

en deux colonnes, dont l'une ira chercher les frères cordeliers, et l'autre se rendra à la convention pour défiler dans la salle, et lui faire entendre tout ce qu'on exige d'elle. On hésite à décider le départ, mais les tribunes envahissent la salle, on éteint les lumières, les agitateurs l'emportent, et on se divise en deux corps pour se rendre à la convention et aux Cordeliers.

Dans ce moment, l'épouse de Louvet, logée avec lui dans la rue Saint-Honoré, près des Jacobins, avait entendu les vociférations partant de cette salle, et s'y était rendue pour s'instruire de ce qui s'y passait. Elle assiste à cette scène; elle accourt en avertir Louvet, qui, avec beaucoup d'autres membres du côté droit, avait quitté la séance de la convention, où l'on disait qu'ils devaient être assassinés. Louvet, armé comme on l'était ordinairement, profite de l'obscurité de la nuit, court de porte en porte avertir ses amis, et leur assigne un rendez-vous dans un lieu caché où ils pourront se soustraire aux coups des assassins. Il les trouve chez Pétion, délibérant paisiblement sur des décrets à rendre. Il s'efforce de leur communiquer ses alarmes, et ne réussit pas à troubler l'impassible Pétion, qui, regardant le ciel et voyant tomber la pluie, dit froidement: *Il n'y aura rien cette nuit.* Cependant un rendez-vous est fixé, et l'un d'eux, nommé Kervélégan, se rend en toute hâte à la caserne du bataillon de Brest, pour le faire mettre sous les armes. Pendant ce temps, les ministres réunis chez Lebrun, n'ayant aucune force à leur disposition, ne savaient quel moyen prendre pour défendre la convention et eux-mêmes, car ils étaient aussi menacés. L'assemblée, plongée dans l'effroi, attendait un dénoûment terrible; et, à chaque bruit, à chaque cri, se croyait au moment d'être envahie par des assassins. Quarante membres seulement étaient restés au côté droit, et s'attendaient à voir leur vie attaquée; ils avaient des armes, et tenaient leurs pistolets préparés. Ils étaient convenus entre eux de se précipiter sur la Montagne au premier mouvement, et d'en égorger le plus de membres qu'ils pourraient. Les tribunes et la Montagne étaient dans la même attitude, et des deux côtés on s'attendait à une scène sanglante et terrible.

Mais il n'y avait pas encore assez d'audace pour qu'un 10 août contre la convention fût exécuté : ce n'était ici qu'une scène préliminaire, ce n'était qu'un 20 juin. La commune n'osa pas favoriser un mouvement auquel les esprits n'étaient pas assez préparés, elle s'en indigna même très-sincèrement. Le maire, à l'instant où les deux députations des Cordeliers et des Quatre-Nations se présentèrent, les repoussa sans vouloir les entendre. Complaisant des jacobins, il n'aimait pas les girondins sans doute, peut-être même il désirait leur chute, mais il pouvait croire un mouvement dangereux ; il était d'ailleurs, comme Pétion au 20 juin et au 10 août, arrêté par l'illégalité, et voulait qu'on lui fît violence pour céder. Il repoussa donc les deux députations. Hébert et Chaumette, procureurs de la commune, le soutinrent. On envoya des ordres pour tenir les barrières ouvertes, on rédigea une adresse aux sections, une autre aux jacobins, pour les ramener à l'ordre. Santerre fit le discours le plus énergique à la commune, et s'éleva contre ceux qui demandaient une nouvelle insurrection. Il dit que, le tyran étant renversé, cette seconde insurrection ne pouvait se diriger que contre le peuple, qui actuellement régnait seul ; que, s'il y avait de mauvais députés, il fallait les souffrir, comme on avait souffert Maury et Cazalès ; que Paris n'était pas toute la France, et devait accepter les députés des départements ; que, quant au ministre de la guerre, s'il avait fait des destitutions, il en avait le droit, puisqu'il était responsable pour ses agents.... Qu'à Paris, quelques hommes ineptes et égarés croyaient pouvoir gouverner, et désorganiseraient tout; qu'enfin il allait mettre la force sur pied, et ramener les malveillants à l'ordre....

De son côté Beurnonville, dont l'hôtel était cerné, franchit les murailles de son jardin, réunit le plus de monde qu'il put, se mit à la tête du bataillon de Brest, et imposa aux agitateurs. La section des Quatre-Nations, les cordeliers, les jacobins, rentrèrent chez eux. Ainsi la résistance de la commune, la conduite de Santerre, le courage de Beurnonville et des Brestois, peut-être aussi la pluie qui tombait avec abondance, empêchèrent les progrès de l'insurrection. D'ailleurs la passion n'était pas encore assez forte contre ce qu'il y avait de plus noble, de plus généreux dans la république naissante. Pétion, Condorcet, Vergniaud, allaient montrer quelque temps encore dans la convention leur courage, leurs talents et leur entraînante éloquence. Tout se calma. Le maire, appelé à la barre de la convention, la rassura, et dans cette nuit même on acheva paisiblement le décret qui organisait le tribunal révolutionnaire. Ce tribunal était composé d'un jury, de cinq juges, d'un accusateur public et de deux adjoints, tous nommés par la convention. Les jurés devaient être choisis avant le mois de mai, et provisoirement ils pouvaient être pris dans le département de Paris et les quatre départements voisins. Les jurés devaient opiner à haute voix.

La conséquence de l'événement du 10 mars fut de réveiller l'indignation des membres du côté droit, et de causer de l'embarras à ceux du côté gauche, compromis par ces démonstrations prématurées. De toutes parts on désavouait ce mouvement comme illégal, comme attentatoire à la représentation nationale. Ceux même qui ne désapprouvaient pas l'idée d'une nouvelle insurrection, condamnaient celle-ci comme mal conduite, et recommandaient de se garder des désorganisateurs payés par l'émigration et l'Angleterre pour provoquer des désordres. Les deux côtés de l'assemblée semblaient conspirer pour établir cette opinion; tous deux supposaient une influence secrète, et s'accusaient réciproquement d'en être complices. Une scène étrange confirma encore cette opinion générale. La section Poissonnière, en présentant des volontaires, demanda un acte d'accusation contre Dumouriez, le général sur qui reposait dans le moment toute l'espérance de l'armée française. A cette pétition, lue par le président de la section, un cri général d'indignation s'élève.—C'est un aristocrate, s'écrie-t-on, payé par les Anglais! — Au même instant on regarde le drapeau que portait la section, et on s'aperçoit avec étonnement que la cravate en est blanche, et qu'il est surmonté par des fleurs de lis. Des cris de fureur éclatent à cette vue, on déchire les fleurs de lis et la cravate, et on les remplace par un ruban tricolore qu'une femme jette des tribunes. Isnard prend aussitôt la parole pour demander un acte d'accusation contre le président de cette section. Plus de cent voix appuient cette motion, et dans le nombre, celle qui fixe le plus l'attention, est celle de Marat. « Cette pétition, dit-il, est un « complot, il faut la lire tout entière : on verra « qu'on y demande la tête de Vergniaud, Guadet, « Gensonné..... et autres; vous sentez, ajoute- « t-il, quel triomphe ce serait pour nos enne- « mis qu'un tel massacre! ce serait la désolation « de la convention..... » Ici des applaudissements universels interrompent Marat; il reprend, dénonce lui-même l'un des principaux agitateurs, nommé Fournier, et demande son arrestation. Sur-le-champ elle est ordonnée; toute l'affaire est renvoyée au comité de sûreté générale; et l'assemblée ordonne qu'il soit envoyé à Dumouriez copie du procès-verbal, pour lui prouver qu'elle ne partage pas à son égard les torts des calomniateurs.

Le jeune Varlet, ami et compagnon de Fournier, accourt aux Jacobins pour demander justice de son arrestation, et proposer d'aller le délivrer. « Fournier, dit-il, n'est pas le seul me-
« nacé; Lasousky, Desfieux, moi-même enfin,
« le sommes encore. Le tribunal révolutionnaire
« qu'on vient d'établir va tourner contre les pa-
« triotes comme celui du 10 août, et les frères
« qui m'entendent ne sont plus jacobins s'ils ne
« me suivent. » Il veut ensuite accuser Dumouriez, et ici un trouble extraordinaire éclate dans la société; le président se couvre, et dit qu'on veut perdre les jacobins. Billaud-Varennes lui-même monte à la tribune, se plaint de ces propositions incendiaires, justifie Dumouriez, qu'il n'aime pas, dit-il, mais qui fait maintenant son devoir, et qui a prouvé qu'il voulait se battre vigoureusement. Il se plaint d'un projet tendant à désorganiser la convention nationale par des attentats, il déclare comme très-suspects Varlet, Fournier, Desfieux; et appuie le projet d'un scrutin épuratoire pour délivrer la société de tous les ennemis secrets qui veulent la compromettre. La voix de Billaud-Varennes est écoutée; des nouvelles satisfaisantes, telles que le ralliement de l'armée par Dumouriez, et la reconnaissance de la république par la Porte, achèvent de ramener

le calme. Ainsi Marat, Billaud-Varennes et Robespierre, qui parla aussi dans le même sens, se prononçaient tous contre les agitateurs, et semblaient s'accorder à croire qu'ils étaient payés par l'ennemi. C'est là une incontestable preuve qu'il n'existait pas, comme le crurent les girondins, un complot secrètement formé. Si ce complot eût existé, assurément Billaud-Varennes, Marat et Robespierre en auraient plus ou moins fait partie; ils auraient été obligés de se taire, comme le côté gauche de l'assemblée législative après le 20 juin, et certainement ils n'auraient pas pu demander l'arrestation de l'un de leurs complices. Mais ici le mouvement n'était que l'effet d'une effervescence populaire, et on pouvait le désavouer s'il était trop précoce ou trop mal combiné. D'ailleurs Marat, Robespierre, Billaud-Varennes, quoique désirant la chute des girondins, craignaient sincèrement les intrigues de l'étranger, redoutaient une désorganisation en présence de l'ennemi victorieux, appréhendaient l'opinion des départements, étaient embarrassés des accusations auxquelles ces mouvements les exposaient, et probablement ne songeaient encore qu'à s'emparer de tous les ministères, de tous les comités, et à chasser les girondins du gouvernement, sans les exclure violemment de la législature. Un seul homme, Danton, aurait pu être soupçonné, quoiqu'il fût le moins acharné des ennemis des girondins. Il avait toute influence sur les cordeliers, auteurs du mouvement; il n'en voulait pas aux membres du côté droit, mais à leur système de modération, qui, à son gré, ralentissait l'action du gouvernement; il exigeait à tout prix un tribunal extraordinaire, et un comité suprême investi d'une dictature irrésistible, parce qu'il voulait par-dessus tout le succès de la révolution; et il est possible qu'il eût conduit secrètement les agitateurs du 10 mars, pour intimider les girondins et vaincre leur résistance. Il est certain du moins qu'il ne s'empressa pas de désavouer les auteurs du trouble, et qu'on le vit au contraire renouveler ses instances pour qu'on organisât le gouvernement d'une manière prompte et terrible.

Quoi qu'il en soit, il fut convenu que les aristocrates étaient les provocateurs secrets de ces mouvements; tout le monde le crut ou feignit de le croire. Vergniaud, dans un discours d'une entraînante éloquence, où il dénonça toute la conspiration, le supposa ainsi: il fut blâmé à la vérité par Louvet, qui aurait voulu qu'on attaquât plus directement les jacobins; mais il obtint que le premier soin du tribunal extraordinaire serait de poursuivre les auteurs du 10 mars. Le ministre de la justice, chargé de faire un rapport sur les événements, déclara qu'il n'avait trouvé nulle part le comité révolutionnaire auquel on les attribuait, qu'il n'avait aperçu que des emportements de clubs, et des propositions faites dans un mouvement d'enthousiasme. Tout ce qu'il avait découvert de plus précis était une réunion, au café Corrazza, de quelques membres des cordeliers. Ces membres des cordeliers étaient Lasouski, Fournier, Gusman, Desfieux, Varlet, agitateurs ordinaires des sections. Ils se réunissaient après les séances pour s'entretenir de sujets politiques. Personne n'attacha d'importance à cette révélation; et, comme on supposait des trames bien plus profondes, la réunion au café Corrazza, de quelques individus aussi subalternes, ne parut que ridicule.

CHAPITRE II.

Suite de nos revers militaires; défaite de Nerwinde. — Premières négociations de Dumouriez avec l'ennemi; ses projets de contre-révolution; il traite avec l'ennemi. — Évacuation de la Belgique. — Premiers troubles de l'Ouest; mouvements insurrectionnels dans la Vendée. — Décrets révolutionnaires. Désarmement des *suspects*. — Entretien de Dumouriez avec des émissaires des jacobins. Il fait arrêter et livre aux Autrichiens les commissaires de la convention. — Décret contre les Bourbons. Mise en arrestation du duc d'Orléans et de sa famille. — Dumouriez, abandonné de son armée après sa trahison, se réfugie dans le camp des Impériaux. Opinion sur ce général. — Changements dans les commandements des armées du Nord et du Rhin. Bouchotte est nommé ministre de la guerre à la place de Beurnonville destitué.

On a vu, dans le précédent chapitre, dans quel état d'exaspération se trouvaient les partis de l'intérieur, et les mesures extraordinaires que le gouvernement révolutionnaire avait prises pour résister à la coalition étrangère et aux factions du dedans. C'est au milieu de ces circonstances, de plus en plus imminentes, que Dumouriez, revenu de Hollande, rejoignit son armée à Louvain. Nous l'avons vu déployant son autorité contre les commissaires du pouvoir exécutif, et repoussant de toutes ses forces le jacobinisme qui tâchait de s'introduire en Belgique. A toutes ces démarches il en ajouta une plus hardie encore, et qui devait le conduire à la même fin que Lafayette. Il écrivit, le 12 mars, une lettre à la convention, dans laquelle, revenant sur la désorganisation des armées opérée par Pache et les jacobins, sur le décret du 15 décembre, sur les vexations exercées contre les Belges, il imputait tous les maux présents à l'esprit désorganisateur qui se répandait de Paris sur la France, et de la France dans les pays affranchis par nos armées. Cette lettre, pleine d'expressions audacieuses, et surtout de remontrances, qu'il n'appartenait pas à un général de faire, arriva au comité de sûreté générale, au moment même où de si nombreuses accusations s'élevaient contre Dumouriez, et où l'on faisait de continuels efforts pour lui conserver la faveur populaire, et l'attacher lui-même à la république. Cette lettre fut tenue secrète, et sur-le-champ on lui envoya Danton pour l'engager à la rétracter.

Dumouriez rallia son armée en avant de Louvain, ramena ses colonnes dispersées, jeta un corps vers sa droite pour garder la Campine, et pour lier ses opérations avec les derrières de l'armée hasardée en Hollande. Aussitôt après, il se décida à reprendre l'offensive pour rendre la confiance à ses soldats. Le prince de Cobourg, après s'être emparé du cours de la Meuse depuis Liége jusqu'à Maëstricht, et s'être porté au-delà jusqu'à Saint-Tron, avait fait occuper Tirlemont par un corps avancé. Dumouriez fit reprendre cette ville; et, voyant que l'ennemi n'avait pas songé à garder la position importante de Goidsenhoven, laquelle domine tout le terrain entre les deux Gettes, il y dirigea quelques bataillons, qui s'y établirent sans difficulté. Le lendemain, 16 mars, l'ennemi voulut recouvrer cette position perdue, et l'attaqua avec une grande vigueur. Dumouriez, qui s'y attendait, la fit soutenir, et s'attacha à ranimer ses troupes par ce combat. Les Impériaux repoussés, après avoir perdu sept à huit cents hommes, repassèrent la petite Gette, et allèrent se poster entre les villages de Neerlanden, Landen, Neerwinden, Overwinden et Racour. Les Français, encouragés par cet avantage, se placèrent de leur côté en avant de Tirlemont et dans plusieurs villages situés à la gauche de la petite Gette, devenue la ligne de séparation des deux armées.

Dumouriez résolut dès lors de donner une grande bataille, et cette pensée était aussi sage que hardie. La guerre méthodique ne convenait pas à ses troupes peu disciplinées encore. Il fallait redonner de l'éclat à nos armes, rassurer la convention, s'attacher les Belges, ramener l'ennemi au-delà de la Meuse, le fixer là pour un temps, ensuite voler de nouveau en Hollande, pénétrer dans une capitale de la coalition, et y porter la révolution. A ces projets, Dumouriez ajoutait encore, dit-il, le rétablissement de la constitution de 1791, et le renversement des démagogues, avec le secours des Hollandais et de son armée. Mais cette addition était une folie, ici comme au moment où il était sur le Moerdik : ce qu'il y avait de sage, de possible et de vrai dans son plan, c'était de recouvrer son influence, de rétablir nos armes, et d'être rendu à ses projets militaires par une bataille gagnée. L'ardeur renaissante de son armée, sa position militaire, tout lui donnait une espérance fondée de succès; d'ailleurs il fallait beaucoup hasarder dans sa situation, et il ne devait pas hésiter.

Notre armée s'étendait sur un front de deux lieues, et bordait la petite Gette, de Neer-Heylissem à Leaw. Dumouriez résolut d'opérer un mouvement de conversion, qui ramènerait l'ennemi entre Leaw et Saint-Tron. Sa gauche étant appuyée à Leaw comme sur un pivot, sa droite devait tourner par Neer-Heylissem, Racour et Landen, et obliger les Autrichiens à reculer devant elle jusqu'à Saint-Tron. Pour cela, il fallait traverser la petite Gette, franchir ses rives escarpées, prendre Leaw, Orsmaël, Neerwinden, Overwinden et Racour. Ces trois derniers villages, faisant face à notre droite, qui devait les parcourir dans son mouvement de conversion, formaient le principal point d'attaque. Dumouriez, divisant sa droite en trois colonnes aux ordres de Valence, leur enjoignit de passer la Gette au pont de Neer-Heylissem : l'une devait déborder l'ennemi, l'autre prendre vivement la tombe élevée de Middelwinden, foudroyer de cette hauteur le village d'Overwinden et s'en emparer; la troisième attaquer le village de Neerwinden par sa droite. Le centre, confié au duc de Chartres, et composé de deux colonnes, avait ordre de passer au pont d'Esemaël, de traverser Laer, et d'attaquer de front Neerwinden, déja menacé sur son premier flanc par la troisième colonne. Enfin, la gauche, aux ordres de Miranda, devait se diviser en deux et trois colonnes, occuper Leaw et Orsmaël, et s'y maintenir, tandis que le centre et la droite, marchant en avant après la victoire, opéreraient le mouvement de conversion, qui était le but de la bataille.

Ces dispositions furent arrêtées le 17 mars au soir. Le lendemain 18, dès neuf heures du matin, toute l'armée s'ébranla avec ordre et ardeur. La Gette fut traversée sur tous les points. Miranda fit occuper Leaw par Champmorin, il s'empara lui-même d'Orsmaël, et engagea une canonnade avec l'ennemi, qui s'était retiré sur les hauteurs de Halle, et s'y était fortement retranché. Le but se trouvait atteint sur ce point. Au centre et à droite, le mouvement s'opéra à la même heure; les deux parties de l'armée traversèrent Elissem, Esemaël, Neer-Heylissem, et, malgré un feu meurtrier, franchirent avec beaucoup de courage les hauteurs escarpées qui bordaient la Gette. La colonne de l'extrême droite traversa Racour, déborda dans la plaine, et au lieu de s'y étendre, comme elle en avait l'ordre, commit la faute de se replier sur Overwinden pour chercher l'ennemi. La seconde colonne de la droite, après avoir été retardée dans sa marche, se lança avec une impétuosité héroïque sur la tombe élevée de Middelwinden, et en chassa les Impériaux; mais au lieu de s'y établir fortement, elle ne fit que la traverser, et s'empara d'Overwinden. La troisième colonne entra dans Neerwinden, et commit une autre faute par l'effet d'un malentendu, celle de s'étendre trop tôt hors du village, et de s'exposer par là à en être expulsée par un retour des Impériaux. L'armée française touchait cependant à son but; mais le prince de Cobourg ayant d'abord commis la faute de ne pas attaquer nos troupes à l'instant où elles traversaient la Gette, et gravissaient ses bords escarpés, la réparait en donnant un ordre général de reprendre les positions abandonnées. Des forces supérieures étaient portées sur notre gauche contre Miranda. Clerfayt, profitant de ce que la première colonne n'avait pas persisté à le déborder, de ce que la seconde ne s'était pas établie sur la tombe de Middelwinden, de ce que la troisième et les deux composant le centre s'étaient accumulées confusément dans Neerwinden, traversait la plaine de Landen, reprenait Racour, la tombe de Middelwinden, Overwinden et Neerwinden. Dans ce moment, les Français étaient dans une position désastreuse. Chassés de tous les points qu'ils avaient occupés, rejetés sur le penchant des hauteurs, débordés par leur droite, foudroyés sur leur front par une artillerie supérieure, menacés par deux corps de cavalerie, et ayant une rivière à dos, ils pouvaient être détruits, et l'auraient été certainement, si l'ennemi, au lieu de porter la plus grande partie de ses forces sur leur gauche, eût poussé plus vivement leur centre et leur droite. Dumouriez, accourant alors sur ce point menacé, rallie ses colonnes, fait reprendre la tombe de Middelwinden, et marche lui-même sur Neerwinden, déjà pris deux fois par les Français, et repris deux fois aussi par les Impériaux. Dumouriez y rentre pour la troisième fois, après un horrible carnage. Ce malheureux village était encombré d'hommes et de chevaux, et dans la confusion de l'attaque, nos troupes s'y étaient accumulées et débandées. Dumouriez, sentant le danger, abandonne ce champ embarrassé de débris humains, et recompose ses colonnes à quelque distance du village. Là, il s'entoure d'artillerie, et se dispose à se maintenir sur ce champ de bataille. Dans ce moment, deux colonnes de cavalerie fondent sur lui, l'une de Neerwinden, l'autre d'Overwinden. Valence prévient la première à la tête de la cavalerie française, la charge impétueusement, la repousse, et, couvert de glorieuses blessures, est obligé de céder son commandement au duc de Chartres. Le général Thouvenot reçoit la seconde avec calme, la laisse s'engager au sein de notre infanterie, dont il fait ouvrir les rangs, puis il ordonne tout-à-coup une double décharge de mitraille et de mousqueterie, qui, faite à bout portant, accable la cavalerie impériale et la détruit presque entièrement. Dumouriez reste ainsi maître du champ de bataille, et s'y établit pour achever le lendemain son mouvement de conversion.

La journée avait été sanglante, mais le plus difficile semblait exécuté. La gauche, établie dès le matin à Leaw et Orsmaël, devait n'avoir plus rien à faire, et le feu ayant cessé à deux heures après midi, Dumouriez croyait qu'elle avait conservé son terrain. Il se regardait comme victorieux, puisqu'il occupait tout le champ de bataille. Cependant la nuit approchait, la droite et le centre allumaient leurs feux, et aucun officier n'était venu apprendre à Dumouriez, de la part de Miranda, ce qui se passait sur son flanc gauche. Alors il conçoit des doutes, et bientôt des inquiétudes. Il part à cheval avec deux officiers et deux domestiques, et trouve le village de Laer abandonné par Dampierre, qui commandait sous le duc de Chartres l'une des deux colonnes du centre. Dumouriez apprend là que la gauche, entièrement débandée, avait repassé la Gette, et avait fui jusqu'à Tirlemont; et que Dampierre, se voyant alors découvert, s'était reporté en arrière, au poste qu'il occupait le matin avant la bataille. Il part aussitôt ventre à terre, accompagné de ses deux domestiques et de ses deux officiers, manque d'être pris par les hulans autrichiens, arrive vers minuit à Tirlemont, et trouve Miranda qui s'était replié à deux lieues du champ de bataille, et que Valence, transporté là par suite de ses blessures, engageait vainement à se reporter en avant. Miranda, entré à Orsmaël dès le matin, avait été attaqué au moment où les Impériaux reprenaient toutes leurs positions. La plus grande partie des forces de l'ennemi avait porté sur son aile, qui, formée en partie des volontaires nationaux, s'était débandée et avait fui jusqu'à Tirlemont. Miranda, entraîné, n'avait eu ni le temps ni la force de rallier ses soldats, quoique Miacsinsky fût venu à son secours avec un corps de troupes fraîches; il ne songea même pas à en faire prévenir le général en chef. Quant à Champmorin, placé à Leaw avec la dernière colonne, il s'y était maintenu jusqu'au soir, et n'avait songé à rentrer à Bingen, son point de départ, que vers la fin de la journée.

L'armée française se trouva ainsi détachée, partie en arrière de la Gette, partie en avant; et si l'ennemi, moins intimidé par une action aussi opiniâtre, eût voulu pousser ses avantages, il pouvait couper notre ligne, anéantir notre droite campée à Neerwinden, et mettre en fuite la gauche déjà repliée. Dumouriez, sans s'épouvanter, se décide froidement à la retraite, et dès le lendemain matin il se prépare à l'exécuter. Pour cela, il s'empare de l'aile de Miranda, tâche de lui rendre quelque courage, et veut la reporter en avant pour arrêter l'ennemi sur la gauche de la ligne, tandis que le centre et la droite, faisant leur retraite, essaieront de repasser la Gette. Mais cette portion de l'armée, abattue par sa défaite de la veille, n'avance qu'avec peine. Heureusement Dampierre, qui avait repassé la Gette le jour même avec une colonne du centre, appuie le mouvement de Dumouriez, et se conduit avec autant d'intelligence que de courage. Dumouriez, toujours au milieu de ses bataillons, les soutient, et veut les conduire sur la hauteur de Wommersem, qu'ils avaient occupée la veille avant le commencement de la bataille. Les Autrichiens y avaient placé des batteries, et faisaient de ce point un feu meurtrier. Dumouriez se met à la tête de ces soldats abattus, leur fait sentir qu'il vaut mieux tenter l'attaque que de recevoir un feu continu, qu'ils en seront quittes pour une charge, bien moins meurtrière pour eux que cette froide immobilité en présence d'une artillerie foudroyante. Deux fois il les ébranle, et deux fois, comme découragés par le souvenir de la veille, ils s'arrêtent; et tandis qu'ils supportent avec une constance héroïque le feu des hauteurs de Wommersem, ils n'ont pas le courage beaucoup plus facile de charger à la baïonnette. Dans cet instant un boulet emporte le cheval de Dumouriez; il est renversé et couvert de terre. Ses soldats épouvantés sont prêts à fuir à cette vue; mais il se relève avec une extrême promptitude, remonte à cheval, et continue à les maintenir sur le champ de bataille.

Pendant ce temps, le duc de Chartres opérait la retraite de la droite et de la moitié du centre. Conduisant ses quatre colonnes avec autant d'intrépidité que d'intelligence, il se retire froidement en présence d'un ennemi formidable, et traverse les trois ponts de la Gette sans avoir été entamé. Dumouriez replie alors son aile gauche, ainsi que la colonne de Dampierre, et rentre dans les positions de la veille, en présence d'un ennemi saisi d'admiration pour sa belle retraite. Le 19, l'armée se trouvait, comme le 17, entre Hackendoven et Goidsenhoven, mais avec une perte de quatre mille morts, avec une désertion de plus de dix mille fuyards, qui couraient déjà vers l'intérieur, et avec le découragement d'une bataille perdue.

Dumouriez, dévoré de chagrins, agité de sentiments contraires, songeait tantôt à se battre à outrance contre les Autrichiens, tantôt à détruire la faction des jacobins, auxquels il attribuait la désorganisation et les revers de son armée. Dans les accès de sa violente humeur, il parlait tout haut contre la tyrannie de Paris, et ses propos, répétés par son état-major, circulaient dans toute l'armée. Néanmoins, quoique livré à un singulier désordre d'esprit, il ne perdit pas le sang-froid nécessaire dans une retraite, et il fit les meilleures dispositions pour occuper long-temps la Belgique par les places fortes, s'il était obligé de l'évacuer avec ses armées. En conséquence il ordonna au général d'Harville de jeter une forte garnison dans le château de Namur, et de s'y maintenir avec une division. Il envoya le général Ruault à Anvers pour recueillir les vingt mille hommes de l'expédition de Hollande, et garder l'Escaut, tandis que de bonnes garnisons occuperaient Breda et Gertruydenberg. Son but était de former ainsi un demi-cercle de places fortes, passant par Namur, Mons, Tournay, Courtray, Anvers, Breda et Gertruydenberg; de se placer au centre de ce demi-cercle, et d'y attendre les renforts nécessaires pour agir plus énergiquement. Le 22, il livra devant Louvain un combat de position aux Impériaux, qui fut aussi grave que celui de Goidsenhoven, et leur coûta autant de monde. Le soir, il eut une entrevue avec le colonel Mack, officier ennemi qui exerçait une grande influence sur les opérations des coalisés, par la réputation dont il jouissait en Allemagne. Ils convinrent de ne plus livrer de combats décisifs, de se suivre lentement et en bon ordre, pour épargner le sang des soldats et ménager les pays qui étaient le théâtre de la guerre. Cette espèce d'armistice, toute favorable aux Français, qui se seraient débandés s'ils avaient été attaqués vivement, convenait aussi parfaitement au timide système de la coalition, qui, après avoir recouvré la Meuse, ne voulait plus rien tenter de décisif avant la prise de Mayence. Telle fut la première négociation de Dumouriez avec l'ennemi. La politesse du colonel Mack, ses manières engageantes, purent disposer l'esprit si agité du général à recourir à des secours étrangers. Il commençait à ne plus apercevoir d'avenir dans la carrière où il se trouvait engagé : si quelques mois auparavant il prévoyait succès, gloire, influence, en commandant les armées françaises, et si cette espérance le rendait plus indulgent pour les violences révolutionnaires, aujourd'hui battu, dépopularisé, attribuant la désorganisation de son armée à ces mêmes violences, il voyait avec horreur des désordres qu'il avait pu autrefois ne considérer qu'avec indifférence. Élevé dans les cours, ayant vu de ses yeux quelle machine fortement organisée il fallait pour assurer la durée d'un état, il ne pouvait concevoir que des bourgeois soulevés pussent suffire à une opération aussi compliquée que celle du gouvernement. Dans une telle situation, si un général, administrateur et guerrier à la fois, tient la force dans ses mains, il est difficile que l'idée ne lui vienne pas de l'employer, pour terminer des désordres qui épouvantent sa pensée et menacent même sa personne. Dumouriez était assez hardi pour concevoir une pareille idée; et, ne voyant plus d'avenir en servant la révolution par des victoires, il songea à s'en former un autre, en ramenant cette révolution à la constitution de 1791, et en la réconciliant à ce prix avec toute l'Europe. Dans ce plan, il fallait un roi, et les hommes importaient assez peu à Dumouriez pour qu'il ne s'inquiétât pas beaucoup du choix. On lui reprocha alors de vouloir placer sur le trône la maison d'Orléans. Ce qui porta à le croire, c'est son affection pour le duc de Chartres, auquel il avait ménagé à l'armée le rôle le plus brillant. Mais cette preuve était fort insignifiante, car le jeune duc avait mérité tout ce qu'il avait obtenu, et d'ailleurs rien ne prouvait dans sa conduite un concert avec Dumouriez. Une autre considération persuada tous les esprits : c'est que, dans le moment, il n'y avait pas d'autre choix possible, si on voulait créer une dynastie nouvelle. Le fils du roi mort était trop jeune, et d'ailleurs le régicide n'admettait pas une réconciliation aussi prompte avec la dynastie. Les oncles étaient en état d'hostilité; et il ne restait que la branche d'Orléans, aussi compromise dans la révolution que les jacobins eux-mêmes, et seule capable d'écarter toutes les craintes des révolutionnaires. Si l'esprit agité de Dumouriez s'arrêta à un choix, il ne put en former d'autre alors, et ce fut cette nécessité qui le fit accuser de songer à mettre la famille d'Orléans sur le trône. Il le nia dans l'émigration; mais cette dénégation intéressée ne prouve rien; et il ne faut pas plus le croire sur ce point que sur la date antérieure qu'il a prétendu donner à ses desseins. Il a voulu dire en effet que son projet de résistance contre les jacobins était plus ancien, mais ce fait est faux. Ce n'est qu'alors, c'est-à-dire lorsque la carrière des succès lui fut fermée, qu'il songea à s'en ouvrir une autre. Dans ce projet, il entrait du ressentiment personnel, du chagrin de ses revers, enfin une indignation sincère, mais tardive, contre les désordres sans issue qu'il prévoyait maintenant sans aucune illusion.

Le 22, il trouva à Louvain Danton et Lacroix qui venaient lui demander raison de la lettre écrite le 12 mars à la convention, et tenue secrète par le comité de sûreté générale. Danton, avec lequel il sympathisait, espérait le ramener à des sentiments plus calmes, et le rattacher à la cause commune. Mais Dumouriez traita les deux commissaires, et Danton lui-même, avec beaucoup d'humeur, et leur laissa découvrir les plus sinistres dispositions. Il se répandit en nouvelles plaintes contre la convention et les jacobins, et ne voulut pas rétracter sa lettre. Seulement il consentit à écrire deux mots, pour dire qu'il en donnerait plus tard l'explication. Danton et Lacroix partirent sans avoir rien pu obtenir, et le laissant dans la plus violente agitation.

Le 23, après une résistance assez vive pendant toute la journée, plusieurs corps abandonnèrent leurs postes, et il fut obligé de quitter Louvain en désordre. Heureusement l'ennemi n'aperçut rien de ce mouvement, et n'en profita pas pour achever de jeter la confusion dans notre armée, en la poursuivant. Dumouriez sépara alors la troupe de ligne des volontaires, la réunit à l'artillerie, et en composa un corps d'élite de quinze mille hommes, avec lequel il se plaça lui-même à l'arrière-garde. Là, se montrant au milieu de ses soldats, escarmouchant tous les jours avec eux, il parvint à donner à sa retraite une attitude plus ferme. Il fit évacuer Bruxelles avec beaucoup d'ordre, traversa cette ville le 25, et le 27 vint camper à Ath. Là, il eut de nouvelles conférences avec le colonel Mack, en fut traité avec beaucoup de délicatesse et d'égards; et cette entrevue, qui n'avait pour objet que de régler les détails de l'armistice, se changea bientôt en une négociation plus importante. Dumouriez confia tous ses ressentiments au colonel étranger, et lui découvrit ses projets de renverser la convention nationale. Ici, abusé par le ressentiment, s'exaltant sur l'idée d'une désorganisation générale, le sauveur de la France dans l'Argonne obscurcit sa gloire en traitant avec un ennemi dont l'ambition devait rendre toutes les intentions suspectes, et dont la puissance était alors la plus dangereuse pour nous. Il n'y a, comme nous l'avons déjà dit, qu'un choix pour l'homme de génie dans ces situations difficiles : ou se retirer et abdiquer toute influence, pour ne pas être le complice d'un système qu'il désapprouve ; ou s'isoler du mal qu'il ne peut empêcher, et faire une chose, une seule chose, toujours morale, toujours glorieuse, travailler à la défense de son pays.

Dumouriez convint avec le colonel Mack qu'il y aurait une suspension d'armes entre les deux armées ; que les Impériaux n'avanceraient pas sur Paris, pendant qu'il y marcherait lui-même, et que l'évacuation de la Belgique serait le prix de cette condescendance ; il fut aussi stipulé que la place de Condé serait temporairement donnée en garantie, et que, dans le cas où Dumouriez aurait besoin des Autrichiens, ils seraient à ses ordres. Les places fortes devaient recevoir des garnisons composées d'une moitié d'Impériaux et d'une moitié de Français, mais sous le commandement de chefs français, et à la paix toutes les places seraient rendues. Telles furent les coupables conventions faites par Dumouriez avec le prince de Cobourg, par l'intermédiaire du colonel Mack.

On ne connaissait encore à Paris que la défaite de Neerwinden et l'évacuation successive de la Belgique. La perte d'une grande bataille, une retraite précipitée, concourant avec les nouvelles qu'on avait reçues de l'Ouest, y causèrent la plus grande agitation. Un complot avait été découvert à Rennes, et il paraissait tramé par les Anglais, les seigneurs bretons et les prêtres non assermentés. Déjà des mouvements avaient éclaté dans l'Ouest, à l'occasion de la cherté des subsistances et de la menace de ne plus payer le culte; maintenant c'était dans le but avoué de défendre la cause de la monarchie absolue. Des rassemblements de paysans, demandant le rétablissement du clergé et des Bourbons, s'étaient montrés aux environs de Rennes et de Nantes. Orléans était en pleine insurrection, et le représentant Bourdon avait manqué d'y être assassiné. Les révoltés s'élevaient déjà à plusieurs milliers d'hommes. Il ne fallait rien moins que des armées et des généraux pour les réduire. Les grandes villes dépêchaient leurs gardes nationales; le général Labourdonnaie avançait avec son corps, et tout annonçait une guerre civile des plus sanglantes. Ainsi, d'une part, nos armées se retiraient devant la coalition, de l'autre la Vendée se levait, et jamais la fermentation ordinaire produite par le danger n'avait dû être plus grande.

A peu près à cette époque, et à la suite du 10 mars, on avait imaginé de réunir les chefs des deux opinions au comité de sûreté générale, pour qu'ils pussent s'y expliquer sur les motifs de leurs divisions. C'est Danton qui avait provoqué l'entrevue. Les querelles de tous les jours ne satisfaisaient point des haines qu'il n'avait pas, l'exposaient à une discussion de conduite qu'il redoutait, et arrêtaient l'œuvre de la révolution qui lui était si chère. Il en désirait donc la fin. Il avait montré une grande bonne foi dans les différents entretiens, et s'il prenait l'initiative, s'il accusait les girondins, c'était pour écarter les reproches dont il aurait pu être l'objet. Les girondins, tels que Buzot, Guadet, Vergniaud, Gensonné, avec leur délicatesse accoutumée, se justifiaient comme si l'accusation eût été sérieuse, et prêchaient un converti en argumentant avec Danton. Il n'en était pas de même avec Robespierre : on l'irritait en voulant le convaincre, et on cherchait à lui démontrer ses torts, comme si cette démonstration avait dû l'apaiser. Pour Marat, qui s'était cru nécessaire à ces conférences, personne n'avait daigné lui donner une explication, et ses amis mêmes, pour n'avoir pas à se justifier de cette alliance, ne lui adressaient jamais la parole.

De pareilles conférences devaient aigrir plutôt que radoucir les chefs opposés : fussent-ils parvenus à se prouver réciproquement leurs torts, une telle démonstration ne les eût certainement pas réconciliés. Les choses en étaient à ce point, lorsque les événements de la Belgique furent connus à Paris.

Sur-le-champ on s'accusa de part et d'autre; on se reprocha de contribuer aux désastres publics, les uns en désorganisant le gouvernement, les autres en voulant ralentir son action. On demanda des explications sur la conduite de Dumouriez. On lut la lettre du 12 mars, qui avait été tenue secrète, et à cette lecture on s'écria que Dumouriez trahissait, que bien évidemment il tenait la conduite de Lafayette, et, qu'à son exemple, il commençait sa trahison par des lettres insolentes à l'assemblée. Une seconde lettre, écrite le 27 mars, et plus hardie que celle du 12, excita encore davantage les soupçons. De tous côtés on pressa Danton d'expliquer ce qu'il savait de Dumouriez. Personne n'ignorait que ces deux hommes avaient du goût l'un pour l'autre, que Danton avait insisté pour tenir secrète la lettre du 12 mars, et qu'il était parti pour aller en obtenir la rétractation. On disait même qu'ils avaient malversé ensemble dans la riche Belgique. Aux Jacobins, dans le comité de défense générale, dans l'assemblée, on somma Danton de s'expliquer. Celui-ci, embarrassé des soupçons des girondins et des doutes des montagnards eux-mêmes, éprouva pour la première fois quelque peine à répondre. Il dit que les grands talents de Dumouriez avaient paru mériter des ménagements; qu'on avait cru convenable de le voir, avant de le dénoncer, afin de lui faire sentir ses torts, et le ramener, s'il était possible, à de meilleurs sentiments; que jusqu'ici les commissaires n'avaient vu dans sa conduite que l'effet de mauvaises suggestions, et surtout le chagrin de ses derniers revers; mais qu'ils avaient cru, et qu'ils croyaient encore, pouvoir conserver ses talents à la république.

Robespierre dit que s'il en était ainsi, il ne fallait pas le ménager, et qu'il était inutile de garder tant de mesure avec lui. Il renouvela en outre la motion que Louvet avait faite contre les Bourbons restés en France, c'est-à-dire contre les membres de la famille d'Orléans; et il parut étrange que Robespierre, qui, en janvier, les avait si fortement défendus contre les girondins, les attaquât maintenant avec tant de fureur. Mais son ame soupçonneuse avait tout de suite supposé de sinistres complots. Il s'était dit : Un ancien prince du sang ne peut se résigner à son nouvel état, et bien qu'il s'appelle *Égalité*, son sacrifice ne peut être sincère; il conspire donc, et en effet tous nos généraux lui appartiennent : Biron, qui commande aux Alpes, est son intime; Valence, général de l'armée des Ardennes, est gendre de son confident Sillery; ses deux fils occupent le premier rang dans l'armée de la Belgique; Dumouriez enfin leur est ouvertement dévoué, et il les élève avec un soin particulier : les girondins ont attaqué en janvier la famille d'Orléans, mais c'est une feinte de leur part qui n'avait d'autre but que d'écarter tout soupçon de connivence : Brissot, ami de Sillery, est l'intermédiaire de la conspiration : voilà le complot découvert : le trône est relevé et la France perdue, si on ne s'empresse de proscrire les conjurés. — Telles étaient les conjectures de Robespierre; et, ce qu'il y a de plus effrayant dans cette manière de raisonner, c'est que Robespierre, inspiré par la haine, croyait à ces calomnies. La Montagne étonnée repoussa sa proposition. — Donnez donc des preuves, lui disaient ceux qui étaient assis à ses côtés. — Des preuves, répondait-il, des preuves! je n'en ai pas, mais j'ai la *conviction morale!*

Sur-le-champ on songea, comme on le faisait toujours dans les moments de danger, à accélérer l'action du pouvoir exécutif et celle des tribunaux, pour se garantir à la fois de ce qu'on appelait l'ennemi extérieur et intérieur.

On fit donc partir à l'instant même les commissaires nommés pour le recrutement, et on examina la question de savoir si la convention ne devait pas *prendre une plus grande part à l'exécution des lois*. La manière dont le pouvoir exécutif était organisé paraissait insuffisante. Des ministres placés hors de l'assemblée, agissant de leur chef et sous sa surveillance très-éloignée, un comité chargé de faire des rapports sur toutes les mesures de sûreté générale, toutes ces autorités se contrôlant les unes les autres, délibérant éternellement sans agir, paraissaient très-au-dessous de l'immense tâche qu'elles avaient à remplir. D'ailleurs ce ministère, ces comités, étaient composés de membres suspects, parce qu'ils étaient modérés; et dans ce temps où la promptitude, la force, étaient des conditions indispensables de succès, toute lenteur, toute modération était suspecte de conspiration. On songea donc à établir un comité qui réunirait à la fois les fonctions du comité diplomatique, du comité militaire, du comité de sûreté générale, qui pourrait au besoin ordonner et agir de son chef, et arrêter ou suppléer l'action ministérielle. Divers projets d'organisation furent présentés pour remplir cet objet, et confiés à une commission chargée de les discuter. Immédiatement après, on s'occupa des moyens d'atteindre l'ennemi intérieur, c'est-à-dire *les aristocrates*, *les traîtres*, dont on se disait entouré. La France, s'écriait-on, est pleine de prêtres réfractaires, de nobles, de leurs anciennes créatures, de leurs anciens domestiques, et cette clientèle, encore considérable, nous entoure, nous trahit, et nous menace aussi dangereusement que les baïonnettes ennemies. Il faut les découvrir, les signaler et les entourer d'une lumière qui les empêche d'agir. Les jacobins avaient donc proposé, et la convention avait décrété que, d'après une coutume empruntée à la Chine, le nom de toutes les personnes habitant une maison serait inscrit sur leurs portes*. On avait ensuite ordonné le désarmement de tous les citoyens *suspects*, et on avait qualifié tels, les prêtres non assermentés, les nobles, les ci-devant seigneurs, les fonctionnaires destitués, etc. Le désarmement devait s'opérer par la voie des visites domiciliaires;

---

* Décret du 29 mars.

et le seul adoucissement apporté à cette mesure fut que les visites ne pouvaient avoir lieu la nuit. Après s'être ainsi assuré le moyen de poursuivre et d'atteindre tous ceux qui donnaient le moindre ombrage, on avait enfin ajouté celui de les frapper de la manière la plus prompte, en installant le tribunal révolutionnaire. C'est sur la proposition de Danton que ce terrible instrument de la défiance révolutionnaire fut mis en exercice. Cet homme redoutable en avait compris l'abus, mais avait tout sacrifié au but. Il savait que frapper vite, c'est examiner moins attentivement; qu'examiner moins attentivement, c'est s'exposer à se tromper, surtout en temps de parti; et que se tromper, c'est commettre une atroce injustice. Mais, à ses yeux, la révolution était la société accélérant son action en toutes choses, en matière de justice, d'administration et de guerre. — En temps calme, la société aime mieux, disait-il, laisser échapper le coupable que frapper l'innocent, parce que le coupable est peu dangereux; mais à mesure qu'il le devient davantage, elle tend davantage aussi à le saisir; et lorsqu'il devient si dangereux qu'il pourrait la faire périr, ou du moins quand elle le croit ainsi, elle frappe tout ce qui excite ses soupçons, et préfère alors atteindre un innocent que laisser échapper un coupable. Telle est la dictature, c'est-à-dire l'action violente dans les sociétés menacées; elle est rapide, arbitraire, fautive, mais irrésistible.

Ainsi la concentration des pouvoirs dans la convention, l'installation du tribunal révolutionnaire, le commencement de l'inquisition contre les suspects, un redoublement de haine contre les députés qui résisteraient à ces moyens extraordinaires, furent le résultat de la bataille de Nerwinde, de la retraite de la Belgique, des menaces de Dumouriez, et des mouvements de la Vendée.

L'humeur de Dumouriez s'était accrue avec ses revers. Il venait d'apprendre que l'armée de Hollande se retirait en désordre, abandonnait Anvers et l'Escaut, en laissant dans Breda et Gertruydenberg les deux garnisons françaises; que d'Harville n'avait pu garder le château de Namur, et se repliait sur Givet et Maubeuge; que Neuilly enfin, loin de pouvoir se maintenir à Mons, s'était vu obligé de se retirer sur Condé et Valenciennes, parce que sa division, au lieu de prendre position sur les hauteurs de Nimy, avait pillé les magasins et pris la fuite. Ainsi, par suite des désordres de cette armée, il voyait s'évanouir le projet de former en Belgique un demi-cercle de places fortes, qui aurait passé de Namur en Flandre et en Hollande, et au centre duquel il se serait placé pour agir avec plus d'avantage. Il n'avait bientôt plus rien à offrir en échange aux Impériaux, et il tombait sous leur dépendance en s'affaiblissant. Sa colère augmentait en approchant de la France, en voyant les désordres de plus près, et en entendant les cris qui s'élevaient contre lui. Déja il ne se cachait plus ; et ses paroles, proférées en présence de son état-major, et répétées dans l'armée, annonçaient les projets qui fermentaient dans sa tête. La sœur du duc d'Orléans et Mme de Sillery, fuyant les proscriptions qui les menaçaient, s'étaient rendues en Belgique pour chercher une protection auprès de leurs frères. Elles étaient à Ath, et ce fut un nouvel aliment donné aux soupçons.

Trois envoyés jacobins, un nommé Dubuisson, réfugié de Bruxelles, Proly, fils naturel de Kaunitz, et Pereyra, juif portugais, se rendirent à Ath, sous le prétexte faux ou vrai d'une mission de Lebrun. Ils se transportèrent auprès du général en espions du gouvernement, et n'eurent aucune peine à découvrir des projets que Dumouriez ne cachait plus. Ils le trouvèrent entouré du général Valence et des fils d'Orléans, furent fort mal reçus, et eu-

tendirent les paroles les moins flatteuses pour les jacobins et la convention. Cependant le lendemain ils revinrent et obtinrent un entretien secret. Cette fois Dumouriez se décela entièrement : il commença par leur dire qu'il était assez fort pour se battre devant et derrière; que la convention était composée de deux cents brigands et de six cents imbéciles, et qu'il se moquait de ses décrets, qui bientôt n'auraient plus de valeur que dans la banlieue de Paris. — « Quant au tribunal révolutionnaire, ajouta-t-il avec une indignation croissante, je saurai l'empêcher, et tant que j'aurai trois pouces de fer à mes côtés, cette horreur n'existera jamais. » — Ensuite il s'emporta contre les volontaires, qu'il appelait des lâches; il dit qu'il ne voulait plus que des troupes de ligne, et qu'avec elles il irait mettre fin à tous les désordres de Paris. — « Vous ne voulez donc pas de constitution? lui
« demandent alors les trois interlocuteurs. —
« La nouvelle constitution imaginée par Condor-
« cet est trop sotte. — Et que mettrez-vous
« à la place? — L'ancienne de 1791, toute
« mauvaise qu'elle est. — Mais il faudra un roi,
« et le nom de Louis fait horreur. — Qu'il
« s'appelle Louis ou Jacques, peu importe.
« — Ou Philippe, reprend l'un des envoyés.
« Mais comment remplacerez-vous l'assemblée

« actuelle?—Dumouriez cherche un moment,
« puis ajoute : Il y a des administrations locales,
« toutes choisies par la confiance de la nation;
« et les cinq cents présidents de district seront
« les cinq cents représentants.—Mais avant leur
« réunion, qui aura l'initiative de cette révolu-
« tion?—Les Mameluks, c'est-à-dire mon armée.
« Elle émettra ce vœu, les présidents de district
« le feront confirmer, et je ferai la paix avec la
« coalition, qui, si je ne m'y oppose, est à Paris
« dans quinze jours. »

Les trois envoyés, soit, comme l'a cru Dumouriez, qu'ils vinssent le sonder dans l'intérêt
des jacobins, soit qu'ils voulussent l'engager à
se dévoiler davantage, lui suggèrent alors une
idée. Pourquoi, lui disent-ils, ne mettrait-il
pas les jacobins, qui sont un corps délibérant
tout préparé, à la place de la convention? Une
indignation mêlée de mépris éclate à ces mots
sur le visage du général, et ils retirent leur
proposition. Ils lui parlent alors du danger
auquel son projet exposerait les Bourbons qui
sont détenus au Temple, et auxquels il paraît
s'intéresser. Dumouriez réplique aussitôt que,
périraient-ils tous jusqu'au dernier, à Paris et
à Coblentz, la France trouverait un chef et serait sauvée; qu'au reste, si Paris commettait de
nouvelles barbaries sur les infortunés prison-

niers du Temple, il y serait sur-le-champ, et qu'avec douze mille hommes il en serait le maître. Il n'imiterait pas l'imbécile de Broglie, qui, avec trente mille hommes, avait laissé prendre la Bastille; mais avec deux postes, à Nogent et à Pont-Saint-Maxence, il ferait mourir les Parisiens de faim. — « Au reste, ajoute-t-il, vos jacobins peuvent expier tous leurs crimes; qu'ils sauvent les infortunés prisonniers, et chassent les sept cent quarante-cinq tyrans de la convention, et ils sont pardonnés. »

Ses interlocuteurs lui parlent alors de ses dangers. — « Il me reste toujours, dit-il, un temps de galop vers les Autrichiens. — Vous voulez donc partager le sort de Lafayette? — Je passerai à l'ennemi autrement que lui; et d'ailleurs les puissances ont une autre opinion de mes talents, et ne me reprochent pas les 5 et 6 octobre. »

Dumouriez avait raison de ne pas redouter le sort de Lafayette; on estimait trop ses talents, et on n'estimait pas assez la fermeté de ses principes, pour l'enfermer à Olmutz. Les trois envoyés le quittèrent en lui disant qu'ils allaient sonder Paris et les jacobins sur ce sujet.

Dumouriez, tout en croyant ses interlocuteurs de purs jacobins, ne s'en était pas exprimé avec moins d'audace. Dans ce moment en effet ses projets devenaient évidents. Les troupes de ligne et les volontaires s'observaient avec défiance, et tout annonçait qu'il allait lever le drapeau de la révolte.

Le pouvoir exécutif avait reçu des rapports alarmants, et le comité de sûreté générale avait proposé et fait rendre un décret par lequel Dumouriez était mandé à la barre. Quatre commissaires, accompagnés du ministre de la guerre, étaient chargés de se transporter à l'armée pour notifier le décret et amener le général à Paris. Ces quatre commissaires étaient Bancal, Quinette, Camus et Lamarque. Beurnonville s'était joint à eux, et son rôle était difficile à cause de l'amitié qui l'unissait à Dumouriez.

Cette commission partit le 30 mars. Le même jour Dumouriez se porta au champ de Bruille, d'où il menaçait à la fois les trois places importantes de Lille, Condé et Valenciennes. Il était fort incertain sur le parti qu'il devait prendre, car son armée était partagée. L'artillerie, la troupe de ligne, la cavalerie, tous les corps organisés lui paraissaient dévoués; mais les volontaires nationaux commençaient à murmurer et à se séparer des autres. Dans cette situation, il ne lui restait qu'une ressource, c'était de désarmer les volontaires. Mais il s'exposait à un combat, et l'épreuve était difficile, parce que les troupes de ligne pouvaient avoir de la répugnance à égorger des compagnons d'armes. D'ailleurs, parmi ces volontaires il y en avait qui s'étaient fort bien battus, et qui paraissaient lui être attachés. Hésitant sur cette mesure de rigueur, il songea à s'emparer des trois places au centre desquelles il s'était porté. Par leur moyen il se procurait des vivres, et il avait un point d'appui contre l'ennemi dont il se défiait toujours. Mais l'opinion était divisée dans ces trois places. Les sociétés populaires, aidées des volontaires, s'y étaient soulevées contre lui, et menaçaient la troupe de ligne. A Valenciennes et à Lille, les commissaires de la convention excitaient le zèle des républicains, et dans Condé seulement l'influence de la division Neuilly donnait l'avantage à ses partisans. Parmi les généraux de division, Dampierre se conduisait à son égard, comme lui-même avait fait à l'égard de Lafayette après le 10 août; et plusieurs autres, sans se déclarer encore, étaient prêts à l'abandonner.

Le 31, six volontaires, portant sur leur chapeau ces mots écrits avec de la craie : *République ou la mort*, l'abordèrent dans son camp, et firent mine de vouloir s'emparer de sa personne. Aidé de son fidèle Baptiste, il les repoussa et les livra à ses hussards. Cet événement causa une grande rumeur dans l'armée; les divers corps lui firent dans la journée des adresses qui ranimèrent sa confiance. Il leva aussitôt l'étendard, et détacha Miacsinsky avec quelques mille hommes pour marcher sur Lille. Miacsinsky s'avança sur cette place, et confia au mulâtre Saint-George, qui commandait un régiment de la garnison, le secret de son entreprise. Celui-ci engagea Miacsinsky à se présenter dans la place avec une légère escorte. Le malheureux général se laissa entraîner, et une fois entré dans Lille, il fut entouré et livré aux autorités. Les portes furent fermées, et la division erra sans général sur les glacis de Lille. Dumouriez envoya aussitôt un aide-de-camp pour la rallier. Mais l'aide-de-camp fut pris aussi, et la division, dispersée, fut perdue pour lui. Après cette tentative malheureuse, il en essaya une pareille sur Valenciennes, où commandait le général Ferrand, qu'il croyait très-bien disposé en sa faveur. Mais l'officier chargé de surprendre la place trahit ses projets, s'unit à Ferrand et aux commissaires de la convention, et il perdit encore Valenciennes. Il ne lui restait donc plus que

Condé. Placé entre la France et l'étranger, il n'avait que ce dernier point d'appui. S'il le perdait, il fallait qu'il se soumît aux Impériaux, qu'il se remît entièrement dans leurs mains, et qu'il s'exposât à indigner son armée, en les faisant marcher avec elle.

Le 1er avril, il transporta son quartier-général aux boues de Saint-Amand, pour être plus rapproché de Condé. Il fit arrêter le fils de Lecointre, député de Versailles, et l'envoya comme otage à Tournay, en priant l'Autrichien Clerfayt de le faire garder en dépôt dans la citadelle. Le 2 au soir, les quatre députés de la convention, précédés de Beurnonville, arrivèrent chez Dumouriez. Les hussards de Berchiny étaient en bataille devant sa porte, et tout son état-major était rangé autour de lui. Dumouriez embrassa d'abord son ami Beurnonville, et demanda aux députés l'objet de leur mission. Ils refusèrent de s'expliquer devant cette foule d'officiers dont les dispositions leur paraissaient peu rassurantes, et ils voulurent passer dans un appartement voisin. Dumouriez y consentit, mais les officiers exigèrent que la porte en restât ouverte. Camus lui lut alors le décret, en lui enjoignant de s'y soumettre. Dumouriez répondit que l'état de son armée exigeait sa présence, et que lorsqu'elle serait réorganisée, il verrait ce qu'il aurait à faire. Camus insista avec force; mais Dumouriez répondit qu'il ne serait pas assez dupe pour se rendre à Paris, et se livrer au tribunal révolutionnaire; que des tigres demandaient sa tête, mais qu'il ne voulait pas la leur donner. Les quatre commissaires l'assurèrent en vain qu'on n'en voulait pas à sa personne, qu'ils répondaient de lui, que cette démarche satisferait la convention, et qu'il serait bientôt rendu à son armée. Il ne voulut rien entendre, il les pria de ne pas le pousser à l'extrémité, et leur dit qu'ils feraient mieux de prendre un arrêté modéré, par lequel ils déclareraient que dans le moment le général Dumouriez leur avait paru trop nécessaire pour l'arracher à son armée. Il sortit en achevant ces mots, et leur enjoignit de se décider. Il repassa alors avec Beurnonville dans la salle où se trouvait l'état-major, et attendit au milieu de ses officiers l'arrêté des commissaires. Ceux-ci, avec une noble fermeté, sortirent un instant après, et lui réitérèrent leur sommation. — « Voulez-vous obéir à la convention ? lui dit Camus. — Non, répliqua le général. — Eh bien ! reprit Camus, vous êtes suspendu de vos fonctions; vos papiers vont être saisis et votre personne arrêtée. — C'est trop fort, s'écria Dumouriez; à moi, hussards! — Les hussards accoururent. Arrêtez ces gens-là, leur dit-il en allemand; mais qu'on ne leur fasse aucun mal. — Beurnonville le pria de lui faire partager leur sort. — Oui, lui répondit-il, et je crois vous rendre un véritable service; je vous arrache au tribunal révolutionnaire. »

Dumouriez leur fit donner à manger, et les envoya ensuite à Tournay, pour être gardés en otage par les Autrichiens. Dès le lendemain matin, il monta à cheval, fit une proclamation à l'armée et à la France, et trouva dans ses soldats, surtout ceux de la ligne, les dispositions en apparence les plus favorables.

Toutes ces nouvelles étaient successivement arrivées à Paris. On y avait connu l'entrevue de Dumouriez avec Proly, Dubuisson et Pereyra, ses tentatives sur Lille et Valenciennes, et enfin l'arrestation des quatre commissaires. Sur-le-champ la convention, les assemblées municipales, les sociétés populaires, s'étaient déclarées permanentes, la tête de Dumouriez avait été mise à prix, tous les parents des officiers de son armée avaient été mis en arrestation pour servir d'otages. On ordonna dans Paris et les villes voisines la levée d'un corps de quarante mille hommes pour couvrir la capitale, et Dampierre reçut le commandement général de l'armée de la Belgique. A ces mesures d'urgence se joignirent, comme toujours, des calomnies. Partout on rangeait ensemble Dumouriez, d'Orléans, les girondins, et on les déclarait complices. Dumouriez était, disait-on, un de ces aristocrates militaires, un membre de ces anciens états-majors, dont on ne cessait de dévoiler les mauvais principes; d'Orléans était le premier de ces grands qui avaient feint pour la liberté un faux attachement, et qui se démasquait après une hypocrisie de quelques années; les girondins enfin n'étaient que des députés devenus infidèles comme tous les membres de tous les côtés droits, et qui abusaient de leurs mandats pour perdre la liberté. Dumouriez ne faisait, un peu plus tard, que ce que Bouillé et Lafayette avaient fait plus tôt; d'Orléans tenait la même conduite que les autres membres de la famille des Bourbons, et il avait seulement persisté dans la révolution un peu plus long-temps que le comte de Provence; les girondins, comme Maury et Cazalès dans la constituante, comme Vaublanc, Pastoret dans la législative, trahissaient leur patrie aussi visiblement, mais seulement à des époques différentes. Ainsi, Dumouriez, d'Orléans, Brissot, Vergniaud, Guadet, Gensonné, etc., tous complices, étaient les traîtres de cette année.

Les girondins répondaient en disant qu'ils avaient toujours poursuivi d'Orléans, et que c'étaient les montagnards qui l'avaient défendu; qu'ils étaient brouillés avec Dumouriez et sans relation avec lui, et qu'au contraire ceux qui avaient été envoyés auprès de lui dans la Belgique, ceux qui l'avaient suivi dans toutes ses expéditions, ceux qui s'étaient toujours montrés ses amis, et qui avaient même pallié sa conduite, étaient des montagnards. Lasource, poussant la hardiesse plus loin, eut l'imprudence de désigner Lacroix et Danton, et de les accuser d'avoir arrêté le zèle de la convention, en déguisant la conduite de Dumouriez. Ce reproche de Lasource réveillait les soupçons élevés déjà sur la conduite de Lacroix et de Danton dans la Belgique. On disait en effet qu'ils avaient échangé l'indulgence avec Dumouriez, qu'il avait supporté leurs rapines, et qu'ils avaient excusé sa défection. Danton, qui ne demandait aux girondins que le silence, fut rempli de fureur, s'élança à la tribune, leur jura une guerre à mort. — « Plus de paix ni « de trève, s'écria-t-il, entre vous et nous ! » Agitant son visage effrayant, menaçant du poing le côté droit de l'assemblée, « Je me « suis retranché, dit-il, dans la citadelle de la « raison; j'en sortirai avec le canon de la vé-

« rité, et je pulvériserai les scélérats qui ont
« voulu m'accuser. »

Le résultat de ces accusations réciproques
fut : 1° la nomination d'une commission chargée
d'examiner la conduite des commissaires envoyés dans la Belgique ; 2° l'adoption d'un
décret qui devait avoir des conséquences funestes, et qui portait que, sans avoir égard à
l'inviolabilité des représentants, ils seraient
mis en accusation dès qu'ils seraient fortement
présumés de complicité avec les ennemis de
l'état ; 3° enfin, la mise en arrestation et la
translation dans les prisons de Marseille, de
Philippe d'Orléans et de toute sa famille *.
Ainsi, la destinée de ce prince, jouet de tous
les partis, tour à tour suspect aux jacobins et
aux girondins, et accusé de conspirer avec
tout le monde parce qu'il ne conspirait avec
personne, était la preuve qu'aucune grandeur
passée ne pouvait subsister au milieu de la révolution actuelle, et que le plus profond et le
plus volontaire abaissement ne pourrait ni
calmer les défiances, ni conjurer l'échafaud.

Dumouriez ne crut pas devoir perdre un
moment. Voyant Dampierre et plusieurs généraux de division l'abandonner, d'autres n'at-

* Décret du 6 avril.

tendre que le moment favorable, et une foule d'émissaires travailler ses troupes, il pensa qu'il fallait les mettre en mouvement, pour entraîner ses officiers et ses soldats, et les soustraire à toute autre influence que la sienne. D'ailleurs, le temps pressait, il fallait agir. En conséquence il fit fixer un rendez-vous avec le prince de Cobourg, pour le 4 avril au matin, afin de régler définitivement avec lui et le colonel Mack les opérations qu'il méditait. Le rendez-vous devait avoir lieu près de Condé. Son projet était d'entrer ensuite dans la place, de purger la garnison, et se portant avec toute son armée sur Orchies, de menacer Lille, et de tâcher de la réduire en déployant toutes ses forces.

Le 4 au matin, il partit pour se rendre au lieu du rendez-vous, et de là à Condé. Il n'avait commandé qu'une escorte de cinquante chevaux, et comme elle tardait d'arriver, il se mit en route, ordonnant qu'on l'envoyât à sa suite. Thouvenot, les fils d'Orléans, quelques officiers et un certain nombre de domestiques l'accompagnaient. A peine arrivé sur le chemin de Condé, il rencontre deux bataillons de volontaires, qu'il est fort étonné d'y trouver. N'ayant pas ordonné leur déplacement, il veut mettre pied à terre auprès d'une maison, pour écrire l'ordre de les faire retourner, lorsqu'il entend pousser des cris et tirer des coups de fusil. Ces bataillons en effet se divisent, et les uns le poursuivent en criant *arrêtez!* les autres veulent lui couper la fuite vers un fossé. Il s'élance alors avec ceux qui l'accompagnaient, et devance les volontaires courant à sa poursuite. Arrivé sur le bord du fossé, et son cheval se refusant à le franchir, il se jette dedans, arrive à l'autre bord, au milieu d'une grêle de coups de fusil, et, acceptant le cheval d'un domestique, s'enfuit à toute bride vers Bury. Après avoir couru toute la journée, il y arrive le soir, et est rejoint par le colonel Mack, averti de ce qui s'était passé. Il emploie toute la nuit à écrire, et à convenir avec le colonel Mack et le prince de Cobourg de toutes les conditions de leur alliance, et il les étonne par le projet de retourner au milieu de son armée après ce qui venait d'arriver.

Dès le matin en effet, il remonta à cheval, et, accompagné par des cavaliers impériaux, il rentra par Maulde au milieu de son armée. Quelques troupes de ligne l'entourèrent et lui donnèrent encore des démonstrations d'attachement; cependant beaucoup de visages étaient mornes. La nouvelle de sa fuite à Bury, au milieu des armées ennemies, et la vue des dragons impériaux, avaient produit une impression funeste pour lui, honorable pour nos soldats, et heureuse pour la fortune de la France. On lui apprit en effet que l'artillerie, sur la nouvelle qu'il avait passé aux Autrichiens, venait de quitter le camp, et que la retraite de cette portion de l'armée si influente avait découragé le reste. Des divisions entières se rendaient à Valenciennes, et se ralliaient à Dampierre. Il se vit alors obligé de quitter définitivement son armée, et de repasser aux Impériaux. Il y fut suivi par un nombreux état-major, dans lequel se trouvaient les deux jeunes d'Orléans, et Thouvenot, et par les hussards de Berchiny, dont le régiment tout entier voulut l'accompagner.

Le prince de Cobourg et le colonel Mack, dont il était devenu l'ami, le traitèrent avec beaucoup d'égards, et on voulut renouveler avec lui les projets de la veille, en le faisant le chef d'une nouvelle émigration qui serait autre que celle de Coblentz. Mais, après deux jours, il dit au prince autrichien que c'était avec les soldats de la France, et en acceptant les Impériaux seulement comme auxiliaires, qu'il avait cru exécuter ses projets contre Paris; mais que sa qualité de Français ne lui permettait pas de marcher à la tête des étrangers.

Il demanda des passe-ports pour se retirer en Suisse. On les lui accorda sur-le-champ. Le grand cas qu'on faisait de ses talents, et le peu de cas qu'on faisait de ses principes politiques, lui valurent des égards que n'avait pas obtenus Lafayette, qui, dans ce moment, expiait dans les cachots d'Olmutz sa constance héroïque. Ainsi finit la carrière de cet homme supérieur, qui avait montré tous les talents, ceux du diplomate, de l'administrateur, du capitaine; tous les courages, celui de l'homme civil qui résiste aux orages de la tribune, celui du soldat qui brave le boulet ennemi, celui du général qui affronte et les situations désespérées, et les hasards des entreprises les plus audacieuses; mais qui, sans principes, sans l'ascendant moral qu'ils procurent, sans autre influence que celle du génie, bientôt usée dans cette rapide succession de choses et d'hommes, essaya fortement de lutter avec la révolution, et prouva par un éclatant exemple, qu'un individu ne prévaut contre une passion nationale que lorsqu'elle est épuisée. En passant à l'ennemi, Dumouriez n'eut pour excuse ni l'entêtement aristocratique de Bouillé, ni la délicatesse de principes de Lafayette, car il avait toléré tous les désordres, jusqu'au moment où ils avaient contrarié ses projets.

Par sa défection, il put s'attribuer d'avoir accéléré la chute des girondins et la grande crise révolutionnaire. Cependant il ne faut pas oublier que cet homme, sans attachement pour aucune cause, avait pour la liberté une préférence de raison; il ne faut pas oublier qu'il chérissait la France; que, lorsque personne ne croyait à la possibilité de résister à l'étranger, il l'essaya, et crut en nous plus que nous-mêmes; qu'à Sainte-Menehould, il nous apprit à envisager l'ennemi de sang-froid; qu'à Jemmapes, il nous enflamma, et nous replaça au rang des premières puissances: il ne faut pas oublier enfin que, s'il nous abandonna, il nous avait sauvés. D'ailleurs il a tristement vieilli loin de sa patrie, et on ne peut se défendre d'un profond regret, à la vue d'un homme dont cinquante années se passèrent dans les intrigues de cour, trente dans l'exil, et dont trois seulement furent employées sur un théâtre digne de son génie.

Dampierre reçut le commandement en chef de l'armée du Nord, et retrancha ses troupes au camp de Famars, de manière à secourir celles de nos places qui seraient menacées. La force de cette position et le plan de campagne même des coalisés, d'après lequel ils ne devaient pas pénétrer plus avant jusqu'à ce que Mayence fût reprise, retardaient nécessairement de ce côté les événements de la guerre. Custine, qui, pour excuser ses fautes, n'avait pas cessé d'accuser ses collègues et les ministres, fut écouté avec faveur en parlant contre Beurnonville, que l'on regardait comme complice de Dumouriez, quoique livré par lui aux Autrichiens; et il obtint tout le commandement du Rhin, depuis les Vosges et la Moselle jusqu'à Huningue. Comme la défection de Dumouriez avait commencé par des négociations, on décréta la peine de mort contre le général qui écouterait des propositions de l'ennemi, sans que préalablement la souveraineté du peuple et la république eussent été reconnues. On nomma ensuite Bouchotte ministre de la guerre, et Monge, quoique très-agréable aux jacobins par sa complaisance, fut remplacé comme ne pouvant suffire à tous les détails de son immense ministère. Il fut décidé encore que trois commissaires de la convention résideraient constamment auprès des armées, et que chaque mois il y en aurait un de renouvelé.

CHAPITRE III.

Établissement du *comité de salut public*. — L'irritation des partis augmente à Paris. Réunion démagogique de l'Évêché ; projets de pétitions incendiaires. — Renouvellement de la lutte entre les deux côtés de l'assemblée. — Discours et accusation de Robespierre contre les complices de Dumouriez et les girondins. — Réponse de Vergniaud. — Marat est décrété d'accusation et envoyé devant le tribunal révolutionnaire. — Pétition des sections de Paris demandant l'expulsion de 22 membres de la convention. — Résistance de la commune à l'autorité de l'assemblée. Accroissement de ses pouvoirs. — Marat est acquitté et porté en triomphe. — État des opinions et marche de la révolution dans les provinces. Dispositions des principales villes, Lyon, Marseille, Bordeaux, Rouen. — Position particulière de la Bretagne et de la Vendée. Description de ces pays ; causes qui amenèrent et entretinrent la guerre civile. Premiers succès des Vendéens ; leurs principaux chefs.

La défection de Dumouriez, le fâcheux état de nos armées, et les dangers imminents où se trouvaient exposés et la révolution et le territoire, nécessitèrent toutes les mesures violentes dont nous venons de parler, et obligèrent la convention à s'occuper enfin du projet si souvent renouvelé de donner plus de force à l'action du gouvernement, en la concentrant dans l'assemblée. Après divers plans, on s'arrêta à celui d'un comité *de salut public*, et composé de neuf membres. Ce comité devait délibérer en secret. Il était chargé de surveiller et d'accélérer l'action du pouvoir exécutif, il pouvait même suspendre ses arrêtés quand il les croirait contraires à l'intérêt général, sauf à en instruire la convention. Il était autorisé à prendre, dans les circonstances urgentes, des mesures de défense intérieure et extérieure, et les arrêtés signés de la majorité de ses membres devaient être exécutés sur-le-champ par le pouvoir exécutif. Il n'était institué que pour un mois, et ne pouvait délivrer de mandat d'amener que contre les agents d'exécution[*].

Les membres désignés pour en faire partie étaient, Barrère, Delmas, Bréard, Cambon, Jean Debry, Danton, Guithon-Morveaux, Treilhard, Lacroix d'Eure-et-Loir[**]. Ce comité,

[*] Le comité de salut public fut décrété dans la séance du 6 avril.
[**] Il fut adjoint à ces membres trois suppléants, Robert-Lindet, Isnard et Cambacérès.

quoiqu'il ne réunît pas encore tous les pouvoirs, avait cependant une influence immense : il correspondait avec les commissaires de la convention, leur donnait leurs instructions, pouvait substituer aux mesures des ministres toutes celles qu'il lui plaisait d'imaginer. Par Cambon il avait les finances, et avec Danton il devait acquérir l'audace et l'influence de ce puissant chef de parti. Ainsi, par l'effet croissant du danger, on marchait vers la dictature.

Revenus de la terreur causée par la désertion de Dumouriez, les partis songeaient maintenant à s'en imputer la complicité, et le plus fort devait nécessairement accabler le plus faible. Les sections, les sociétés populaires, par lesquelles tout commençait ordinairement, prenaient l'initiative et dénonçaient les girondins par des pétitions et des adresses.

Il s'était formé, d'après une doctrine de Marat, une nouvelle réunion plus violente encore que toutes les autres. Marat avait dit que jusqu'à ce jour on n'avait fait que *bavarder* sur la souveraineté du peuple; que d'après cette doctrine bien entendue chaque section était souveraine dans son étendue, et pouvait à chaque instant révoquer les pouvoirs qu'elle avait donnés. Les plus forcenés agitateurs, s'emparant de ce principe, s'étaient en effet prétendus députés par les sections, pour vérifier l'usage qu'on faisait de leurs pouvoirs, et aviser au salut de la chose publique. Ils s'étaient réunis à l'Évêché, et se disaient autorisés à correspondre avec toutes les municipalités de la république. Aussi se nommaient-ils *Comité central de salut public*. C'est de là que partaient les propositions les plus incendiaires. On y avait résolu d'aller en corps à la convention, lui demander si elle avait des moyens de sauver la patrie. Cette réunion, qui avait fixé les regards de l'assemblée, attira aussi ceux de la commune et des jacobins. Robespierre, qui sans doute désirait le résultat de l'insurrection, mais qui redoutait l'emploi de ce moyen, et qui avait eu peur à la veille de chaque mouvement, s'éleva contre les résolutions violentes discutées dans ces réunions inférieures, et persista dans sa politique favorite, qui consistait à diffamer les députés prétendus infidèles, et à les perdre dans l'opinion, avant d'employer contre eux aucune autre mesure. Aimant l'accusation, il redoutait l'usage de la force, et préférait aux insurrections les luttes des tribunes, qui étaient sans danger, et dont il avait tout l'honneur. Marat, qui avait parfois la vanité de la modération, comme toutes les autres, dénonça la réunion de l'Évêché, quoiqu'il eût fourni les principes d'après lesquels on l'avait formée. On envoya des commissaires pour s'assurer si les membres qui la composaient étaient des hommes d'un zèle outré, ou bien des agitateurs payés. Après s'être convaincu que ce n'étaient que des patriotes trop ardents, la société des jacobins, ne voulant pas les exclure de son sein, comme on l'avait proposé, fit dresser une liste de leurs noms pour pouvoir les surveiller, et elle proposa une désapprobation publique de leur conduite, parce que, suivant elle, il ne devait pas y avoir d'autre centre de salut public qu'elle-même. Ainsi s'était préparée, et avait été critiquée d'avance, l'insurrection du 10 août. Tous ceux qui n'ont pas l'audace d'agir, tous ceux qui sont fâchés de se voir devancés, désapprouvent les premières tentatives, tout en désirant leur résultat. Danton seul gardait sur ces mouvements un profond silence, et ne désavouait ni ne désapprouvait les agitateurs subalternes. Il n'aimait point à triompher à la tribune par de longues accusations, et il préférait les moyens d'action qui, dans ses mains, étaient immenses, car il avait à sa disposition tout ce que Paris renfermait de plus immoral et de plus turbulent. On ne sait cependant s'il agissait secrètement, mais il gardait un silence menaçant.

Plusieurs sections condamnèrent la réunion de l'Évêché; et celle du Mail fit, à ce sujet, une pétition énergique à la convention. Celle de Bonne-Nouvelle vint, au contraire, lire une adresse dans laquelle elle dénonçait, comme amis et complices de Dumouriez, Brissot, Vergniaud, Guadet, Gensonné, etc., et demandait qu'on les frappât du glaive des lois. Après de vives agitations, en sens contraires, les pétitionnaires reçurent les honneurs de la séance; mais il fut déclaré qu'à l'avenir l'assemblée n'entendrait plus d'accusation contre ses membres, et que toute dénonciation de ce genre serait déposée au comité de salut public.

La section de la Halle-aux-Blés, qui était l'une des plus violentes, fit une nouvelle pétition, sous la présidence de Marat, et l'envoya aux Jacobins, aux sections et à la commune, pour qu'elle reçût leur approbation, et que, sanctionnée ainsi par toutes les autorités de la capitale, elle fût solennellement présentée par le maire Pache à la convention. Dans cette pétition, colportée de lieux en lieux, et universellement connue, on disait qu'une partie de la convention était corrompue, qu'elle conspirait avec les accapareurs, qu'elle était complice de Dumouriez, et qu'il fallait la remplacer par les suppléants. Le 10 avril, tandis que cette pétition circulait de section en section, Pétion, indigné, demande la parole pour une motion d'ordre. Il s'élève, avec une véhémence qui ne lui était pas ordinaire, contre les calomnies dont une partie de la convention est l'objet, et il demande des mesures de répression. Danton, au contraire, réclame une mention honorable en faveur de la pétition qui se prépare. Pétion, révolté, veut qu'on envoie ses auteurs au tribunal révolutionnaire. Danton répond que de vrais représentants, forts de leur conscience, ne doivent pas craindre la calomnie, qu'elle est inévitable dans une république, et que d'ailleurs on n'a encore ni repoussé les Autrichiens, ni fait une constitution, et que par conséquent il est douteux que la convention ait mérité des éloges. Il insiste ensuite pour qu'on cesse de s'occuper de querelles particulières, et pour que ceux qui se croient calomniés s'adressent aux tribunaux. On écarte donc la question; mais Fonfrède la ramène, et on l'écarte encore. Robespierre, passionné pour les querelles personnelles, la reproduit de nouveau, et demande à déchirer le voile. On lui accorde la parole, et il commence contre les girondins la plus amère, la plus atroce diffamation qu'il se fût encore permise. Il faut s'arrêter à ce discours, qui montre comment la conduite de ses ennemis se peignait dans sa sombre intelligence*.

Suivant lui, il existait au-dessous de la grande aristocratie, dépossédée en 1789, une aristocratie bourgeoise, aussi vaniteuse et aussi despotique que la précédente, et dont les trahisons avaient succédé à celles de la noblesse. La franche révolution ne lui convenait pas, et il lui fallait un roi avec la constitution de 1791, pour assurer sa domination. Les girondins en étaient les chefs. Sous la législative, ils s'étaient emparés des ministères par Roland, Clavière et Servan; après les avoir perdus, ils avaient voulu se venger par le 20 juin; et à la veille du 10 août, ils traitaient avec la cour, et offraient la paix à condition qu'on leur rendrait le pouvoir. Le 10 août même, ils se contentaient de suspendre le roi, n'abolissaient pas la royauté, et nommaient un gouverneur au prince royal. Après le 10 août, ils s'emparaient encore des ministères, et calomniaient la commune pour ruiner son influence et s'assurer une domination exclusive. La convention formée, ils envahissaient les comités, continuaient de calomnier Paris, de présenter cette ville comme

* Voyez la note 4 à la fin du volume, à laquelle nous avons renvoyé déja une fois, et qui peint le caractère de Robespierre.

le foyer de tous les crimes, pervertissaient l'opinion publique par le moyen de leurs journaux, et des sommes immenses que Roland consacrait à la distribution des écrits les plus perfides. En janvier, enfin, ils s'opposaient à la mort du tyran, non par intérêt pour sa personne, mais par intérêt pour la royauté. — « Cette faction, continuait Robespierre, est seule cause de la guerre désastreuse que nous soutenons maintenant. Elle l'a voulue pour nous exposer à l'invasion de l'Autriche, qui promettait un congrès avec la constitution bourgeoise de 1791. Elle l'a dirigée avec perfidie, et après s'être servie du traître Lafayette, elle s'est servie depuis du traître Dumouriez, pour arriver au but qu'elle poursuit depuis si longtemps. D'abord, elle a feint d'être brouillée avec Dumouriez, mais la brouillerie n'était pas sérieuse, car autrefois elle l'a porté au ministère par Gensonné son ami, et elle lui a fait allouer six millions de dépenses secrètes. Dumouriez, s'entendant avec la faction, a sauvé les Prussiens dans l'Argonne, tandis qu'il aurait pu les anéantir. En Belgique, à la vérité, il a remporté une grande victoire, mais il lui fallait un grand succès pour obtenir la confiance publique, et dès qu'il a eu cette confiance, il en a abusé de toutes les manières. Il n'a pas envahi la Hollande, qu'il aurait pu occuper dès la première campagne; il a empêché la réunion à la France des pays conquis, et le comité diplomatique, d'accord avec lui, n'a rien négligé pour écarter les députés belges qui demandaient la réunion. Ces envoyés du pouvoir exécutif, que Dumouriez avait si mal traités parce qu'ils vexaient les Belges, ont tous été choisis par les girondins, et ils étaient convenus d'envoyer des désorganisateurs contre lesquels on sévirait publiquement, pour déshonorer la cause républicaine. Dumouriez, après avoir tardivement attaqué la Hollande, revient en Belgique, perd la bataille de Nerwinde, et c'est Miranda, l'ami de Pétion et sa créature, qui, par sa retraite, décide la perte de cette bataille. Dumouriez se replie alors, et lève l'étendard de la révolte, au moment même où la faction excitait les soulèvements du royalisme dans l'Ouest. Tout était donc préparé pour ce moment. Un ministre perfide avait été placé à la guerre pour cette circonstance importante; le comité de sûreté générale, composé de tous les girondins, excepté sept ou huit députés fidèles qui n'y allaient pas, ce comité ne faisait rien pour prévenir les dangers publics. Ainsi rien n'avait été négligé pour le succès de la conspiration. Il fallait un roi, mais les généraux appartenaient tous à Égalité. La famille *Égalité* était rangée autour de Dumouriez ; ses fils, sa fille, et jusqu'à l'intrigante Sillery, se trouvaient auprès de lui. Dumouriez commence par des manifestes, et que dit-il ? tout ce que les orateurs et les écrivains de la faction disaient à la tribune et dans les journaux : que la convention était composée de scélérats, à part une petite portion saine ; que Paris était le foyer de tous les crimes ; que les jacobins étaient des désorganisateurs qui répandaient le trouble et la guerre civile, etc. »

Telle est la manière dont Robespierre explique et la défection de Dumouriez, et l'opposition des girondins. Après avoir longuement développé cet artificieux tissu de calomnies, il propose d'envoyer au tribunal révolutionnaire les complices de Dumouriez, tous les d'Orléans et leurs amis. « Quant aux députés Guadet,
« Gensonné, Vergniaud, etc., ce serait, dit-il
« avec une méchante ironie, un sacrilége que
« d'accuser d'aussi honnêtes gens, et sentant
« mon impuissance à leur égard, je m'en remets
« à la sagesse de l'assemblée. »

Les tribunes et la Montagne applaudirent leur *vertueux* orateur. Les girondins étaient indignés de cet infâme système, auquel une haine perfide avait autant de part qu'une défiance naturelle de caractère, car il y avait dans ce discours un art singulier à rapprocher les faits, à prévenir les objections, et Robespierre avait montré dans cette lâche accusation plus de véritable talent que dans toutes ses déclamations ordinaires. Vergniaud s'élance à la tribune, le cœur oppressé, et demande la parole avec tant de vivacité, d'instance, de résolution, qu'on la lui accorde, et que les tribunes et la Montagne finissent par la lui laisser sans trouble. Il oppose au discours médité de Robespierre un discours improvisé avec la chaleur du plus éloquent et du plus innocent des hommes.

« Il osera, dit-il, répondre à monsieur Robes-
« pierre, et il n'emploiera ni temps ni art pour
« répondre, car il n'a besoin que de son ame.
« Il ne parlera pas pour lui, car il sait que
« dans les temps de révolution la lie des nations
« s'agite, et domine un instant les hommes
« de bien, mais pour éclairer la France. Sa voix,
« qui plus d'une fois a porté la terreur dans ce
« palais, d'où elle a concouru à précipiter la
« tyrannie, la portera aussi dans l'ame des scé-
« lérats qui voudraient substituer leur propre
« tyrannie à celle de la royauté. »

Alors il répond, à chaque inculpation de Robespierre, ce que chacun y peut répondre d'après la simple connaissance des faits. Il a provoqué la déchéance par son discours de juillet. Un peu avant le 10 août, doutant du succès de l'insurrection, ne sachant même pas si elle aurait lieu, il a indiqué à un envoyé de la cour ce qu'elle devait faire pour se réconcilier avec la nation et sauver la patrie. Le 10 août, il a siégé au bruit du canon, tandis que monsieur Robespierre était dans une cave. Il n'a pas fait prononcer la déchéance, parce que le combat était douteux, et il a proposé de nommer un gouverneur au dauphin, parce que, dans le cas où la royauté eût été maintenue, une bonne éducation donnée au jeune prince assurait l'avenir de la France. Lui et ses amis ont fait déclarer la guerre, parce qu'elle l'était déjà de fait, et qu'il valait mieux la déclarer ouvertement, et se défendre, que la souffrir sans la faire. Lui et ses amis ont été portés au ministère et dans les comités par la voix publique. Dans la commission des vingt et un de l'assemblée législative, ils se sont opposés à ce qu'on quittât Paris, et ils ont préparé les moyens que la France a déployés dans l'Argonne. Dans le comité de sûreté générale de la convention, ils ont travaillé constamment, et à la face de leurs collègues qui pouvaient assister à leurs travaux. Lui, Robespierre, a déserté le comité et n'y a jamais paru. Ils n'ont pas calomnié Paris, mais combattu les assassins qui usurpaient le nom de Parisiens, et déshonoraient Paris et la république. Ils n'ont pas perverti l'opinion publique, car pour sa part il n'a pas écrit une seule lettre, et ce que Roland a répandu est connu de tout le monde. Lui et ses amis ont demandé l'appel au peuple dans le procès de Louis XVI, parce qu'ils ne croyaient pas que dans une question aussi importante, on pût se passer de l'adhésion nationale. Pour lui personnellement, il connaît à peine Dumouriez, et ne l'a vu que deux fois; la première à son retour de l'Argonne, la seconde à son retour de la Belgique; mais Danton, Santerre, le voyaient, le félicitaient, le couvraient de caresses, et le faisaient dîner tous les jours avec eux. Quant à Égalité, il ne le connaît pas davantage. Les montagnards seuls l'ont connu et fréquenté; et, lorsque les girondins l'attaquaient, les montagnards l'ont constamment défendu. Ainsi, que peut-on reprocher à lui et à ses amis?... D'être des meneurs, des intrigants? Mais ils ne courent pas les sections pour les agiter; ils ne remplissent pas les tribunes pour arracher des décrets par la terreur; ils n'ont jamais voulu laisser prendre les ministres dans les assembléés dont ils étaient membres. Des modérés?... Mais ils ne l'étaient pas au 10 août, lorsque Robespierre et Marat se cachaient; ils l'étaient en septembre, lorsqu'on assassinait les prisonniers et qu'on pillait le Garde-Meuble.

« Vous savez, dit en finissant Vergniaud, si
« j'ai dévoré en silence les amertumes dont on
« m'abreuve depuis six mois, si j'ai su sacri-
« fier à ma patrie les plus justes ressentiments;
« vous savez si, sous peine de lâcheté, sous
« peine de m'avouer coupable, sous peine de
« compromettre le peu de bien qu'il m'est en-
« core permis de faire, j'ai pu me dispenser de
« mettre dans tout leur jour les impostures et
« la méchanceté de Robespierre. Puisse cette
« journée être la dernière que nous perdions
« en débats scandaleux! » Vergniaud demande ensuite qu'on mande la section de la Halle-aux-Blés, et qu'on se fasse apporter ses registres.

Le talent de Vergniaud avait captivé jusqu'à ses ennemis. Sa bonne foi, sa touchante éloquence, avaient intéressé et entraîné la grande majorité de l'assemblée, et on lui prodiguait de toutes parts les plus vifs témoignages. Guadet demande la parole; mais à sa vue la Montagne silencieuse s'ébranle, et pousse des cris affreux. La séance fut suspendue, et ce ne fut que le

12 que Guadet obtint à son tour la faculté de répondre à Robespierre, et il le fit de manière à exciter les passions bien plus vivement que Vergniaud. Personne, selon lui, n'avait conspiré; mais les apparences, s'il y en avait, étaient bien plus contre les montagnards et les jacobins qui avaient eu des relations avec Dumouriez et Égalité, que contre les girondins qui étaient brouillés avec tous deux. « Qui était, « s'écrie Guadet, qui était avec Dumouriez aux « Jacobins, aux spectacles? Votre Danton. » — « Ah! tu m'accuses, s'écrie Danton; tu ne connais « pas ma force! »

La fin du discours de Guadet est remise au lendemain. Il continue à rejeter toute conspiration, s'il y en a une, sur les montagnards. Il lit, en finissant, une adresse qui, comme celle de la Halle-aux-Blés, était signée par Marat. Elle était des jacobins, et Marat l'avait signée comme président de la société. Elle renfermait ces paroles que Guadet lit à l'assemblée : *Citoyens, armons-nous! La contre-révolution est dans le gouvernement, elle est dans le sein de la convention. Citoyens, marchons-y, marchons!*

« Oui, s'écrie Marat de sa place, oui, mar- « chons! » A ces mots, l'assemblée se soulève, et demande le décret d'accusation contre Marat.

Danton s'y oppose, en disant que des deux côtés de l'assemblée on paraissait d'accord pour accuser la famille d'Orléans, qu'il fallait donc l'envoyer devant les tribunaux, mais qu'on ne pouvait accuser Marat pour un cri jeté au milieu d'une discussion orageuse. On répond à Danton que les d'Orléans ne doivent plus être jugés à Paris, mais à Marseille. Il veut parler encore; mais, sans l'écouter, on donne la priorité au décret d'accusation contre Marat, et Lacroix demande qu'il soit mis sur-le-champ en arrestation. — « Puisque mes ennemis, s'écrie Marat, « ont perdu toute pudeur, je demande une « chose : le décret est fait pour exciter un « mouvement; faites-moi donc accompagner « par deux gendarmes aux Jacobins, pour que « j'aille leur recommander la paix. » — Sans écouter ces ridicules boutades, il est mis en arrestation, et on ordonne la rédaction de l'acte d'accusation pour le lendemain à midi.

Robespierre courut aux Jacobins exprimer son indignation, célébrer l'énergie de Danton, la modération de Marat, et leur recommander d'être calmes, afin qu'on ne pût pas dire que Paris s'était insurgé pour délivrer un jacobin.

Le lendemain, l'acte d'accusation fut lu et approuvé par l'assemblée, et l'accusation, tant de fois proposée contre Marat, fut sérieusement poursuivie devant le tribunal révolutionnaire.

C'était le projet d'une pétition contre les girondins qui avait amené ces violentes explications entre les deux côtés de l'assemblée; mais il ne fut rien statué à cet égard, et on ne pouvait rien statuer en effet, puisque l'assemblée n'avait pas la force d'arrêter les mouvements qui produisaient les pétitions. On suivit avec activité le projet d'une adresse générale de toutes les sections, et on convint d'une rédaction uniforme; sur quarante-trois sections, trente-cinq y avaient adhéré; le conseil général de la commune l'approuva, et le 15 avril les commissaires des trente-cinq sections, ayant le maire Pache à leur tête, s'étaient présentés à la barre. C'était en quelque sorte le manifeste par lequel la commune de Paris déclarait ses intentions, et menaçait de l'insurrection en cas de refus. Ainsi elle avait fait avant le 10 août, ainsi elle faisait à la veille du 31 mai. Rousselin, orateur et commissaire de l'une des sections, en fit la lecture. Après avoir retracé la conduite criminelle d'un certain nombre de députés, la pétition demandait leur expulsion de la convention, et les énumérait l'un après l'autre. Ils étaient vingt-deux : Brissot, Guadet, Vergniaud, Gensonné, Grangeneuve, Buzot, Barbaroux, Salles, Biroteau, Pontécoulant,

Pétion, Lanjuinais, Valazé, Hardy, Louvet, Lehardy, Gorsas, Fauchet, Lanthénas, Lasource, Valady, Chambon.

Les tribunes applaudissent à la lecture de ces noms. Le président avertit les pétitionnaires que la loi les oblige à signer leur pétition. Ils s'empressent de le faire. Pache seul, essayant de prolonger sa neutralité, demeure en arrière. On lui demande sa signature; il répond qu'il n'est pas du nombre des pétitionnaires, et qu'il a seulement été chargé par le conseil général de les accompagner. Mais voyant qu'il ne peut pas reculer, il s'avance et signe la pétition. Les tribunes l'en récompensent par de bruyants applaudissements.

Boyer-Fonfrède se présente aussitôt à la tribune, et dit que si la modestie n'était pas un devoir, il demanderait à être ajouté à la glorieuse liste des vingt-deux députés. La majorité de l'assemblée, saisie d'un mouvement généreux, s'écrie : « Qu'on nous inscrive tous, tous! » Aussitôt on accourt auprès des vingt-deux députés, on leur donne les témoignages les plus expressifs d'intérêt, on les embrasse, et la discussion, interrompue par cette scène, est renvoyée aux jours suivants.

La discussion s'engage à l'époque fixée. Les reproches et les justifications recommencent entre les deux côtés de l'assemblée. Des députés du centre, profitant de quelques lettres écrites sur l'état des armées, proposent de s'occuper des intérêts généraux de la république, et de négliger les querelles particulières. On y consent, mais le 18 une nouvelle pétition contre le côté droit ramène à celle des trente-cinq sections. On dénonce en même temps divers actes de la commune : par l'un, elle se déclare en état continuel de révolution; et par un autre, elle établit dans son sein un comité de correspondance avec toutes les municipalités du royaume. Depuis long-temps elle cherchait en effet à donner à son autorité toute locale un caractère de généralité, qui lui permît de parler au nom de la France, et de rivaliser d'autorité avec la convention. Le comité de l'Évêché, dissous de l'avis des jacobins, avait aussi eu pour objet de mettre Paris en communication avec les autres villes; et maintenant la commune y voulait suppléer, en organisant cette correspondance dans son propre sein. Vergniaud prend la parole, et attaquant à la fois la pétition des trente-cinq sections, les actes qu'on impute à la commune, et les projets que sa conduite décèle, demande que la pétition soit déclarée calomnieuse, et que la municipalité soit tenue d'apporter ses registres à l'assemblée pour faire connaître les arrêtés qu'elle a pris. Ces propositions sont admises, malgré les tribunes et le côté gauche. Dans ce moment, le côté droit, soutenu par la Plaine, commençait à emporter toutes les décisions. Il avait fait nommer pour président Lasource, l'un de ses membres les plus chauds; et il avait encore la majorité, c'est-à-dire la légalité, faible ressource contre la force, et qui sert tout au plus à l'irriter davantage.

Les officiers municipaux, mandés à la barre, viennent hardiment soumettre leurs registres des délibérations, et semblent attendre l'approbation de leurs arrêtés. Ces registres portaient, 1° que le conseil général se déclarait en état de révolution, tant que les subsistances ne seraient pas assurées; 2° que le comité de correspondance avec les quarante-quatre mille municipalités serait composé de neuf membres, et mis incessamment en activité; 3° que douze mille exemplaires de la pétition contre les vingt-deux seraient imprimés et distribués par le comité de correspondance; 4° enfin, que le conseil général se regarderait comme frappé lorsqu'un de ses membres, ou bien un président, un secrétaire de section ou de club, seraient poursuivis pour leurs opinions. Ce dernier arrêté avait été pris pour garantir Marat, qui était accusé pour avoir signé, en qualité de président de section, une adresse séditieuse.

La commune, comme on le voit, résistait pied à pied à l'assemblée, et sur chaque point débattu prenait une décision contraire à la sienne. S'agissait-il des subsistances, elle se constituait en révolution, si les moyens violents étaient refusés. S'agissait-il de Marat, elle le couvrait de son égide. S'agissait-il des vingt-deux, elle en appelait aux quarante-quatre mille municipalités, et se mettait en correspondance avec elles, pour leur demander en quelque sorte des pouvoirs généraux contre la convention. L'opposition était complète sur tous les points, et de plus accompagnée de préparatifs d'insurrection.

A peine la lecture des registres est-elle achevée, que Robespierre jeune demande aussitôt les honneurs de la séance pour les officiers municipaux. Le côté droit s'y oppose; la Plaine hésite, et dit qu'il serait peut-être dangereux de déconsidérer les magistrats aux yeux du peuple, en leur refusant un honneur banal qu'on ne refusait pas même aux plus simples pétitionnaires. Au milieu de ces débats tumultueux, la séance se prolonge jusqu'à onze heures du soir; le côté droit, la Plaine, se retirent, et cent quarante-trois membres restent seuls à la Montagne pour admettre aux honneurs de la séance la municipalité parisienne. Dans le même jour, déclarée calomniatrice, repoussée par la majorité, et admise seulement aux honneurs de la séance par la Montagne et les tribunes, elle devait être profondément irritée, et devenir le point de ralliement de tous ceux qui voulaient briser l'autorité de la convention.

Marat avait été enfin déféré au tribunal révolutionnaire, et ce fut l'énergie du côté droit, qui, en entraînant la Plaine, décida son accusation. Tout mouvement d'énergie honore un parti qui lutte contre un mouvement supérieur, mais hâte sa chute. Les girondins, en poursuivant courageusement Marat, n'avaient fait que lui préparer un triomphe. L'acte portait en substance, que Marat ayant dans ses feuilles provoqué le meurtre, le carnage, l'avilissement et la dissolution de la convention nationale, et l'établissement d'un pouvoir destructeur de la liberté, il était décrété d'accusation, et déféré au tribunal révolutionnaire. Les jacobins, les cordeliers, tous les agitateurs de Paris, s'étaient mis en mouvement pour ce *philosophe austère, formé,* disaient-ils, *par le malheur et la méditation, joignant à une ame de feu une grande sagacité, une profonde connaissance du cœur humain, sachant pé-*

nétrer les traîtres sur leur char de triomphe, dans le moment où le stupide vulgaire les encensait encore! — Les traîtres, s'écriaient-ils, *les traîtres passeront, et la réputation de Marat commence!*

Quoique le tribunal révolutionnaire ne fût pas composé alors comme il le fut plus tard, néanmoins Marat n'y pouvait être condamné. La discussion dura à peine quelques instants. L'accusé fut absous à l'unanimité, aux applaudissements d'une foule nombreuse accourue pour assister à son jugement. C'était le 24 avril. Il est aussitôt entouré par un cortége nombreux composé de femmes, de sans-culottes à piques, et de détachements des sections armées. On se saisit de lui, et on se rend à la convention pour le replacer sur son siége de député. Deux officiers municipaux ouvrent la marche. Marat, élevé sur les bras de quelques sapeurs, le front ceint d'une couronne de chêne, est porté en triomphe au milieu de la salle. Un sapeur se détache du cortége, se présente à la barre et dit : « Citoyen président, nous vous amenons « le brave Marat. Marat a toujours été l'ami du « peuple, et le peuple sera toujours l'ami de « Marat! S'il faut que la tête de Marat tombe, « la tête du sapeur tombera avant la sienne. » En disant ces mots, l'horrible pétitionnaire

agitait sa hache, et les tribunes applaudissaient avec un affreux tumulte. Il demande, pour le cortége, la permission de défiler dans la salle. — « Je vais consulter l'assemblée, répond le président Lasource, consterné de cette scène hideuse. » Mais on ne veut pas attendre qu'il ait consulté l'assemblée, et de toutes parts la foule se précipite dans la salle. Des femmes, des hommes, se répandent dans l'enceinte, occupent les places vacantes par le départ des députés, révoltés de ce spectacle. Marat arrive enfin, transmis de mains en mains et couvert d'applaudissements. Des bras des pétitionnaires il passe dans ceux de ses collègues de la Montagne, et on l'embrasse avec les plus grandes démonstrations de joie. Il s'arrache enfin du milieu de ses collègues, court à la tribune, et déclare aux législateurs qu'il vient leur offrir un cœur pur, un nom justifié, et qu'il est prêt à mourir pour défendre la liberté et les droits du peuple.

De nouveaux honneurs l'attendaient aux Jacobins. Les femmes avaient préparé une grande quantité de couronnes. Le président lui en offre une. Un enfant de quatre ans, monté sur le bureau, lui en place une autre sur la tête. Marat écarte les couronnes avec un dédain insolent. « Citoyens, s'écrie-t-il, indigné de voir une

« faction scélérate trahir la république, j'ai
« voulu la démasquer, et *lui mettre la corde
« au cou*. Elle m'a résisté en me frappant d'un
« décret d'accusation. Je suis sorti victorieux.
« La faction est humiliée, mais n'est pas écra-
« sée. Ne vous occupez point de décerner des
« triomphes, défendez-vous d'enthousiasme.
« Je dépose sur le bureau les deux couronnes
« que l'on vient de m'offrir, et j'invite mes
« concitoyens à attendre la fin de ma carrière
« pour se décider. »

De nombreux applaudissements accueillent
cette impudente modestie. Robespierre était
présent à ce triomphe, dont il dédaignait sans
doute le caractère trop populaire et trop bas.
Cependant il allait subir comme tout autre
la vanité du triomphateur. Les réjouissances
achevées, on se hâte de revenir à la discussion
ordinaire, c'est-à-dire aux moyens de purger
le gouvernement, et d'en chasser les traîtres,
les rolandins, les brissotins, etc... On propose
pour cela de composer une liste des employés
de toutes les administrations, et de désigner
ceux qui ont mérité leur renvoi. « Adressez-
« moi cette liste, dit Marat, je ferai le choix
« de ceux qu'il faut renvoyer ou conserver, et
« je le signifierai aux ministres. » Robespierre
fait une observation; il dit que les ministres

sont presque tous complices des coupables, qu'ils n'écouteront pas la société, qu'il vaut mieux s'adresser au comité de salut public, placé par ses fonctions au-dessus du conseil exécutif, et que d'ailleurs la société ne peut sans se compromettre communiquer avec des ministres prévaricateurs. « Ces raisons sont « frivoles, réplique Marat avec dédain; un pa- « triote aussi pur que moi *pourrait communi-* « *quer avec le diable*; je m'adresserai aux mi- « nistres, et je les sommerai de nous satisfaire « au nom de la société. »

Une considération respectueuse entourait toujours *le vertueux*, *l'éloquent* Robespierre; mais l'audace, le cynisme insolent de Marat, étonnaient et saisissaient toutes les têtes ardentes. Sa hideuse familiarité lui attachait quelques forts des halles, qui étaient flattés de cette intimité avec *l'ami du peuple*, et qui étaient tout disposés à prêter à sa chétive personne le secours de leurs bras et de leur influence dans les places publiques.

La colère de la Montagne provenait des obstacles qu'elle rencontrait; mais ces obstacles étaient bien plus grands encore dans les provinces qu'à Paris, et les contrariétés qu'allaient éprouver sur leur route ses commissaires envoyés pour presser le recrutement, devaient bientôt pousser son irritation au dernier terme. Toutes les provinces étaient parfaitement disposées pour la révolution, mais toutes ne l'avaient pas embrassée avec autant d'ardeur, et ne s'étaient pas signalées par autant d'excès que la ville de Paris. Ce sont les ambitions oisives, les esprits ardents, les talents supérieurs, qui les premiers s'engagent dans les révolutions : une capitale en renferme toujours beaucoup plus que les provinces, parce qu'elle est le rendez-vous de tous les hommes qui, par indépendance ou ambition, abandonnent le sol, la profession et les traditions de leurs pères. Paris devait donc produire les plus grands révolutionnaires. Placée en outre à peu de distance des frontières, but de tous les coups de l'ennemi, cette ville avait couru plus de danger qu'aucune cité de la France : siége des autorités, elle avait vu s'agiter dans son sein toutes les grandes questions. Ainsi le danger, la dispute, tout s'était réuni pour produire chez elle l'emportement et les excès. Les provinces, qui n'étaient pas soumises aux mêmes causes d'agitation, avaient vu ces excès avec effroi, et partageaient les sentiments du côté droit et de la Plaine. Mécontentes surtout des traitements essuyés par leurs députés, elles croyaient voir dans la capitale, outre l'exagération révolutionnaire, l'ambition de dominer la France, comme Rome dominait les provinces conquises. Telles étaient les dispositions de la masse calme, industrieuse, modérée, à l'égard des révolutionnaires de Paris. Cependant ces dispositions étaient plus ou moins prononcées suivant les circonstances locales. Chaque province, chaque cité avait aussi ses révolutionnaires emportés, parce qu'en tous lieux se trouvent des esprits aventureux, des caractères ardents. Presque tous les hommes de cette espèce s'étaient emparés des municipalités, et ils avaient profité pour cela du renouvellement général des autorités, ordonné par la législative après le 10 août. La masse inactive et modérée cède toujours le pas aux plus empressés, et il était naturel que les individus les plus violents s'emparassent des fonctions municipales, les plus difficiles de toutes, et qui exigeaient le plus de zèle et d'activité. Les citoyens paisibles, qui forment le grand nombre, s'étaient retirés dans les sections, où ils allaient donner quelquefois leurs votes, et exercer leurs droits civiques. Les fonctions départementales avaient été conférées aux notables les plus riches et les plus considérés, et par cela même les moins actifs et les moins énergiques des hommes. Ainsi tous les chauds révolutionnaires étaient retranchés dans les municipalités, tandis que la masse moyenne et riche occupait les sections et les fonctions départementales.

La commune de Paris, sentant cette position, avait voulu se mettre en correspondance avec toutes les municipalités. Mais, comme on l'a vu, elle en avait été empêchée par la convention. La société-mère des jacobins y avait suppléé par sa propre correspondance, et la relation qui n'avait pas pu s'établir encore de municipalité à municipalité, existait de club à club, ce qui revenait à peu près au même, car les mêmes hommes qui délibéraient dans les clubs jacobins, allaient agir ensuite dans les conseils généraux des communes. Ainsi tout le parti jacobin de la France, réuni dans les municipalités et dans les clubs, correspondant d'un bout du territoire à l'autre, se trouvait en présence de la masse moyenne, masse immense, mais divisée dans une multitude de sections, n'exerçant pas de fonctions actives, ne correspondant pas de ville en ville, formant çà et là quelques clubs modérés, et se réunissant quelquefois dans les sections ou dans les conseils de département pour donner un vote incertain et timide.

C'est cette différence de position qui pouvait faire espérer aux révolutionnaires de dominer la masse de la population. Cette masse admettait la république, mais la voulait pure d'excès, et dans le moment elle avait encore l'avantage dans toutes les provinces. Depuis que les municipalités, armées d'une police terrible, ayant la faculté de faire des visites domiciliaires, de rechercher les étrangers, de désarmer les suspects, pouvaient vexer impunément les citoyens paisibles, les sections avaient essayé de réagir, et elles s'étaient réunies pour en imposer aux municipalités. Dans presque toutes les villes de France, elles avaient pris un peu de courage, elles étaient en armes, résistaient aux municipalités, s'élevaient contre leur police inquisitoriale, soutenaient le côté droit, et réclamaient avec lui l'ordre, la paix, le respect des personnes et des propriétés. Les municipalités et les clubs jacobins demandaient, au contraire, de nouvelles mesures de police, et l'institution de tribunaux révolutionnaires dans les départements. Dans certaines villes on était prêt à en venir aux mains pour ces questions. Cependant les sections étaient si fortes par le nombre, qu'elles dominaient l'énergie des municipalités. Les députés montagnards, envoyés pour presser le recrutement et ranimer le zèle révolutionnaire, s'effrayaient de cette résistance, et remplissaient Paris de leurs alarmes.

Telle était la situation de presque toute la France, et la manière dont elle était partagée. La lutte se montrait plus ou moins vive, et les partis plus ou moins menaçants, selon la position et les dangers de chaque ville. Là où les dangers de la révolution paraissaient plus grands, les jacobins étaient plus portés à employer des moyens violents, et par conséquent la masse modérée plus disposée à leur résister. Mais ce qui exaspérait surtout les passions révolutionnaires, c'était le danger des trahisons intérieures, plus encore que le danger de la guerre étrangère. Ainsi, sur la frontière du Nord, menacée par les armées ennemies, et peu travaillée par l'intrigue, on était assez d'accord; les esprits se réunissaient dans le vœu de la défense commune, et les commissaires envoyés depuis Lille jusqu'à Lyon, avaient fait à la convention des rapports assez satisfaisants. Mais à Lyon, où des menées secrètes concouraient avec la position géographique et militaire de cette ville pour y rendre le péril plus grand, on avait vu s'élever des orages aussi terribles que ceux de Paris. Par sa position à l'est, et par son voisinage du Piémont, Lyon avait toujours fixé les regards de la contre-révolution. La première émigration de Turin voulut y opérer un mouvement en 1790, et y envoyer même un prince français. Mirabeau en avait aussi projeté un à sa manière. Depuis que la grande émigration s'était transportée à Coblentz, un agent avait été laissé en Suisse pour correspondre avec Lyon, et par Lyon avec le camp de Jallès et les fanatiques du Midi. Ces menées provoquèrent une réaction de jacobinisme, et les royalistes firent naître à Lyon des montagnards. Ceux-ci occupaient un club appelé *club central*, et composé des envoyés de tous les clubs de quartier. A leur tête se trouvait un Piémontais qu'une inquiétude naturelle avait entraîné de pays en pays, et fixé enfin à Lyon, où il avait dû à son ardeur révolutionnaire d'être nommé successivement officier municipal, et président du tribunal civil. Son nom était *Chalier*. Il tenait dans le *club central* un langage qui, chez les jacobins de Paris, l'aurait fait accuser par Marat de tendre au bouleversement, et d'être payé par l'étranger. Outre ce club, les montagnards lyonnais avaient toute la municipalité, excepté le maire Nivière, ami et disciple de Roland, et chef à Lyon du parti girondin. Fatigué de tant d'orages, Nivière avait comme Pétion donné sa démission, et comme Pétion il avait été aussi réélu par les sections, plus puissantes et plus énergiques à Lyon que dans tout le reste de la France. Sur onze mille votants, neuf mille avaient obligé Nivière à reprendre la mairie; mais il s'était démis de nouveau, et cette fois la municipalité montagnarde avait réussi à se compléter en nommant un maire de son choix. A cette occasion on en était venu aux mains; la jeunesse des sections avait chassé Chalier du *club central*, et dévasté la salle où il exhalait son fanatisme. Le département effrayé avait appelé des commissaires de la convention, qui, en se prononçant d'abord contre les sections, puis contre les excès de la commune, déplurent à tous les partis, se firent dénoncer par les jacobins et rappeler par la convention. Leur tâche s'était bornée à récompenser le *club central*, à l'affilier aux jacobins, et, en lui conservant son énergie, à le délivrer de quelques membres trop impurs. Au mois de mai, l'irritation était arrivée au plus haut degré. D'un côté, la commune, composée entièrement de jacobins, et le *club central* présidé par Chalier, demandaient pour Lyon un tribunal révolutionnaire, et promenaient sur les places publiques une guillotine envoyée de Paris, et qu'on exposait aux regards publics pour effrayer les *traîtres* et les aristocrates, etc.; de l'autre côté, les sections en armes étaient prêtes à réprimer la municipalité, et à empêcher l'établissement du sanglant tribunal que les girondins n'avaient pu épargner à la capitale. Dans cet état de choses, les agents secrets du royalisme, répandus à Lyon, attendaient le moment favorable pour profiter de l'indignation des Lyonnais, prête à éclater.

Dans tout le reste du Midi jusqu'à Marseille, l'esprit républicain modéré régnait d'une manière plus égale, et les girondins possédaient l'attachement général de la contrée. Marseille jalousait la suprématie de Paris, était irritée des outrages faits à son député chéri, Barbaroux, et prête à se soulever contre la convention, si on attaquait la représentation nationale. Quoique riche, elle n'était pas située d'une manière favorable pour les contre-révolutionnaires du dehors, car elle ne touchait qu'à l'Italie, où rien ne se tramait, et son port n'intéressait pas les Anglais comme celui de Toulon. Les menées secrètes n'y avaient donc pas autant effarouché les esprits qu'à Lyon et Paris, et la municipalité, faible et menacée, était près d'être destituée par les sections toutes-puissantes. Le député Moïse-Bayle, assez mal reçu, avait trouvé là beaucoup d'ardeur pour le recrutement, mais un dévouement absolu pour la Gironde.

A partir du Rhône, et de l'est à l'ouest jusqu'aux bords de l'Océan, cinquante ou soixante départements manifestaient les mêmes dispositions. A Bordeaux enfin, l'unanimité était complète. Là, les sections, la municipalité, le club principal, tout le monde était d'accord pour combattre la violence montagnarde et pour soutenir cette glorieuse députation de la Gironde, à laquelle on était si fier d'avoir donné le jour. Le parti contraire n'avait trouvé d'asile que dans une seule section, et partout ailleurs il se trouvait impuissant et condamné au silence. Bordeaux ne demandait ni taxe, ni denrées, ni tribunal révolutionnaire, et préparait à la fois des pétitions contre la commune de Paris, et des bataillons pour le service de la république.

Mais le long des côtes de l'Océan, en tirant de la Gironde à la Loire, et de la Loire aux bouches de la Seine, se présentaient des opinions bien différentes et des dangers bien plus grands. Là, l'implacable Montagne ne rencontrait pas seulement pour obstacle le républicanisme clément et généreux des girondins, mais le royalisme constitutionnel de 89, qui repoussait la république comme illégale, et le fanatisme des temps féodaux, qui était armé contre la révolution de 93, contre la révolution de 89, et qui ne reconnaissait que l'autorité temporelle des châteaux, et l'autorité spirituelle des églises.

Dans la Normandie, et particulièrement à Rouen, qui en était la principale ville, on avait voué un grand attachement à Louis XVI, et la constitution de 1790 avait réuni tous les vœux qu'on formait pour la liberté et pour le trône. Depuis l'abolition de la royauté et de la constitution de 1790, c'est-à-dire depuis le 10 août, il régnait en Normandie un silence improbateur et menaçant. La Bretagne offrait des dispositions encore plus hostiles, et le peuple y était dominé par l'influence des prêtres et des seigneurs. Plus près des rives de la Loire, cet attachement allait jusqu'à l'insurrection, et enfin sur la rive gauche de ce fleuve, dans le Bocage, le Loroux, la Vendée, l'insurrection était complète, et de grandes armées de dix et vingt mille hommes tenaient la campagne.

C'est ici le lieu de faire connaître ce pays singulier, couvert d'une population si obstinée, si héroïque, si malheureuse, et si fatale à la France, qu'elle manqua perdre par une funeste diversion, et dont elle aggrava les maux en irritant au dernier point la dictature révolutionnaire.

Sur les deux rives de la Loire, le peuple avait

conservé un grand attachement pour son ancienne manière d'être, et particulièrement pour ses prêtres et pour son culte. Lorsque, par l'effet de la constitution civile, les membres du clergé se trouvèrent partagés, un véritable schisme s'établit. Les curés qui refusaient de se soumettre à la nouvelle circonscription des églises, et de prêter serment, furent préférés par le peuple; et lorsque, dépossédés de leurs cures, ils furent obligés de se retirer, les paysans les suivirent dans les bois, et se regardèrent comme persécutés eux et leur culte. Ils se réunirent par petites bandes, poursuivirent les curés constitutionnels comme intrus, et commirent les plus graves excès à leur égard. Dans la Bretagne, aux environs de Rennes, il y eut des révoltes plus générales et plus imposantes, qui avaient pour cause la cherté des subsistances, et la menace de détruire le culte, contenue dans ces paroles de Cambon : *Ceux qui voudront la messe la paieront.* Cependant le gouvernement était parvenu à réprimer ces mouvements partiels de la rive droite de la Loire, et il n'avait à redouter que leur communication avec la rive gauche, où s'était formée la grande insurrection.

C'est particulièrement sur cette rive gauche, dans l'Anjou, le bas et le haut Poitou, qu'avait éclaté la fameuse guerre de la Vendée. C'était la partie de la France où le temps avait le moins fait sentir son influence, et le moins altéré les anciennes mœurs. Le régime féodal s'y était empreint d'un caractère tout patriarcal, et la révolution, loin de produire une réforme utile dans ce pays, y avait blessé les plus douces habitudes, et y fut reçue comme une persécution. Le Bocage et le Marais composent un pays singulier, qu'il faut décrire pour faire comprendre les mœurs et l'espèce de société qui s'y étaient formées. En partant de Nantes et Saumur, et en s'étendant depuis la Loire jusqu'aux Sables d'Olonne, Luçon, Fontenay et Niort, on trouve un sol inégal, ondulant, coupé de ravins, et traversé d'une multitude de haies, qui servent de clôture à chaque champ, et qui ont fait appeler cette contrée le *Bocage*. En se rapprochant de la mer, le terrain s'abaisse, se termine en marais salants, et se trouve coupé partout d'une multitude de petits canaux, qui en rendent l'accès presque impossible. C'est ce qu'on a appelé le *Marais*. Les seuls produits abondants dans ce pays sont les pâturages, et par conséquent les bestiaux. Les paysans y cultivaient seulement la quantité de blé nécessaire à leur consommation, et se servaient du produit de leurs troupeaux comme moyen d'échange. On sait que rien n'est plus simple que les populations vivant de ce genre d'industrie. Peu de grandes villes s'étaient formées dans ces contrées; on n'y trouvait que de gros bourgs de deux à trois mille ames. Entre les deux grandes routes qui conduisent l'une de Tours à Poitiers, et l'autre de Nantes à la Rochelle, s'étend un espace de trente lieues de largeur, où il n'y avait alors que des chemins de traverse, aboutissant à des villages et à des hameaux. Les terres étaient divisées en une multitude de petites métairies de cinq à six cents francs de revenu, confiées chacune à une seule famille, qui partageait avec le maître de la terre le produit des bestiaux. Par cette division du fermage, les seigneurs avaient à traiter avec chaque famille, et entretenaient avec toutes des rapports continuels et faciles. La vie la plus simple régnait dans les châteaux : on s'y livrait à la chasse à cause de l'abondance du gibier; les seigneurs et les paysans la faisaient en commun, et tous étaient célèbres par leur adresse et leur vigueur. Les prêtres, d'une grande pureté de mœurs, y exerçaient un ministère tout paternel. La richesse n'avait ni corrompu leur caractère, ni provoqué la critique sur leur compte. On subissait l'autorité du seigneur, on croyait les paroles du curé, parce qu'il n'y avait ni oppression, ni scandale. Avant que l'humanité se jette dans la route de la civilisation, il y a pour elle une époque de simplicité, d'ignorance et de pureté, au milieu de laquelle on voudrait l'arrêter, si son sort n'était pas de marcher à travers le mal vers tous les genres de perfectionnement.

Lorsque la révolution, si bienfaisante ailleurs, atteignit ce pays avec son niveau de fer, elle y causa un trouble profond. Il aurait fallu qu'elle s'y modifiât, mais c'était impossible. Ceux qui l'ont accusée de ne pas s'adapter aux localités, de ne pas varier avec elles, n'ont pas compris l'impossibilité des exceptions et la nécessité d'une règle uniforme et absolue dans les grandes réformes sociales. On ne savait donc, au milieu de ces campagnes, presque rien de la révolution; on savait seulement ce que le mécontentement des seigneurs et des curés en avait appris au peuple. Quoique les droits féodaux fussent abolis, on ne cessa pas de les payer. Il fallut se réunir, nommer des maires; on le fit, et on pria les seigneurs de l'être. Mais lorsque la destitution des prêtres non assermentés priva les paysans des curés qui jouissaient de leur confiance, ils furent fort irrités, et, comme dans la Bretagne, ils coururent dans les bois, et allèrent à de grandes distances assister aux cérémonies du culte, seul véritable à leurs yeux. Dès ce moment une haine violente s'alluma dans les ames, et les prêtres n'oublièrent rien pour l'exciter davantage. Le 10 août rejeta dans leurs terres quelques nobles poitevins; le 21 janvier les révolta, et ils communiquèrent leur indignation autour d'eux. Cependant ils ne conspirèrent pas, comme on l'a cru; mais les dispositions connues du pays inspirèrent à des hommes qui lui étaient étrangers, des projets de conspiration. Il s'en était tramé un en Bretagne, mais aucun dans le Bocage; il n'y avait là aucun plan arrêté; on s'y laissait pousser à bout. Enfin la levée de trois cent mille hommes excita au mois de mars une insurrection générale. Au fond, peu importait aux paysans du Bas-Poitou ce qui se faisait en France; mais la dispersion de leur clergé, et surtout l'obligation de se rendre aux armées, les exaspéra. Dans l'ancien régime, le contingent du pays n'était fourni que par ceux que leur inquiétude naturelle portait à quitter la terre natale; mais aujourd'hui la loi les frappait tous, quels que fussent leurs goûts personnels. Obligés de prendre les armes, ils préférèrent se battre contre la république que pour elle. Presque en même temps, c'est-à-dire au commencement de mars, le tirage fut l'occasion d'une révolte dans le haut Bocage et dans le Marais. Le 10 mars, le tirage devait avoir lieu à Saint-Florent, près d'Ancenis en Anjou : les jeunes gens s'y refusèrent. La garde voulut les y obliger; le commandant militaire fit pointer une pièce et tirer sur les mutins. Ils s'élancèrent alors avec leurs bâtons, s'emparèrent de la pièce, désarmèrent la garde, et furent cependant assez étonnés de leur témérité. Un voiturier, nommé Cathelineau, homme très-considéré dans les campagnes, très-brave, très-persuasif, quitta sa ferme à cette nouvelle, accourut au milieu d'eux, les rallia, leur rendit le courage, et donna quelque consistance à l'insurrection en sachant la maintenir. Le jour même il voulut attaquer un poste républicain, composé de quatre-vingts hommes. Les paysans le suivirent avec leurs bâtons et leurs fusils. Après une première décharge, dont chaque coup portait parce qu'ils étaient grands tireurs, ils s'élancèrent sur le poste, le désarmèrent, et se rendirent maîtres de la position. Le lendemain, Cathelineau se porta sur Chemillé, et l'enleva encore, malgré deux cents républicains et trois pièces de canon. Un garde-chasse du château de Maulevrier, nommé Stofflet, et un jeune paysan du village de Chanzeau, avaient réuni de leur côté une troupe de paysans. Ils vinrent se joindre à Cathelineau, qui osa concevoir le projet d'attaquer Cholet, la ville la plus considérable du pays, chef-lieu de district, et gardée par cinq cents républicains. Leur manière de combattre fut la même. Profitant des haies, des inégalités du terrain, ils entourèrent le bataillon ennemi, et se mirent à tirailler à couvert et à coup sûr. Après avoir ébranlé les républicains par ce feu terrible, ils profitèrent du premier moment d'hésitation qui se manifesta parmi eux, s'élancèrent en poussant de grands cris, renversèrent leurs rangs, les désarmèrent, et les assommèrent avec leurs bâtons. Telle fut depuis toute leur tactique militaire; la nature la leur avait indiquée, et c'était la mieux adaptée au pays. Les troupes qu'ils attaquaient, rangées en ligne et à découvert, recevaient un feu auquel il leur était impossible de répondre, parce qu'elles ne pouvaient ni faire usage de leur artillerie, ni marcher à la baïonnette contre des ennemis dispersés. Dans cette situation, si elles n'étaient pas vieillies à la guerre, elles devaient être bientôt ébranlées par un feu si continu et si juste, que jamais les feux réguliers des troupes de ligne n'ont pu l'égaler. Lorsqu'elles voyaient surtout fondre sur elles ces furieux, poussant de grands cris, il leur était difficile de ne pas s'intimider et de ne pas se laisser rompre. Alors elles étaient perdues, car la fuite, si facile aux gens du pays, était impraticable pour la troupe de ligne. Il aurait donc fallu les soldats les plus intrépides pour lutter contre tant de désavantages, et ceux qui dans le premier moment furent opposés aux rebelles, étaient des gardes nationaux de nouvelle levée, qu'on prenait dans les bourgs, presque tous très-républicains, et que leur zèle conduisait pour la première fois au combat.

La troupe victorieuse de Cathelineau entra donc dans Cholet, s'empara de toutes les armes qu'elle y trouva, et fit des cartouches avec les gargousses des canons. C'est toujours ainsi que les Vendéens se sont procuré des munitions. Leurs défaites ne donnaient rien à l'ennemi, parce qu'ils n'avaient rien qu'un fusil ou un bâton qu'ils emportaient à travers les champs, et chaque victoire leur valait toujours un matériel de guerre considérable. Les insurgés, victorieux, célébrèrent leurs succès avec l'argent qu'ils trouvèrent, et ensuite brûlèrent tous les papiers des administrations, dans lesquelles ils voyaient un instrument de tyrannie. Ils rentrèrent ensuite dans leurs villages et dans leurs fermes, qu'ils ne voulaient jamais quitter pour long-temps.

Une autre révolte bien plus générale avait éclaté dans le Marais et le département de la Vendée. A Machecoul et à Challans, le recrutement fut l'occasion d'un soulèvement universel. Un nommé Gaston, perruquier, tua un officier, prit son uniforme, se mit à la tête des mécontents, et s'empara de Challans, puis de Machecoul, où sa troupe brûla tous les papiers des administrations, et commit des massacres dont le Bocage n'avait pas donné l'exemple. Trois cents républicains furent fusillés par bandes de vingt et trente. Les insurgés les faisaient confesser d'abord, et les conduisaient ensuite au bord d'une fosse, à côté de laquelle ils les fusillaient pour n'avoir pas la peine de les ensevelir. Nantes envoya sur-le-champ quelques cents hommes à Saint-Philibert; mais, apprenant qu'il y avait du mouvement à Savenay, elle rappela ses troupes, et les insurgés de Machecoul restèrent maîtres du pays conquis.

Dans le département de la Vendée, c'est-à-dire vers le midi du théâtre de cette guerre, l'insurrection prit encore plus de consistance.

Les gardes nationales de Fontenay, sorties pour marcher sur Chantonnay, furent repoussées et battues. Chantonnay fut pillé. Le général Verteuil, qui commandait la onzième division militaire, en apprenant cette défaite, envoya le général Marcé avec douze cents hommes, partie de troupes de ligne, partie de gardes nationales. Les rebelles, rencontrés à Saint-Vincent, furent repoussés. Le général Marcé eut le temps d'ajouter encore à sa petite armée douze cents hommes et neuf pièces de canon. En marchant sur Saint-Fulgent, il rencontra de nouveau les Vendéens dans un fond, et s'arrêta pour rétablir un pont qu'ils avaient détruit. Vers les quatre heures d'après-midi, le 18 mars, les Vendéens, prenant l'initiative, vinrent l'attaquer. Profitant encore des avantages du sol, ils commencèrent à tirailler avec leur supériorité ordinaire, cernèrent peu à peu l'armée républicaine, étonnée de ce feu si meurtrier, et réduite à l'impuissance d'atteindre un ennemi caché, dispersé dans tous les replis du terrain. Enfin ils l'assaillirent, répandirent le désordre dans ses rangs, et s'emparèrent de l'artillerie, des munitions et des armes que les soldats jetaient en se retirant, pour être plus légers dans leur fuite.

Ces succès, plus prononcés dans le département de la Vendée proprement dit, valurent aux insurgés le nom de *Vendéens*, qu'ils conservèrent depuis, quoique la guerre fût bien plus active hors de la Vendée. Les brigandages commis dans le Marais leur firent donner le nom de *brigands*, quoique le plus grand nombre ne méritât pas ce titre. L'insurrection s'étendait dans le Marais, depuis les environs de Nantes jusqu'aux Sables, et dans l'Anjou et le Poitou, jusqu'aux environs de Vihiers et de Parthenay. La cause des succès des Vendéens était dans le pays, dans sa configuration, dans leur adresse et leur courage à profiter de ces avantages naturels, enfin dans l'inexpérience et l'imprudente ardeur des troupes républicaines, qui, levées à la hâte, venaient les attaquer précipitamment, et leur procurer ainsi des victoires, et tout ce qui en est la suite, c'est-à-dire des munitions, de la confiance et du courage.

La pâque avait ramené tous les insurgés dans leurs demeures, d'où ils ne consentaient jamais à s'éloigner long-temps. La guerre était pour eux une espèce de chasse de quelques jours; ils y portaient du pain pour le temps nécessaire, et revenaient ensuite enflammer leurs voisins par leurs récits. Il y eut des rendez-vous donnés pour le mois d'avril. L'insurrection fut alors générale, et s'étendit sur toute la surface du pays. On pourrait comprendre ce théâtre de la guerre dans une ligne qui, en partant de Nantes, passerait par Pornic, l'île de Noirmoutiers, les Sables, Luçon,

Fontenay, Niort, Parthenay, et reviendrait par Airvault, Thouars, Doué et Saint-Florent jusqu'à la Loire. L'insurrection, commencée par des hommes qui n'étaient supérieurs aux paysans qu'ils commandaient que par leurs qualités naturelles, fut continuée bientôt par des hommes d'un rang supérieur. Les paysans allèrent dans les châteaux, et forcèrent les nobles à se mettre à leur tête. Tout le Marais voulut être commandé par Charette. Il était d'une famille d'armateurs de Nantes; il avait servi dans la marine, où il était devenu lieutenant de vaisseau, et à la paix il s'était retiré dans un château appartenant à un oncle, où il passait sa vie à chasser. D'une complexion faible et délicate, il semblait peu propre aux fatigues de la guerre; mais, vivant dans les bois, où il passait des mois entiers, couchant à terre avec les chasseurs, il s'était renforcé, avait acquis une parfaite habitude du pays, et s'était fait connaître de tous les paysans par son adresse et son courage. Il hésita d'abord à accepter le commandement, en faisant sentir aux insurgés les dangers de l'entreprise. Cependant il se rendit à leurs instances, et en leur laissant commettre tous les excès, il les compromit et les engagea irrévocablement à son service. Habile, rusé, d'un caractère dur et d'une opiniâtreté indomptable, il devint le plus terrible des chefs vendéens. Tout le Marais lui obéissait, et avec quinze et quelquefois vingt mille hommes, il menaçait les Sables et Nantes. A peine tout son monde fut-il réuni, qu'il s'empara de l'île de Noirmoutiers, île importante dont il pouvait faire sa place de guerre, et son point de communication avec les Anglais.

Dans le Bocage, les paysans s'adressèrent à MM. de Bonchamps, d'Elbée, de Larochejacquelein, et les arrachèrent de leurs châteaux pour les mettre à leur tête. M. de Bonchamps avait autrefois servi sous M. de Suffren, était devenu un officier habile, et réunissait à une grande intrépidité un caractère noble et élevé. Il commandait tous les révoltés de l'Anjou et des bords de la Loire. M. d'Elbée avait servi aussi, et joignait à une dévotion excessive un caractère obstiné, et une grande intelligence de ce genre de guerre. C'était dans le moment le chef le plus accrédité de cette partie du Bocage. Il commandait les paroisses autour de Cholet et de Beaupréau. Cathelineau et Stofflet gardèrent leur commandement dû à la confiance qu'ils avaient inspirée, et se réunirent à MM. de Bonchamps et d'Elbée, pour marcher sur Bressuire, où se trouvait le général

Quétineau. Celui-ci avait fait enlever du château de Clisson la famille de Lescure qu'il soupçonnait de conspiration, et la détenait à Bressuire. Henri de Larochejacquelein, jeune gentilhomme autrefois enrôlé dans la garde du roi, et maintenant retiré dans le Bocage, se trouvait à Clisson chez son cousin de Lescure. Il s'évada, souleva les Aubiers, où il était né, et toutes les paroisses autour de Châtillon. Il se joignit ensuite aux autres chefs, et avec eux força le général Quétineau à s'éloigner de Bressuire. M. de Lescure fut alors délivré avec sa famille. C'était un jeune homme de l'âge de Henri Larochejacquelein. Il était calme, prudent, d'une bravoure froide mais inébranlable, et joignait à ces qualités un rare esprit de justice. Henri, son cousin, avait une bravoure héroïque et souvent emportée; il était bouillant et généreux. M. de Lescure se mit alors à la tête de ses paysans, qui vinrent se réunir à lui, et tous ensemble se rendirent à Bressuire pour marcher de là sur Thouars. Les femmes de tous les chefs distribuaient des cocardes et des drapeaux; on s'exaltait par des chants, on marchait comme à une croisade. L'armée ne traînait point avec elle de bagages; les paysans, qui ne voulaient jamais rester longtemps absents, portaient avec eux le pain nécessaire à la durée de chaque expédition, et, dans les cas extraordinaires, les paroisses averties préparaient des vivres pour ceux qui en manquaient. Cette armée se composait d'environ trente mille hommes, et fut appelée la grande armée royale et catholique. Elle faisait face à Angers, Saumur, Doué, Thouars et Parthenay. Entre cette armée et celle du Marais, commandée par Charette, se trouvaient divers rassemblements intermédiaires, dont le principal, sous les ordres de M. de Royrand, pouvait s'élever à dix ou douze mille hommes.

Le grand rassemblement commandé par MM. de Bonchamps, d'Elbée, de Lescure, de Larochejacquelein, Cathelineau, Stofflet, arriva devant Thouars le 3 mai, et se prépara à l'attaquer dès le 4 au matin. Il fallait traverser le Thoué, qui entoure la ville de Thouars presque de toutes parts. Le général Quétineau fit défendre les passages. Les Vendéens canonnèrent quelque temps avec l'artillerie qu'ils avaient prise aux républicains, et tiraillèrent sur la rive avec leur succès accoutumé. M. de Lescure voulant alors décider le passage, s'avance au milieu des balles, dont son habit est criblé, et ne peut entraîner qu'un seul paysan. Mais Larochejacquelein accourt, ses gens le suivent; on passe le pont, et les républicains sont refoulés dans la place. Il fallait pratiquer une brèche, mais on manquait des moyens nécessaires. Henri de Larochejacquelein se fait élever sur les épaules de ses soldats, et commence à atteindre les remparts. M. d'Elbée attaque vigoureusement de son côté, et Quétineau, ne pouvant résister, consent à se rendre pour éviter des malheurs à la ville. Les Vendéens, grace à leurs chefs, se conduisirent avec modération; aucun excès ne fut commis envers les habitants, et on se contenta de brûler l'arbre de la liberté et les papiers des administrations. Le généreux Lescure rendit à Quétineau les égards qu'il en avait reçus pendant sa détention à Bressuire, et voulut l'engager à rester dans l'armée vendéenne, pour le soustraire aux sévérités du gouvernement, qui, ne lui tenant pas compte de l'impossibilité de la résistance, le punirait peut-être de s'être rendu. Quétineau refusa généreusement, et voulut retourner aux républicains pour demander des juges.

CHAPITRE IV.

Levée d'une armée parisienne de 12 mille hommes ; emprunt forcé ; nouvelles mesures révolutionnaires contre les suspects. — Effervescence croissante des jacobins à la suite des troubles des départements. — Custine est nommé général en chef de l'armée du Nord. — Accusations et menaces des jacobins ; violente lutte des deux côtés de la convention. — Formation d'une commission de douze membres, destinée à examiner les actes de la commune. — Assemblée insurrectionnelle à la mairie. Motions et complots contre la majorité de la convention et contre la vie des députés girondins ; mêmes projets dans le club des Cordeliers. — La convention prend des mesures pour sa sûreté. — Arrestation d'Hébert, substitut du procureur de la commune. — Pétitions impérieuses de la commune. Tumulte et scènes de désordre dans toutes les sections. — Événements principaux des 28, 29 et 30 mai 1793. Dernière lutte des montagnards et des girondins. — Journées du 31 mai et du 2 juin. Détails et circonstances de l'insurrection dite du 31 mai. — Vingt-neuf représentants girondins sont mis en arrestation. — Caractère et résultats politiques de cette journée. Coup d'œil sur la marche de la révolution. Jugement sur les girondins.

Les nouvelles des désastres de la Vendée concourant avec celles venues du Nord, qui annonçaient les revers de Dampierre, avec celles venues du Midi, qui portaient que les Espagnols devenaient menaçants sur les Pyrénées, avec tous les renseignements arrivant de plusieurs provinces, où se manifestaient les dispositions les moins favorables, ces nouvelles répandirent la plus grande fermentation. Plusieurs départements voisins de la Vendée, en apprenant le succès des insurgés, se crurent autorisés à envoyer des troupes pour les combattre. Le département de l'Hérault leva six millions et six mille hommes, et envoya une adresse au peuple de Paris, pour l'engager à en faire autant. La convention, encourageant cet enthousiasme, approuva la conduite du département de l'Hérault, et autorisa par là toutes les communes de France à faire des actes de souveraineté, en levant des hommes et de l'argent.

La commune de Paris ne resta point en arrière. Elle prétendait que c'était au peuple parisien à sauver la France, et elle se hâta de prouver son zèle, et de déployer son autorité en organisant une armée. Elle arrêta que d'après *l'approbation solennelle donnée par la convention à la conduite du département de l'Hérault*, il serait levé dans l'enceinte de Paris une armée de douze mille hommes, pour marcher contre la Vendée. A l'exemple de la convention, la commune choisit dans le conseil général des commissaires pour accompagner cette armée. Ces douze mille hommes devaient être pris dans les compagnies des sections armées, et sur chaque compagnie de cent vingt-six il devait en partir quatorze. Suivant la coutume révolutionnaire, une espèce de pouvoir dictatorial était laissé au comité révolutionnaire de chaque section, pour désigner les hommes dont le départ était sujet à moins d'inconvénients. — « En conséquence, disait l'arrêté de la commune, tous les commis non mariés de tous les bureaux existant à Paris, excepté les chefs et sous-chefs, les clercs de notaires et d'avoués, les commis de banquiers et de négociants, les garçons marchands, les garçons de bureaux, etc.... pourront être requis d'après les proportions ci-après : sur deux, il en partira un ; sur trois, deux ; sur quatre, deux ; sur cinq, trois ; sur six, trois ; sur sept, quatre ; sur huit, quatre ; et ainsi de suite. Ceux des commis des bureaux qui partiront conserveront leurs places et le tiers de leurs appointements. Nul ne pourra refuser de partir. Les citoyens requis feront connaître au comité de leur section ce qui manque à leur équipement, et il y sera pourvu sur-le-champ. Ils se réuniront immédiatement après pour nommer leurs officiers, et se rendront tout de suite à leurs ordres. »

Mais ce n'était pas tout que de lever une armée, et de la former aussi violemment, il fallait pourvoir aux dépenses de son entretien; et pour cela, il fut convenu de s'adresser aux riches. Les riches, disait-on, ne voulaient rien faire pour la défense du pays et de la révolution; ils vivaient dans une heureuse oisiveté, et laissaient au peuple le soin de verser son sang pour la patrie; il fallait les obliger à contribuer au moins de leurs richesses au salut commun. Pour cela, on imagina un emprunt forcé, fourni par les citoyens de Paris, suivant la quotité de leurs revenus. Depuis le revenu de mille francs jusqu'à celui de cinquante mille, ils devaient fournir une somme proportionnelle qui s'élevait depuis trente francs jusqu'à vingt mille. Tous ceux dont le revenu dépassait cinquante mille francs devaient s'en réserver trente mille, et abandonner tout le reste. Les meubles et immeubles de ceux qui n'auraient point satisfait à cette patriotique contribution, devaient être saisis et vendus à la réquisition des comités révolutionnaires, et leurs personnes regardées comme suspectes.

De telles mesures, qui atteignaient toutes les classes, soit en s'adressant aux personnes pour les obliger à prendre les armes, soit en s'adressant aux fortunes pour les faire contribuer, devaient éprouver une forte résistance dans les sections. On a déjà vu qu'il existait entre elles des divisions, et qu'elles étaient plus ou moins agitées suivant la proportion dans laquelle s'y trouvait le bas peuple. Dans quelques-unes, et notamment celles des Quinze-Vingts, des Gravilliers, de la Halle-aux-Blés, on déclara qu'on ne partirait pas tant qu'il resterait à Paris des fédérés et des troupes soldées, lesquelles servaient, disait-on, de *gardes-du-corps* à la convention. Celles-ci résistaient par esprit de jacobinisme, mais beaucoup d'autres résistaient pour une cause contraire. La population des clercs, des commis, des garçons de boutique, reparut dans les sections, et montra une forte opposition aux deux arrêtés de la commune. Les anciens serviteurs de l'aristocratie en fuite, qui contribuaient beaucoup à agiter Paris, se réunirent à eux; on se rassembla dans les rues et sur les places publiques, on cria *à bas les jacobins! à bas la Montagne!* et les mêmes obstacles que le système révolutionnaire rencontrait dans les provinces, il les rencontra cette fois à Paris.

Ce fut alors un cri général contre l'aristocratie des sections. Marat dit que MM. les épiciers, les procureurs, les commis, conspiraient avec MM. du côté droit, et avec MM. les riches, pour combattre la révolution; qu'il fallait les arrêter tous comme suspects, et les réduire à la classe des sans-culottes, *en ne pas leur laissant de quoi se couvrir le derrière.*

Chaumette, procureur de la commune, fit un long discours où il déplora les malheurs de la patrie, provenant, disait-il, de la perfidie des gouvernants, de l'égoïsme des riches, de l'ignorance du peuple, de la fatigue et du dégoût de beaucoup de citoyens pour la chose publique. Il proposa donc et fit arrêter qu'on demanderait à la convention des moyens d'instruction publique, des moyens de vaincre l'égoïsme des riches, et de venir au secours des pauvres; qu'on formerait une assemblée composée des présidents des comités révolutionnaires des sections, et des députés de tous les corps administratifs; que cette assemblée se réunirait les dimanches et jeudis à la commune, pour aviser aux dangers de la chose publique; qu'enfin on inviterait tous les bons citoyens à se rendre dans les assemblées de section, pour y faire valoir leur patriotisme.

Danton, toujours prompt à trouver des ressources dans les moments difficiles, imagina de composer deux armées de sans-culottes, dont l'une marcherait sur la Vendée, tandis que l'autre resterait dans Paris pour contenir l'aristocratie; de les solder toutes deux aux dépens des riches; et enfin, pour s'assurer la majorité dans les sections, il proposa de payer les citoyens qui perdraient leur temps pour assister à leurs séances. Robespierre, empruntant les idées de Danton, les développa aux Jacobins, et proposa en outre de former de nouvelles classes de suspects, de ne plus les borner aux ci-devant nobles, ou prêtres ou financiers, mais à tous les citoyens qui avaient de quelque manière fait preuve d'incivisme; de les enfermer jusqu'à la paix; d'accélérer encore l'action du tribunal révolutionnaire, et de contre-balancer par de nouveaux moyens de communication l'effet des mauvais journaux. Avec toutes ces ressources, on pouvait, disait-il, sans moyen illégal, sans violation des lois, résister au côté droit et à ses machinations.

Toutes les idées se dirigeaient donc vers un but, qui était d'armer le peuple, d'en placer une partie au dedans, d'en porter une autre au dehors; de l'équiper aux frais des riches, de le faire même assister à leurs dépens à toutes les assemblées délibérantes; d'enfermer tous les ennemis de la révolution sous le nom de *suspects*, bien plus largement défini qu'il ne l'avait été jusqu'ici; d'établir entre la commune et les sections un moyen de correspondance, et pour cela de créer une nouvelle assemblée révolutionnaire qui prît des moyens nouveaux de salut, c'est-à-dire l'insurrection. L'assemblée de l'Évêché, précédemment dissoute, et maintenant renouvelée, sur la proposition de Chaumette, et avec un caractère bien plus imposant, était évidemment destinée à ce but.

Du 8 au 10 mai, des nouvelles alarmantes se succèdent. Dampierre a été tué à l'armée du Nord. Dans l'intérieur, les provinces continuent de se révolter. La Normandie tout entière semble prête à se joindre à la Bretagne. Les insurgés de la Vendée se sont avancés de Thouars vers Loudun et Montreuil, ont pris ces deux villes, et ont ainsi presque atteint les bords de la Loire. Les Anglais débarquant sur les côtes de la Bretagne vont, dit-on, se joindre à eux et attaquer la république au cœur. Des citoyens de Bordeaux, indignés des accusations portées contre leurs députés, et montrant l'attitude la plus menaçante, ont désarmé une section où s'étaient retirés les jacobins. A Marseille, les sections sont en pleine insurrection. Révoltées des excès commis sous le prétexte du désarmement des suspects, elles se sont réunies, ont destitué la commune, transporté ses pouvoirs à un comité, dit comité central des sections, et institué un tribunal populaire, pour rechercher les auteurs des meurtres et des pillages. Après s'être ainsi conduites dans leur cité, elles ont envoyé des députés aux sections de la ville d'Aix, et s'efforcent de propager leur exemple dans tout le département. Ne respectant même pas les commissaires de la convention, elles ont saisi leurs papiers et les ont sommés de se retirer. A Lyon, le désordre est aussi grave. Les corps administratifs unis aux jacobins ayant ordonné, à l'imitation de Paris, une levée de six millions et de six mille hommes, ayant en outre voulu exécuter le désarmement des suspects, et instituer un tribunal révolutionnaire, les sections se sont révoltées, et sont prêtes à en venir aux mains avec la commune. Ainsi, tandis que l'ennemi avance vers le Nord, l'insurrection partant de la Bretagne et de la Vendée, et soutenue par les Anglais, peut faire le tour de la France par Bordeaux, Rouen, Nantes, Marseille et Lyon. Ces nouvelles arrivant l'une après l'autre dans l'espace de deux ou trois jours, du 12 au 15 mai, font naître les plus sinistres présages dans l'esprit des montagnards et des jacobins. Les propositions déjà faites se renouvellent encore avec plus de fureur; on veut que tous les garçons des cafés et des traiteurs, que tous les domestiques partent sur-le-champ; que les sociétés populaires marchent tout entières; que des commissaires de l'assemblée se rendent aussitôt dans les sections pour les décider à fournir leur contingent; que trente mille hommes partent en poste dans les voitures de luxe; que les riches contribuent sans délai et donnent le dixième de leur fortune; que les suspects soient enfermés et gardés en otage; que la conduite des ministres soit examinée; que le comité de salut public soit chargé de rédiger une instruction pour les citoyens dont l'opinion est égarée; que toute affaire civile cesse, que l'activité des tribunaux civils soit suspendue, que les spectacles soient fermés, que le tocsin sonne, et que le canon d'alarme soit tiré.

Danton, pour apporter quelque assurance au milieu de ce trouble général, fait deux remarques : la première, c'est que la crainte de dégarnir Paris des bons citoyens qui sont nécessaires à sa sûreté, ne doit pas empêcher le recrutement, car il restera toujours à Paris cent cinquante mille hommes, prêts à se lever, et à exterminer les aristocrates qui oseraient s'y montrer; la seconde, c'est que l'agitation

des guerres civiles, loin d'être un sujet d'espoir, doit être au contraire un sujet de terreur pour les ennemis extérieurs. « Montes-
« quieu, dit-il, l'a déjà remarqué en parlant
« des Romains; un peuple dont tous les bras
« sont armés et exercés, dont toutes les ames
« sont aguerries, dont tous les esprits sont
« exaltés, dont toutes les passions sont chan-
« gées en fureur de combattre, un tel peuple
« n'a rien à craindre du courage froid et mer-
« cenaire des soldats étrangers. Le plus faible
« des deux partis que la guerre civile mettrait
« aux prises, serait toujours assez fort pour
« détruire des automates à qui la discipline ne
« tient pas lieu de vie et de feu. »

Il est ordonné aussitôt que quatre-vingt-seize commissaires se rendront dans les sections pour obtenir leur contingent, et que le comité de salut public continuera ses fonctions pendant un mois de plus. Custine est nommé général de l'armée du Nord, Houchard de celle du Rhin. On fait la distribution des armées autour des frontières. Cambon présente un projet d'emprunt forcé d'un milliard, qui sera rempli par les riches et hypothéqué sur les biens des émigrés. — « C'est un moyen, dit-il, d'obliger les riches à prendre part à la révolution, en les réduisant à acquérir une partie des biens nationaux, s'ils veulent se payer de leur créance sur le gage lui-même. »

La commune, de son côté, arrête qu'une seconde armée de sans-culottes sera formée dans Paris pour contenir l'aristocratie, tandis que la première marchera contre les rebelles; qu'il sera fait un emprisonnement général de tous les suspects, et que l'assemblée centrale des sections, composée des autorités administratives, des présidents des sections, des membres des comités révolutionnaires, se réunira au plus tôt pour faire la répartition de l'emprunt forcé, pour rédiger les listes des suspects, etc.

Le trouble était au comble. D'une part, on disait que les aristocrates du dehors et ceux du dedans étaient d'accord; que les conspirateurs de Marseille, de la Vendée, de la Normandie, se concertaient entre eux; que les membres du côté droit dirigeaient cette vaste conjuration, et que le tumulte des sections n'était que le résultat de leurs intrigues dans Paris : d'autre part, on attribuait à la Montagne tous les excès commis sur tous les points, et on lui imputait le projet de bouleverser la France, et d'assassiner vingt-deux députés. Des deux côtés, on se demandait comment on sortirait de ce péril, et ce qu'on ferait pour sauver la république.

Les membres du côté droit s'excitaient au courage, et se conseillaient quelque acte d'une grande énergie. Certaines sections, telles que celles du Mail, de la Butte-des-Moulins, et plusieurs autres, les appuyaient fortement, et refusaient d'envoyer des commissaires à l'assemblée centrale formée à la mairie. Elles refusaient aussi de souscrire à l'emprunt forcé, disant qu'elles pourvoiraient à l'entretien de leurs volontaires, et s'opposaient à de nouvelles listes de suspects, disant encore que leur comité révolutionnaire suffisait pour faire la police dans leur ressort. Les montagnards, au contraire, les jacobins, les cordeliers, les membres de la commune, criaient à la trahison, répétaient en tous lieux qu'il fallait en finir, qu'on devait se réunir, s'entendre, et sauver la république de la conspiration des vingt-deux. Aux Cordeliers, on disait ouvertement qu'il fallait les enlever et les égorger. Dans une assemblée où se réunissaient des femmes furieuses, on proposait de saisir l'occasion du premier tumulte à la convention, et de les poignarder. Ces forcenées portaient des poignards, faisaient tous les jours grand bruit dans les tribunes, et disaient qu'elles sauveraient elles-mêmes la république. On parlait partout du nombre de ces poignards, dont un seul armurier du faubourg Saint-Antoine

avait fabriqué plusieurs centaines. De part et d'autre, on marchait en armes, et avec tous les moyens d'attaquer et de se défendre. Il n'y avait encore aucun complot d'arrêté, mais les passions en étaient à ce point d'exaltation, où le moindre événement suffit pour amener une explosion. Aux Jacobins, on proposait des moyens de toute espèce. On prétendait que les actes d'accusation dirigés par la commune contre les vingt-deux ne les empêchaient pas de siéger encore, et que, par conséquent, il fallait un acte d'énergie populaire; que les citoyens destinés à la Vendée ne devaient pas partir avant d'avoir sauvé la patrie; que le peuple pouvait la sauver, mais qu'il était nécessaire de lui en indiquer les moyens, et que pour cela il fallait nommer un comité de cinq membres, auquel la société permettrait d'avoir des secrets pour elle. D'autres répondaient qu'on pouvait tout dire dans la société, qu'il était inutile de vouloir rien cacher, et qu'il était temps d'agir à découvert. Robespierre, qui trouvait ces déclarations imprudentes, s'opposait à ces moyens illégaux; il demandait si on avait épuisé tous les moyens utiles et plus sûrs qu'il avait proposés. « Avez-vous organisé, leur di-
« sait-il, votre armée révolutionnaire ? Avez-
« vous fait ce qu'il fallait pour payer les sans-

« culottes appelés aux armes ou siégeant dans
« les sections? Avez-vous arrêté les suspects?
« Avez-vous couvert vos places publiques de
« forges et d'ateliers? Vous n'avez donc em-
« ployé aucune des mesures sages et naturelles
« qui ne compromettraient pas les patriotes,
« et vous souffrez que des hommes, qui n'en-
« tendent rien à la chose publique, vous pro-
« posent des mesures qui sont la cause de toutes
« les calomnies répandues contre vous! Ce n'est
« qu'après avoir épuisé tous les moyens légaux,
« qu'il faut recourir aux moyens violents, et
« encore ne faut-il pas les proposer dans une
« société qui doit être sage et politique. Je sais,
« ajoutait Robespierre, qu'on m'accusera de
« *modérantisme*, mais je suis assez connu pour
« ne pas craindre de telles imputations. »

Ici, comme avant le 10 août, on sentait le besoin de prendre un parti, on errait de projets en projets, on parlait d'un lieu de réunion pour parvenir à s'entendre. L'assemblée de la mairie avait été formée ; mais le département n'y était pas présent ; un seul de ses membres, le jacobin Dufourny, s'y était rendu ; plusieurs sections y manquaient ; le maire n'y avait pas encore paru, et on s'était ajourné au dimanche 19 mai, pour s'y occuper de l'objet de la réunion. Malgré le but, en apparence assez circonscrit, que l'arrêté de la commune fixait à cette assemblée, on y avait tenu les propos qui se tenaient partout, et on y avait dit, comme ailleurs, qu'il fallait un nouveau 10 août. Cependant on s'était borné à de mauvais propos, à des exagérations de club; il s'y était trouvé des femmes mêlées aux hommes, et ce tumultueux rassemblement n'avait offert que le même désordre d'esprit et de langage que présentaient tous les lieux publics.

Le 15, le 16 et le 17 mai se passent en agitations, et tout devient une occasion de querelle et de tumulte dans l'assemblée. Les Bordelais envoient une adresse, dans laquelle ils annoncent qu'ils vont se lever pour soutenir leurs députés; ils déclarent qu'une partie d'entre eux marchera sur la Vendée, pour combattre les rebelles, tandis que l'autre marchera sur Paris, pour exterminer les anarchistes qui oseraient attenter à la représentation nationale. Une lettre de Marseille annonce que les sections de cette ville persistent dans leur résistance. Une pétition de Lyon réclame du secours pour quinze cents détenus, enfermés sous le nom de suspects, et menacés du tribunal révolutionnaire par Chalier et les jacobins. Ces pétitions excitent un tumulte épouvantable. Dans l'assemblée, dans les tribunes, on

semble prêt à en venir aux mains. Cependant le côté droit, s'animant par le danger, communique son courage à la Plaine, et on décrète à une grande majorité que la pétition des Bordelais est un modèle de patriotisme; on casse tout tribunal révolutionnaire érigé par des autorités locales, et on autorise les citoyens qu'on voudrait y traduire, à repousser la force par la force. Ces décisions exaltent à la fois l'indignation de la Montagne et le courage du côté droit. Le 18, l'irritation est portée au comble. La Montagne, privée d'un grand nombre de ses membres, envoyés comme commissaires dans les départements et les armées, crie à l'oppression. Guadet demande aussitôt la parole, pour une application historique aux circonstances présentes, et il semble prophétiser d'une manière effrayante la destinée des partis. « Lorsqu'en Angleterre, dit-il, une majorité gé-
« néreuse voulut résister aux fureurs d'une mi-
« norité factieuse, cette minorité cria à l'op-
« pression, et parvint avec ce cri à mettre en
« oppression la majorité elle-même. Elle ap-
« pela à elle les patriotes *par excellence*. C'est
« ainsi que se qualifiait une multitude égarée,
« à laquelle on promettait le pillage et le par-
« tage des terres. Cet appel continuel aux pa-
« triotes *par excellence*, contre l'oppression de

« la majorité, amena l'attentat connu sous le
« nom de *purgation du parlement*, attentat
« dont *Pride*, qui de boucher était devenu co-
« lonel, fut l'auteur et le chef. Cent cinquante
« membres furent chassés du parlement, et la
« minorité, composée de cinquante ou soixante
« membres, resta maîtresse de l'état.

« Qu'en arriva-t-il? Ces patriotes par excel-
« lence, instruments de Cromwell, et auxquels
« il fit faire folies sur folies, furent chassés à
« leur tour. Leurs propres crimes servirent de
« prétexte à l'usurpateur. » Ici Guadet, montrant le boucher Legendre, Danton, Lacroix,
et tous les autres députés accusés de mauvaises
mœurs et de dilapidations, ajoute : « Cromwell
« entra un jour au parlement, et s'adressant
« à ces mêmes membres, qui seuls, à les en-
« tendre, étaient capables de sauver la patrie,
« il les en chassa en disant à l'un : Toi, tu es
« un voleur; à l'autre : Toi, tu es un ivrogne;
« à celui-ci : Toi, tu es gorgé des deniers pu-
« blics; à celui-là : Toi, tu es un coureur de
« filles et de mauvais lieux. Fuyez donc, dit-
« il à tous, cédez la place à des hommes de
« bien. Ils la cédèrent, et Cromwell la prit. »

Cette allusion grande et terrible touche
profondément l'assemblée, qui demeure silencieuse. Guadet continue, et, pour prévenir

cette *purgation pridienne*, propose divers moyens de police que l'assemblée adopte au milieu des murmures. Mais, tandis qu'il regagne sa place, une scène scandaleuse éclate dans les tribunes. Une femme veut en enlever un homme pour le mettre hors de la salle; on la seconde de toutes parts, et le malheureux qui résiste est près d'être accablé par toute la population des tribunes. La garde fait de vains efforts pour rétablir le calme. Marat s'écrie que cet homme qu'on veut chasser est un aristocrate... L'assemblée s'indigne contre Marat de ce qu'il augmente le danger de ce malheureux, exposé à être assassiné. Il répond qu'on ne sera tranquille que lorsqu'on sera délivré des aristocrates, des complices de Dumouriez, des *hommes d'état*... c'est ainsi qu'il nommait les membres du côté droit, à cause de leur réputation de talent.

Aussitôt le président Isnard se découvre, et demande à faire une déclaration importante. Il est écouté avec le plus grand silence, et, du ton de la plus profonde douleur, il dit : « On m'a « révélé un projet de l'Angleterre que je dois « faire connaître. Le but de Pitt est d'armer « une partie du peuple contre l'autre, en le « poussant à l'insurrection. Cette insurrection « doit commencer par les femmes; on se portera

« contre plusieurs députés, on les égorgera,
« on dissoudra la convention nationale, et ce
« moment sera choisi pour faire une descente
« sur nos côtes.

« Voilà, dit Isnard, la déclaration que je de-
« vais à mon pays. »

La majorité applaudit Isnard. On ordonne l'impression de sa déclaration; on décrète de plus que les députés ne se sépareront point, et que tous les dangers leur seront communs. On s'explique ensuite sur le tumulte des tribunes. On dit que ces femmes qui les troublent appartiennent à une société dite de *la Fraternité*, qu'elles viennent occuper la salle, en exclure les étrangers, les fédérés des départements, et y troubler les délibérations par leurs huées. Il est question alors des sociétés populaires, et les murmures éclatent aussitôt. Marat, qui n'a cessé de parcourir les corridors et de passer d'un banc de la salle à l'autre, parlant toujours des *hommes d'état*, désigne l'un des membres du côté droit, en lui disant : *Tu en es un, toi, mais le peuple fera justice de toi et des autres*. Guadet s'élance alors à la tribune, pour provoquer au milieu de ce danger une détermination courageuse. Il rappelle tous les troubles dont Paris est le théâtre, les propos tenus dans les assemblées populaires, les affreux discours proférés aux Jacobins, les projets exprimés dans l'assemblée réunie à la mairie; il dit que le tumulte dont on est témoin n'a pour but que d'amener une scène de confusion, au milieu de laquelle on exécutera les assassinats qu'on médite. A chaque instant interrompu, il parvient néanmoins à se faire entendre jusqu'au bout, et propose deux mesures d'une énergie héroïque mais impossible.

« Le mal, dit-il, est dans les autorités anar« chiques de Paris; je vous propose donc de « les casser, et de les remplacer par tous les « présidents de section.

« La convention n'étant plus libre, il faut « réunir ailleurs une autre assemblée et dé« créter que tous les suppléants se réuniront à « Bourges, et seront prêts à s'y constituer en « convention, au premier signal que vous leur « donnerez, ou au premier avis qu'ils recevront « de la dissolution de la convention. »

A cette double proposition, un désordre épouvantable éclate dans l'assemblée. Tous les membres du côté droit se lèvent en criant que c'est là le seul moyen de salut, et semblent remercier l'audacieux génie de Guadet, qui a su le découvrir. Le côté gauche se lève de son côté, menace ses adversaires, crie à son tour que la conspiration est enfin découverte, que les conjurés se dévoilent, et que leurs projets contre l'unité de la république sont avoués. Danton veut se précipiter à la tribune, mais on l'arrête, et on laisse Barrère l'occuper au nom du comité de salut public.

Barrère, avec sa finesse insinuante et son ton conciliateur, dit que si on l'avait laissé parler, il aurait depuis plusieurs jours révélé beaucoup de faits sur l'état de la France. Il rapporte alors, que partout on parle d'un projet de dissoudre la convention, que le président de sa section a recueilli de la bouche du procureur Chaumette des propos qui annonceraient cette intention; qu'à l'Évêché, et dans une autre assemblée de la mairie, il a été question du même objet; que pour arriver à ce but, on a projeté d'exciter un tumulte, de se servir des femmes pour le faire naître, et d'enlever vingt-deux têtes à la faveur du désordre. Barrère ajoute que le ministre des affaires étrangères et le ministre de l'intérieur doivent s'être procuré à cet égard des renseignements, et qu'il faut les entendre. Passant ensuite aux mesures proposées, il est, ajoute-t-il, de l'avis de Guadet sur les autorités de Paris; il trouve un département faible, des sections agissant en souveraines, une commune excitée à tous les débordements par son procureur Chaumette, ancien moine, et suspect comme tous les ci-devant prêtres et nobles; mais il croit que la dissolution de ces autorités causerait un tumulte anarchique. Quant à la réunion des suppléants à Bourges, elle ne sauverait pas la convention, et ne pourrait pas la suppléer. Il y a, suivant lui, un moyen de parer à tous les dangers réels dont on est entouré, sans se jeter dans de trop grands inconvéniens : c'est de nommer une commission composée de douze membres, qui sera chargée de vérifier les actes de la commune depuis un mois, de rechercher les complots tramés dans l'intérieur de la république, et les projets formés contre la représentation nationale; de prendre auprès de tous les comités, de tous les ministres, de toutes les autorités, les renseignements dont elle aura besoin, et autorisée enfin à disposer de tous les moyens nécessaires pour s'assurer de la personne des conspirateurs.

Le premier élan d'enthousiasme et de courage passé, la majorité est trop heureuse d'adopter le projet conciliateur de Barrère. Rien n'était plus ordinaire que de nommer des commissions : à chaque événement, à chaque danger, pour chaque besoin, on créait un comité chargé d'y pourvoir, et dès que des individus étaient nommés pour exécuter une chose, l'assemblée semblait croire que la chose serait exécutée, et que des comités auraient pour elle ou du courage, ou des lumières, ou des forces. Celui-ci devait ne pas manquer d'énergie, et il était composé de députés appartenant presque tous au côté droit. On y comptait entre autres Boyer-Fonfrède, Rabaut Saint-Étienne, Kervelegan, Henri Larivière, tous membres de la Gironde. Mais l'énergie même de ce comité allait lui être funeste. Institué pour mettre la convention à couvert des mouvements des jacobins, il allait les exciter davantage, et augmenter le danger même qu'il était destiné à écarter. Les jacobins avaient menacé les girondins par leurs cris de chaque jour; les girondins rendaient la menace, en instituant une commission, et à cette menace les jacobins allaient répondre enfin, par un coup fatal, en faisant le 31 mai et le 2 juin.

A peine cette commission fut-elle instituée, que les sociétés populaires et les sections crièrent comme d'usage, à l'inquisition et à la loi martiale. L'assemblée de la mairie, ajournée au dimanche 19, se réunit en effet, et fut plus nombreuse que dans les séances précédentes. Cependant le maire n'y était pas, et un administrateur de police présidait. Quelques sections manquaient au rendez-vous, et il n'y en avait guère que trente-cinq qui eussent envoyé leurs commissaires. L'assemblée se qualifiait de *comité central révolutionnaire*. On y convient d'abord de ne rien écrire, de ne tenir aucun registre, et d'empêcher quiconque voudra se retirer de sortir avant la fin de la séance. On songe ensuite à fixer les objets dont il faut s'occuper. L'objet réel et annoncé était l'emprunt et la liste des suspects; néanmoins, dès les premières paroles on commence à dire que les patriotes de la convention sont impuissants pour sauver la chose publique, qu'il est nécessaire de suppléer à leur impuissance, et qu'il faut pour cela rechercher les hommes suspects, soit dans les administrations, soit dans les sections, soit dans la convention elle-même, et s'emparer d'eux pour les mettre dans l'impossibilité de nuire. Un membre, parlant froidement et lentement, dit qu'il ne connaît de suspects que dans la convention, et que c'est là qu'il faut frapper. Il propose donc un moyen fort simple: c'est d'enlever vingt-deux députés, de les transporter dans une maison des faubourgs, de les égorger, et de supposer des lettres, pour faire accroire qu'ils ont émigré. « Nous ne ferons « pas cela nous-mêmes, ajoute cet homme, « mais, en payant, il nous sera facile de trou-

« ver des exécuteurs. » Un autre membre répond aussitôt que cette mesure est inexécutable, et qu'il faut attendre que Marat et Robespierre aient proposé aux jacobins leurs moyens d'insurrection, qui sans doute vaudront mieux. — Silence ! s'écrient plusieurs voix, on ne doit nommer personne. — Un troisième membre, député de la section de 92, représente qu'il ne convient pas d'assassiner, et qu'il y a des tribunaux pour juger les ennemis de la révolution. A cette observation, un grand tumulte s'élève; on se récrie contre la doctrine de celui qui vient de parler; on dit qu'il ne faut souffrir que des hommes qui soient à la hauteur des circonstances, et que chacun doit dénoncer son voisin s'il en suspecte l'énergie. Sur-le-champ celui qui a voulu parler des lois et des tribunaux est chassé de l'assemblée. On s'aperçoit en même temps qu'un membre de la section de la Fraternité, section assez mal disposée pour les jacobins, prenait des notes, et il est expulsé comme le précédent. On continue sur le même ton à s'occuper de la proscription des députés, du lieu à choisir pour cette *septembrisation*, et pour l'emprisonnement des autres suspects, soit de la commune, soit des sections. Un membre veut que l'exécution se fasse cette nuit même; on lui répond que ce n'est pas possible; il réplique qu'on a des hommes tout prêts, et il ajoute qu'à minuit Coligny était à la cour, et qu'à une heure il était mort.

Cependant le temps s'écoule; on renvoie au lendemain l'examen de ces divers objets, et on convient de s'occuper de trois choses : 1° de l'enlèvement des députés; 2° de la liste des suspects; 3° de l'épurement de tous les bureaux et comités. On s'ajourne au lendemain six heures du soir.

Le lendemain lundi 20, l'assemblée se réunit de nouveau. Cette fois Pache était présent; on lui présente plusieurs listes portant des noms de toute espèce. Il observe qu'on ne doit pas les nommer autrement que listes de suspects, ce qui était légal, puisque les listes étaient ordonnées. Quelques membres observent qu'il ne faut pas que l'écriture d'aucun membre soit connue, et qu'il faut faire recopier les listes. D'autres disent que des républicains ne doivent rien craindre. Pache ajoute que peu lui importe qu'on le sache muni de ces listes, car elles concernent la police de Paris, dont il est chargé. Le caractère fin et réservé de Pache ne se démentait pas, et il voulait faire entrer tout ce qu'on exigeait de lui dans la limite des lois et de ses fonctions.

Un membre, voyant ces précautions, lui dit alors que sans doute il n'est pas instruit de ce qui s'est passé dans la séance de la veille, qu'il ne connaît pas l'ordre des questions, qu'il faut le lui faire connaître, et que la première a pour objet l'enlèvement de vingt-deux députés. Pache fait observer alors que la personne de tous les députés est confiée à la ville de Paris; que porter atteinte à leur sûreté serait compromettre la capitale avec les départements, et provoquer la guerre civile. On lui demande alors comment il se fait qu'il ait signé la pétition présentée le 15 avril au nom des quarante-huit sections de Paris, contre les vingt-deux. Pache répond qu'alors il fit son devoir en signant une pétition qu'on l'avait chargé de présenter, mais qu'aujourd'hui la question proposée sort des attributions de l'assemblée, réunie pour s'occuper de l'emprunt et des suspects, et qu'il sera obligé de lever la séance, si on persiste à s'occuper de pareilles discussions. Sur de telles observations, il s'élève une grande rumeur; et comme on ne peut rien faire en présence de Pache, et qu'on n'a aucun goût à s'occuper de simples listes de suspects, on se sépare sans ajournement fixe.

Le mardi 21, il ne se trouva qu'une douzaine de membres présents à l'assemblée. Les uns ne voulaient plus se rendre dans une réunion aussi tumultueuse et aussi violente; les autres trouvaient qu'il n'était pas possible d'y délibérer avec assez d'énergie.

Ce fut aux Cordeliers qu'alla se décharger, le lendemain 22, toute la fureur des conjurés. Femmes et hommes poussèrent d'horribles vociférations. C'était une prompte insurrection qu'il fallait, et il ne suffisait plus du sacrifice de vingt-deux députés; on en demandait maintenant trois cents. Une femme, parlant avec l'emportement de son sexe, proposa d'assembler tous les citoyens sur la place de la Révolution; d'aller porter en corps une pétition à la convention, et de ne pas désemparer qu'on ne lui eût arraché les décrets indispensables au salut public. Le jeune Varlet, qui se montrait depuis si long-temps dans toutes les émeutes, présenta en quelques articles un projet d'insurrection. Il proposait de se rendre à la convention, en portant les Droits de l'Homme voilés d'un crêpe, d'enlever tous les députés ayant appartenu aux assemblées législative et constituante, de supprimer tous les ministres, de détruire tout ce qui restait de la famille des Bourbons, etc. Legendre se hâte de le remplacer à la tribune pour s'opposer à ces propositions. Toute la force de sa voix put à peine couvrir les cris et les huées qui s'élevaient contre lui, et il parvint avec la plus grande peine à combattre les motions incendiaires du jeune Varlet. Cependant on voulait assigner un terme fixe à l'insurrection, et prendre jour pour aller exiger de la convention ce qu'on désirait d'elle; mais la nuit étant déja avancée, chacun finit par se retirer sans aucune décision prise.

Tout Paris était déja instruit de ce qui s'était dit, soit dans les deux réunions de la mairie, le 19 et le 20, soit dans la séance des Cordeliers du 22. Une foule de membres du *comité central révolutionnaire* avaient eux-mêmes dénoncé les propos qui s'y étaient tenus, les propositions qu'on y avait faites, et le bruit d'un complot contre un grand nombre de citoyens et de députés était universellement répandu. La commission des douze en était informée avec le plus grand détail, et se préparait à agir contre les auteurs désignés des propositions les plus violentes.

La section de la Fraternité les dénonça formellement le 24 par une adresse à la convention; elle rapporta tout ce qui s'était dit et fait dans l'assemblée de la mairie, et accusa hautement le maire d'y avoir assisté. Le côté droit couvrit d'applaudissements cette courageuse dénonciation, et demanda que Pache fût appelé à la barre. Marat répondit que les membres du côté droit étaient eux-mêmes les seuls conspirateurs, que Valazé, chez lequel ils se réunissaient tous les jours, leur avait donné avis de s'armer, et qu'ils s'étaient rendus à la convention avec des pistolets. — Oui, réplique Valazé, j'ai donné cet avis, parce qu'il devenait nécessaire de défendre notre vie, et certainement nous l'aurions défendue. — Oui, oui, s'écrient énergiquement tous les membres du côté droit. — Lasource ajoute un fait des plus graves, c'est que les conjurés, croyant apparemment que l'exécution était fixée pour la nuit dernière, s'étaient rendus chez lui pour l'enlever.

Dans ce moment, on apprend que la commission des douze est munie de tous les renseignements nécessaires pour découvrir le complot, et en poursuivre les auteurs, et on annonce un rapport de sa part pour le lendemain. La convention déclare en attendant que la section de la Fraternité a bien mérité de la patrie.

Le soir du même jour, grand tumulte à la municipalité contre la section de la Fraternité, qui a, dit-on, calomnié le maire et les patriotes, en supposant qu'ils veulent égorger la représentation nationale. De ce que le projet n'avait été qu'une proposition, combattue d'ailleurs par le maire, Chaumette et la commune induisaient que c'était une calomnie que de supposer une conspiration réelle. Sans doute ce n'en était pas une dans le vrai sens du mot, ce n'était pas une de ces conspirations profondément et secrètement ourdies comme on les fait dans les palais, mais c'était une de ces conspirations telles que la multitude d'une grande ville en peut former; c'était le commencement de ces mouvements populaires, tumultueusement proposés, et tumultueusement exécutés par la foule entraînée, comme au 14 juillet et au 10 août. En ce sens, il s'agissait d'une véritable conspiration. Mais celles-là, il est inutile de vouloir les arrêter, car elles ne surprennent pas l'autorité ignorante et endormie, mais elles emportent ouvertement et à la face du ciel l'autorité avertie et éveillée.

Le lendemain 24, deux autres sections, celles des Tuileries et de la Butte-des-Moulins, se joignirent à celle de la Fraternité pour dénoncer les mêmes faits. « Si la raison ne peut l'empor-
« ter, disait la Butte-des-Moulins, faites un appel
« aux bons citoyens de Paris, et d'avance nous
« pouvons vous assurer que notre section ne
« contribuera pas peu à faire rentrer dans la
« poussière ces royalistes déguisés qui prennent
« insolemment le titre de *sans-culottes*. » Le même jour, le maire écrivit à l'assemblée pour

expliquer ce qui s'était passé à la mairie. « Ce
« n'était pas, disait-il, un complot, c'était une
« simple délibération sur la composition de la
« liste des suspects. Quelques *mauvaises têtes*
« avaient bien interrompu la délibération par
« quelques propositions déraisonnables, mais
« lui, Pache, avait rappelé à l'ordre ceux qui
« s'en écartaient, et ces mouvements d'imagi-
« nation n'avaient eu aucune suite. » On tint peu
de compte de la lettre de Pache, et on écouta
la commission des douze qui se présenta pour
proposer un décret de sûreté générale. Ce décret mettait la représentation nationale, et les
dépôts renfermant le trésor public, sous la
sauvegarde des bons citoyens. Tous devaient,
à l'appel du tambour, se rendre au lieu du rassemblement de la compagnie du quartier, et
marcher au premier signal qui leur serait
donné. Aucun ne pouvait manquer au rendez-
vous; et, en attendant la nomination d'un
commandant-général, en remplacement de
Santerre, parti pour la Vendée, le plus ancien
chef de légion devait avoir le commandement
supérieur. Les assemblées de section devaient
être fermées à dix heures du soir; les présidents étaient rendus responsables de l'exécution de cet article. Le projet de décret fut
adopté en totalité, malgré quelques débats, et

malgré Danton, qui dit qu'en mettant ainsi l'assemblée et les établissements publics sous la sauvegarde des citoyens de Paris, on *décrétait la peur*.

Immédiatement après avoir proposé ce décret, la commission des douze fit arrêter à la fois les nommés Marino et Michel, administrateurs de police, accusés d'avoir fait à l'assemblée de la mairie les propositions qui causaient tant de rumeur. Elle fit arrêter en outre le substitut du procureur de la commune, Hébert, lequel écrivait, sous le nom du *père Duchêne*, une feuille encore plus ordurière que celle de Marat, et mise, par un langage hideux et dégoûtant, à la portée de la plus basse populace. Hébert, dans cette feuille, imprimait ouvertement tout ce que les nommés Marino et Michel étaient accusés d'avoir verbalement proposé à la mairie. La commission crut donc devoir poursuivre à la fois et ceux qui prêchaient, et ceux qui voulaient exécuter une nouvelle insurrection. A peine l'ordre d'arrestation était-il lancé contre Hébert, qu'il se rendit en toute hâte à la commune pour annoncer ce qui lui arrivait, et montrer au conseil général le mandat d'arrêt dont il était frappé. On l'arrachait, disait-il, à ses fonctions, mais il allait obéir. La commune ne devait pas oublier le serment qu'elle avait fait de se regarder comme frappée lorsqu'un de ses membres le serait. Il n'invoquait pas ce serment pour lui, car il était prêt à porter sa tête sur l'échafaud, mais pour ses concitoyens menacés d'un nouvel esclavage. De nombreux applaudissements accueillent Hébert. Chaumette, le procureur en chef, l'embrasse; le président lui donne l'accolade au nom de tout le conseil. La séance est déclarée permanente jusqu'à ce qu'on ait des nouvelles d'Hébert. Les membres du conseil sont invités à porter des consolations et des secours aux femmes et aux enfants de tous ceux qui sont ou seront détenus.

La séance fut permanente, et d'heure en heure on envoyait à la commission des douze pour avoir des nouvelles du magistrat arraché, disait-on, à ses fonctions. A deux heures et demie de la nuit, on apprit qu'il subissait un interrogatoire, et que Varlet avait été arrêté aussi. A quatre heures, on annonça qu'Hébert avait été mis en état d'arrestation à l'Abbaye. A cinq heures, Chaumette se rendit dans sa prison pour le voir, mais il ne put être introduit. Le matin, le conseil général rédigea une pétition à la convention, et la fit porter par des cavaliers dans les sections, afin d'avoir leur adhésion. Presque dans toutes les sections on se

battait; on voulait changer à chaque instant les bureaux et les présidents, empêcher ou faire des arrestations, adhérer ou s'opposer au système de la commune, signer ou rejeter la pétition qu'elle proposait. Enfin cette pétition, approuvée par un grand nombre de sections, fut présentée dans la journée du 25 à la convention. La députation de la commune se plaignait des calomnies répandues contre les magistrats du peuple; elle demandait que la pétition de la section de la Fraternité fût remise à l'accusateur public, pour que les coupables, s'il en existait, ou les calomniateurs, fussent punis. Elle demandait enfin justice de la commission des douze, qui avait commis un attentat sur la personne d'un magistrat du peuple, en le faisant enlever à ses fonctions, et enfermer à l'Abbaye. Isnard présidait en ce moment, et devait répondre à la députation. « Magistrats du
« peuple, dit-il d'un ton grave et sévère, il est
« urgent que vous entendiez des vérités impor-
« tantes. La France a confié ses représentants
« à la ville de Paris, et elle veut qu'ils y soient
« en sûreté. Si la représentation nationale était
« violée par une de ces conspirations dont nous
« avons été entourés depuis le 10 mars, et dont
« les magistrats ont été les derniers à nous
« avertir, je le déclare au nom de la république,

« Paris éprouverait la vengeance de la France,
« et serait rayé de la liste des cités. » Cette réponse solennelle et grande produisit sur l'assemblée une impression profonde. Une foule de voix en demandait l'impression. Danton soutint qu'elle était faite pour augmenter la division qui commençait à éclater entre Paris et les départements, et qu'il ne fallait rien faire qui pût accroître ce malheur. La convention, croyant que c'était assez de l'énergie de la réponse, et de l'énergie de la commission des douze, passa à l'ordre du jour, sans ordonner l'impression proposée.

Les députés de la commune furent donc congédiés sans avoir rien obtenu. Tout le reste de la journée du 25, et toute la journée du lendemain 26, se passèrent en scènes tumultueuses dans les sections. On se battait de toutes parts, et les deux opinions avaient alternativement le dessus, suivant l'heure du jour, et suivant le nombre variable des membres de chaque parti. La commune continuait d'envoyer des députés pour s'enquérir de l'état d'Hébert. Une fois on l'avait trouvé reposant; une autre fois il avait prié la commune d'être tranquille sur son compte. On se plaignait qu'il fût sur un misérable grabat. Des sections le prenaient sous leur protection; d'autres se préparaient à demander de nouveau son élargissement, et avec plus d'énergie que ne l'avait fait la municipalité ; enfin des femmes, courant les carrefours avec un drapeau, voulaient entraîner le peuple à l'Abbaye pour délivrer son magistrat chéri.

Le 27 le tumulte fut poussé à son comble. On se portait d'une section à l'autre pour y décider l'avantage en s'y battant à coups de chaise. Enfin vers le soir, à peu près vingt-huit sections avaient concouru à émettre le vœu de l'élargissement d'Hébert, et à rédiger une pétition impérative à la convention. La commission des douze, voyant quel désordre se préparait, avait signifié au commandant de service de requérir la force armée de trois sections, et elle avait eu soin de désigner les sections de la Butte-des-Moulins, de Lepelletier et du Mail, qui étaient les plus dévouées au côté droit, et prêtes même à se battre pour lui. Ces trois sections s'empressèrent d'accourir, et se placèrent vers les six heures du soir, 27 mai, dans les cours du Palais-National, du côté du Carrousel, avec leurs armes, et leurs canons, mèches allumées. Elles composaient ainsi une force imposante, et capable de protéger la représentation nationale. Mais la foule qui se pressait autour de leurs rangs et aux diverses portes du palais, le tumulte qui régnait, la difficulté qu'on avait à pénétrer dans la salle, donnaient à cette scène les apparences d'un siége. Quelques députés avaient eu de la peine à entrer, avaient même essuyé quelques insultes au milieu de cette populace, et ils étaient venus répandre le trouble dans l'assemblée, en disant qu'elle était assiégée. Il n'en était rien pourtant, et si les portes étaient obstruées, elles n'étaient cependant pas interdites. Mais les apparences suffisaient aux imaginations irritées, et le désordre régnait dans l'assemblée. Isnard présidait. La section de la Cité se présente, et demande la liberté de son président, nommé Dobsen, arrêté par ordre de la commission des douze, pour avoir refusé de communiquer les registres de sa section. Elle demande en outre la liberté des autres détenus, la suppression de la commission des douze, et la mise en accusation des membres qui la composent. — « La convention, répond « Isnard, pardonne à votre jeunesse; elle ne se « laissera jamais influencer par aucune portion « du peuple. » La convention approuve la réponse. Robespierre veut au contraire la blâmer. Le côté droit s'y oppose, une lutte des plus vives s'engage, et le bruit du dedans, celui du dehors, concourent à produire un tumulte épouvantable. Dans ce moment, le maire et le ministre de l'intérieur arrivent à la barre, croyant, comme on le disait dans Paris, que la convention était assiégée. A la vue du ministre de l'intérieur, un cri général s'élève de tous côtés, pour lui demander compte de l'état de Paris et des environs de la salle. La situation de Garat était embarrassante, car il fallait se prononcer entre les deux partis, ce qui ne convenait pas plus à la douceur de son caractère qu'à son scepticisme politique. Cependant ce scepticisme provenant d'une véritable impartialité d'esprit, il eût été heureux qu'on pût, dans le moment, l'écouter et le comprendre. Il prend la parole, et remonte à la cause des troubles. La première cause, selon lui, est le bruit qui s'est répandu d'un conciliabule formé à la mairie pour comploter contre la représentation nationale. Garat répète alors, d'après Pache, que ce conciliabule n'était point une réunion de conspirateurs, mais une réunion légale, ayant un but connu; que si, en l'absence du maire, quelques esprits ardents avaient fait des propositions coupables, ces propositions, repoussées avec indignation lorsque le maire était présent, n'avaient eu aucune suite, et qu'on ne pouvait voir là un véritable complot; que l'institution de la commission des douze pour la poursuite de ce prétendu complot, et les arrestations qu'elle avait faites, étaient devenues la cause du trouble actuel; qu'il ne connaissait pas Hébert; qu'il n'avait reçu aucun renseignement défavorable sur son compte; qu'il savait seulement qu'Hébert était l'auteur d'un genre d'écrit méprisable sans doute, mais regardé à tort comme dangereux; que la constituante et l'assemblée législative dédaignèrent toujours les écrits dégoûtants répandus contre elles, et que la rigueur exercée contre Hébert avait dû paraître nouvelle et peut-être intempestive; que la commission des douze, composée d'hommes de bien et d'excellents patriotes, était dans de singulières préventions, et qu'elle paraissait trop dominée du désir de montrer une grande énergie. — Ces paroles sont fort applaudies par le côté gauche et la Montagne. Garat, arrivant ensuite à la situation présente, assure que la convention n'est point en danger, que les citoyens qui l'entourent sont pleins de respect pour elle. — A ces mots, un député l'interrompt, en disant qu'il a été insulté. — « Soit, « reprend Garat, je ne réponds pas de ce qui « peut arriver à un individu, au milieu d'une « foule renfermant des hommes de toute es- « pèce; mais que la convention tout entière se

« montre à la porte, et je réponds pour elle
« que tout le peuple s'ouvrira devant elle avec
« respect, qu'il saluera sa présence et obéira à
« sa voix. »

Garat termine en présentant quelques vues
conciliatoires, et en indiquant, avec le plus
d'adresse possible, que c'est en voulant réprimer les violences des jacobins qu'on s'exposait
à les exciter davantage. Garat avait raison,
sans doute; c'est en voulant se mettre en défense contre un parti qu'on l'irrite davantage,
et qu'on précipite la catastrophe; mais quand
la lutte est inévitable, faut-il succomber sans
résistance?.... Telle était la situation des girondins; leur institution de la commission des
douze était une imprudence, mais une imprudence inévitable et généreuse.

Garat, après avoir achevé, se place noblement au côté droit, qui était réputé en danger,
et la convention vote l'impression et la distribution de son rapport. Pache est entendu après
Garat. Il présente les choses à peu près sous le
même jour; il rapporte que l'assemblée était
gardée par trois sections dévouées, et convoquées par la commission des douze elle-même;
il indique aussi qu'en cela la commission des
douze avait transgressé ses pouvoirs, car elle
n'avait pas le droit de requérir la force armée;

il ajoute qu'un fort détachement avait mis les prisons de l'Abbaye à l'abri de toute infraction des lois, que tout danger était dissipé, et que l'assemblée pouvait se regarder comme entièrement en sûreté. Il demande en finissant que la convention veuille bien entendre des citoyens qui demandent l'élargissement des détenus.

A ces mots, il s'élève une grande rumeur dans l'assemblée. — Il est dix heures; s'écrie-t-on à droite; président, levez la séance! — Non, non, répondent des voix de gauche, écoutez les pétitionnaires. — Henri Larivière s'obstine à occuper la tribune. — Si vous voulez, dit-il, entendre quelqu'un, il faut écouter votre commission des douze, que vous accusez de tyrannie, et qui doit vous faire connaître ses actes pour vous mettre à même de les apprécier. — De grands murmures couvrent sa voix. Isnard, ne pouvant plus tenir à ce désordre, quitte le fauteuil, et il est remplacé par Hérault-Séchelles, qui est accueilli par les applaudissements des tribunes. Il consulte l'assemblée, qui, entraînée par les menaces et le bruit, vote, au milieu de cette confusion, que la séance sera continuée.

On introduit les orateurs à la barre; ils sont suivis d'une nuée de pétitionnaires. Ils demandent insolemment la suppression d'une commission odieuse et tyrannique, l'élargissement des détenus et *le triomphe de la vertu*. — Citoyens, leur répond Hérault-Séchelles, *la force de la raison et la force du peuple sont la même chose*. — De bruyants applaudissements accueillent cette dogmatique absurdité. — Vous demandez justice, ajoute-t-il, la justice est notre premier devoir, elle vous sera rendue.

D'autres pétitionnaires succèdent aux précédents. Divers orateurs prennent ensuite la parole, et on rédige un projet de décret, par lequel les citoyens incarcérés par la commission des douze sont élargis, la commission des douze est dissoute, et sa conduite livrée à l'examen du comité de sûreté générale. La nuit était avancée; les pétitionnaires s'étaient introduits en foule et obstruaient la salle. La nuit, les cris, le tumulte, la foule, tout contribuait à augmenter la confusion. Le décret est mis aux voix, et il est rendu sans qu'on puisse savoir s'il a été voté. Les uns disent que le président n'a pas été entendu, d'autres, que les votes n'ont pas été en nombre suffisant, d'autres enfin, que les pétitionnaires ont pris la place des députés absents, et que le décret est nul. Néanmoins il est proclamé, et les tribunes et les pétitionnaires s'échappent, et vont annoncer à la commune, aux sections, aux Jacobins, aux Cordeliers, que les prisonniers sont élargis et que la commission est cassée.

Cette nouvelle répandit une grande joie populaire et un moment de calme dans Paris. Le visage même du maire sembla respirer un contentement sincère de voir les troubles apaisés! Cependant les girondins, décidés à combattre en-désespérés, et à ne pas céder la victoire à leurs adversaires, se réunissent le lendemain avec la plus brûlante indignation. Lanjuinais surtout, qui n'avait pris aucune part aux haines d'orgueil qui divisaient les deux côtés de la convention, et à qui on pardonnait son opiniâtreté, parce qu'aucun ressentiment personnel ne semblait l'animer, Lanjuinais arrive plein de chaleur et de résolution pour faire honte à l'assemblée de sa faiblesse de la veille. A peine Osselin a-t-il demandé la lecture du décret et sa rédaction définitive, pour qu'on puisse élargir sur-le-champ les détenus, que Lanjuinais, s'élance à la tribune, et demande la parole pour soutenir que le décret est nul et n'a pas été rendu. Des murmures violens l'interrompent. « Accordez-moi du silence, dit-il à la gauche, « car je suis décidé à rester ici, jusqu'à ce que « vous m'ayez entendu. » On ne veut entendre Lanjuinais que sur la rédaction du décret; ce-

pendant, après des épreuves douteuses, il est décidé que, dans le doute, il sera entendu. Il s'explique alors, et soutient que la question qui s'agite est l'une des plus importantes pour la sûreté générale. « Plus de cinquante mille
« citoyens, dit-il, ont été enfermés dans toute
« la France par vos commissaires; on a fait plus
« d'arrestations arbitraires en un mois que sous
« l'ancien régime dans un siècle, et vous vous
« plaignez de ce qu'on ait enfermé deux ou
« trois hommes qui prêchent le meurtre et l'a-
« narchie à deux sous la feuille! Vos commis-
« saires sont des proconsuls qui agissent loin
« de vos yeux, et que vous laissez agir, et votre
« commission, placée à côté de vous, sous votre
« surveillance immédiate, vous vous en défiez,
« vous la supprimez! Dimanche dernier, on a
« proposé dans la Jacobinière de faire un mas-
« sacre dans Paris, on recommence ce soir la
« même délibération à l'Évêché, on vous en
« fournit les preuves, on vous les offre, et vous
« les repoussez! Vous protégez les hommes de
« sang! » — Le trouble éclate à ces paroles et couvre la voix de Lanjuinais. On ne peut plus délibérer, s'écrie Chambon, il n'y a plus qu'à nous retirer dans nos départements. — On assiège vos portes, reprend Lanjuinais. — C'est faux, crie la gauche. — Hier, ajoute Lanjuinais

de toutes ses forces, vous n'étiez pas libres, vous étiez maîtrisés par les prédicateurs du meurtre. — Legendre, de sa place, élevant alors la voix, dit : On veut nous faire perdre la séance; je déclare que si Lanjuinais continue à mentir, je vais le jeter à bas de la tribune. — A cette scandaleuse menace, l'assemblée se soulève, et les tribunes applaudissent. Aussitôt Guadet demande que les paroles de Legendre soient conservées dans le procès-verbal, et connues de toute la France, pour qu'elle sache comment sont traités ses députés. Lanjuinais continuant, soutient que le décret de la veille n'a pas été rendu, car les pétitionnaires ont voté avec les députés, ou que s'il a été rendu, il doit être rapporté, parce que l'assemblée n'était pas libre. — Quand vous êtes libres, ajoute Lanjuinais, vous ne votez pas l'impunité du crime. — A gauche, on affirme que Lanjuinais altère les faits; que les pétitionnaires n'ont pas voté, qu'ils se sont retirés dans les couloirs. A droite, on assure le contraire; et, sans s'être entendu à cet égard, on met aux voix le rapport du décret. A une majorité de cinquante-une voix, le décret est rapporté. « Vous avez « fait, dit alors Danton, un grand acte de jus-« tice, et j'espère qu'il sera reproduit avant la « fin de la séance; mais si la commission que

« vous venez de réintégrer, conserve ses pou-
« voirs tyranniques, si les magistrats du peuple
« ne sont pas rendus à la liberté et à leurs fonc-
« tions, alors je vous déclare qu'après avoir
« prouvé que nous passons nos ennemis en
« prudence et en sagesse, nous *prouverons que
« nous les passons en audace et en vigueur ré-
« volutionnaire.* » On met alors aux voix l'élargissement provisoire des détenus, et il est
prononcé à l'unanimité. Rabaut Saint-Étienne
veut être entendu au nom de la commission
des douze, invoque l'attention au nom du salut
public, et ne peut se faire écouter; enfin il
donne sa démission.

Le décret avait été ainsi rapporté, et la majorité, revenue au côté droit, semblait prouver
que les décrets n'appartiendraient au côté gauche que dans quelques moments de faiblesse.
Quoique les magistrats réclamés eussent été
élargis, quoique Hébert fût rendu à la commune, où il recevait des couronnes, néanmoins
le rapport du décret avait soulevé toutes les
passions, et l'orage, qui semblait s'être dissipé
un moment, allait enfin éclater d'une manière
plus terrible.

Le jour même, l'assemblée qui s'était tenue
à la mairie, et qui ne s'y réunissait plus depuis que le maire avait interdit les proposi-

tions dites de *salut public*, fut renouvelée à l'Évêché, dans le club électoral, où se rendaient parfois quelques électeurs. Elle fut composée de commissaires des sections, choisis dans les comités de surveillance, de commissaires de la commune, du département et des divers clubs. Les femmes mêmes y étaient représentées, et sur cinq cents personnes on comptait cent femmes, à la tête desquelles s'en trouvait une, fameuse par ses emportements politiques et son éloquence populaire. Le premier jour, il ne parut à cette réunion que les envoyés de trente-six sections; il en restait douze qui n'avaient pas député de commissaires, et on leur adressa une nouvelle convocation. On s'occupa ensuite de nommer une commission de six membres, chargée d'imaginer et de présenter le lendemain les moyens de salut public. On se sépara après cette mesure préliminaire, et on s'ajourna pour le lendemain 29.

Le même soir, grand tumulte dans les sections. Malgré le décret de la convention qui les ferme à dix heures, elles se prolongent bien après, se constituent à cette heure en *sociétés patriotiques*, et, sous ce nouveau titre, continuent leurs séances fort avant dans la nuit. Dans les unes, on prépare de nouvelles adresses contre la commission des douze; dans les autres, on fait des pétitions à l'assemblée, pour lui demander l'explication de ces paroles d'Isnard : *Paris sera rayé de la liste des cités.*

A la commune, long discours de Chaumette sur la conspiration évidente qui se trame contre la liberté, sur les ministres, sur le côté droit, etc. Hébert arrive, raconte sa détention, reçoit une couronne qu'il dépose sur le buste de J.-J. Rousseau, et retourne ensuite à sa section, accompagné par des commissaires de la commune, qui ramènent en triomphe le magistrat délivré de ses fers.

Le lendemain 29, la convention est affligée de deux nouvelles fâcheuses venant des deux points militaires les plus importants, le Nord et la Vendée. L'armée du Nord a été repoussée entre Bouchain et Cambray; Valenciennes et Cambray sont privées de toute communication. A Fontenay, les troupes républicaines ont été complétement battues par M. de Lescure, qui s'est emparé de Fontenay même. Ces nouvelles répandent la plus grande consternation, et rendent plus dangereuse la situation du parti modéré. Les sections se succèdent, avec des bannières portant ces mots : *Résistance à l'oppression.* Les unes demandent, comme elles l'avaient annoncé la veille, l'explication des paroles d'Isnard; les autres déclarent qu'il n'y a plus d'autre inviolabilité que celle du peuple, que par conséquent les députés qui ont cherché à armer les départements contre Paris, doivent être mis en accusation, que la commission des douze doit être cassée, qu'une armée révolutionnaire doit être organisée.

Aux Jacobins, la séance n'était pas moins significative. De toutes parts, on disait que le moment était arrivé, qu'il fallait enfin sauver le peuple; et dès qu'un membre se présentait pour détailler les moyens à employer, on le renvoyait à la commission des six, nommée au club central. Celle-là, disait-on, est chargée de pourvoir à tout, et de rechercher les moyens de salut public. Legendre, voulant parler sur les dangers du jour, et sur la nécessité d'épuiser les moyens légaux, avant de recourir aux moyens extrêmes, fut traité d'*endormeur*. Robespierre, ne s'expliquant pas, dit que c'était à la commune *à s'unir intimement au peuple*; que, pour lui, il était incapable de prescrire les moyens de salut; que cela n'était pas donné à un seul homme, et moins encore à lui qu'à tout autre, épuisé qu'il était par quatre ans de révolution, et consumé d'une fièvre lente et mortelle.

Ces paroles du tribun firent un grand effet, provoquèrent de vifs applaudissements. Elles indiquaient assez qu'il s'en remettait, comme tout le monde, à ce que feraient les autorités municipales à l'Évêché. Cette assemblée de l'Évêché s'était encore réunie, et, comme la veille, elle avait été mêlée de beaucoup de femmes. On s'occupa d'abord de rassurer les propriétaires, en jurant respect aux propriétés. L'on a respecté, s'écria-t-on, les propriétés au 10 août et au 14 juillet; et sur-le-champ on prêta le serment de les respecter au 31 mai 1793. Après quoi, Dufourny, membre de la commission des six, dit que, sans un commandant général de la garde parisienne, il était impossible de répondre d'aucun résultat, et qu'il fallait demander à la commune d'en nommer un sur-le-champ. Une femme, la célèbre Lacombe, prenant la parole, insista sur la proposition de Dufourny, et déclara que, sans des mesures promptes et vigoureuses, il était impossible de se sauver. Aussitôt on fit partir des commissaires pour la commune, et celle-ci répondit, à la manière de Pache, que le mode pour la nomination d'un commandant général était fixé par les décrets de la convention, et que ce mode lui interdisant de le nommer elle-même, il ne lui restait que des vœux à former à ce sujet. C'était inviter le club à ranger cette nomination au nombre des mesures extraordinaires de salut public, dont il devait se charger. L'assemblée résolut ensuite d'inviter tous les cantons du département à s'unir à elle, et envoya des députés à Versailles. Une confiance aveugle fut demandée au nom des six, et on exigea la promesse d'exécuter sans examen tout ce qu'ils proposeraient. Le silence fut prescrit sur tout ce qui regardait la grande question *des moyens*, et on s'ajourna au lendemain matin neuf heures, pour commencer une séance permanente, qui devait être décisive.

La commission des douze avait été instruite de tout dans la soirée même; le comité de salut public l'avait été aussi, et il soupçonna en outre, d'après un placard imprimé dans la journée, qu'il y avait eu à Charenton des conciliabules où se trouvaient Danton, Marat et Robespierre. Le comité de salut public, profitant d'un moment où Danton était absent de son sein, ordonna au ministre de l'intérieur de faire les perquisitions les plus actives pour découvrir ce conciliabule secret. Rien ne fut découvert, et tout prouve que le bruit était faux. Il paraît que tout se faisait dans l'assemblée de la commune. Robespierre désirait vivement une révolution manifestement dirigée contre ses antagonistes, les girondins, mais il n'avait pas besoin de se compromettre pour la produire; il lui suffisait de ne plus s'y opposer, comme il l'avait fait plusieurs fois, pendant le mois de mai. En effet, son discours aux Jacobins, où il avait dit que la commune devait s'unir au peuple et trouver les moyens que lui ne pouvait pas découvrir, était un véritable consentement à l'insurrection*. Cette approbation était suffisante, et il y avait assez d'ardeur au club central, sans qu'il s'en mêlât. Pour Marat, il favorisait le mouvement par ses feuilles, par ses scènes de tous les jours à la convention, mais il n'était pas membre de la commission des six, véritablement chargée de l'insurrection. Le seul homme qu'on pourrait croire l'auteur caché de ce mouvement, c'est Danton; mais il était incertain; il désirait l'abolition de la commission des douze, et cependant il n'aurait pas voulu qu'on touchât encore à la représentation nationale. Meilhan, le rencontrant dans la journée au comité de salut public, l'aborda, l'entretint amicalement, lui fit sentir quelle différence les girondins mettaient entre lui et Robespierre, quelle considération ils avaient pour ses grands moyens, et finit par lui dire qu'il pourrait jouer un

* Voyez la note 8 à la fin du volume.

grand rôle en usant de sa puissance au profit du bien, et pour le soutien des honnêtes gens. Danton, que ces paroles touchaient, releva brusquement sa tête, et dit à Meilhan : — Vos girondins n'ont point de confiance en moi. — Meilhan voulut insister de nouveau ; — Ils n'ont point de confiance, répéta Danton, et il s'éloigna sans vouloir prolonger l'entretien. Ces paroles peignent parfaitement les dispositions de cet homme. Il méprisait cette populace municipale, il n'avait aucun goût pour Robespierre ni pour Marat, et il eût bien mieux aimé se mettre à la tête des girondins, mais ils n'avaient point de confiance en lui. Une conduite et des principes différents les séparaient entièrement. D'ailleurs, Danton ne trouvait, ni dans leur caractère, ni dans leur opinion, l'énergie nécessaire pour sauver la révolution, grand but qu'il chérissait par-dessus toutes choses. Danton, indifférent pour les personnes, ne cherchait qu'à distinguer celui des deux partis qui devait assurer à la révolution les progrès les plus sûrs et les plus rapides. Maître des cordeliers et de la commission des six, il est présumable qu'il avait une grande part au mouvement qui se préparait, et il paraît qu'il voulait d'abord renverser la commission des douze, sauf à voir ensuite ce qu'il faudrait faire à l'égard des girondins.

Enfin le projet d'insurrection fut arrêté dans la tête des conjurés du club central révolutionnaire. Ils ne voulaient pas, suivant leur expression, faire une insurrection *physique*, mais *toute morale*, respecter les personnes, les propriétés, violer enfin avec le plus grand ordre les lois, et la liberté de la convention. Leur but était de constituer la commune en insurrection, de convoquer en son nom toute la force armée, qu'elle avait le droit de requérir, d'en entourer la convention, et de lui présenter une adresse qui, en apparence, ne serait qu'une pétition, et qui en réalité serait un ordre véritable. Ils voulaient en un mot prier le fer à la main.

Le jeudi 30, en effet, les commissaires des sections s'assemblent à l'Évêché, et ils forment ce qu'ils appellent l'*union républicaine*. Revêtus des pleins pouvoirs de toutes les sections, ils se déclarent en insurrection pour sauver la chose publique, menacée par *la faction aristocratique et oppressive de la liberté*. Le maire, persistant dans ses ménagements ordinaires, fait quelques représentations sur le caractère de cette mesure, s'y oppose doucement, et finit par obéir aux insurgés, qui lui ordonnent de se rendre à la commune pour annoncer ce qu'ils viennent de décider. Il est ensuite résolu que les quarante-huit sections seront réunies pour émettre, dans la journée même, leur vœu sur l'insurrection, et qu'immédiatement après, le tocsin sonnera, les barrières seront fermées, et la générale battra dans toutes les rues. Les sections se réunissent en effet, et la journée se passe à recueillir tumultueusement le vœu de l'insurrection. Le comité de salut public, la commission des douze, mandent les autorités pour obtenir des renseignements. Le maire fait connaître, avec un regret du moins apparent, le plan arrêté à l'Évêché. L'Huillier, procureur-syndic du département, déclare ouvertement, et avec une assurance tranquille, le projet d'une insurrection *toute morale*, et il se retire paisiblement auprès de ses collègues.

La journée s'achève ainsi, et dès le commencement de la nuit le tocsin retentit, la générale se bat dans toutes les rues, les barrières sont fermées, et les citoyens étonnés se demandent si de nouveaux massacres vont ensanglanter la capitale. Tous les députés de la Gironde, les ministres menacés, passent la nuit hors de leur demeure. Roland va se cacher chez un ami; Buzot, Louvet, Barbaroux, Guadet, Bergoing, Rabaut Saint-Étienne, se retranchent dans une chambre écartée, munis de bonnes armes, et prêts, en cas d'attaque, à se défendre jusqu'à la dernière goutte de leur sang. A cinq heures du matin, ils en sortent pour se rendre à la convention, où, à la faveur du jour naissant, se réunissaient déjà quelques membres, appelés par le tocsin. Leurs armes, qui étaient apparentes, les font respecter de quelques groupes qu'ils traversent, et ils arrivent à la convention, où se trouvaient déjà quelques montagnards, et où Danton s'entretenait avec Garat. — Vois, dit Louvet à Guadet, quel horrible espoir brille sur ces visages! — Oui, répond Guadet, c'est aujourd'hui que Clodius exile Cicéron. — De son côté, Garat, étonné de voir Danton rendu si matin à l'assemblée, l'observait avec attention. Pourquoi tout ce bruit, lui dit Garat, et que veut-on? — Ce ne sera rien, répond froidement Danton. Il faut leur laisser briser quelques presses, et les renvoyer avec cela. — Vingt-huit députés étaient présents. Fermont occupe momentanément le fauteuil; Guadet siége courageusement comme secrétaire. Le nombre des députés augmente, et on attend le moment d'ouvrir la séance.

Dans cet instant, l'insurrection se consommait à la commune. Les envoyés du comité central révolutionnaire, ayant à leur tête le président Dobsen, se présentent à l'Hôtel-de-Ville, munis de pleins pouvoirs révolutionnaires. Dobsen prend la parole, et déclare au conseil général que le peuple de Paris, blessé dans ses droits, vient annuler toutes les autorités constituées. Le vice-président du conseil demande à connaître les pouvoirs du comité. Il les vérifie, et y trouvant exprimé le vœu de trente-trois sections de Paris, il déclare que la majorité des sections annule les autorités constituées. En conséquence, le conseil général, le bureau, se retirent. Dobsen, avec les commissaires, prend la place vacante aux cris de *vive la république!* Il consulte ensuite la nouvelle assemblée, et lui propose de réintégrer la municipalité et le conseil général dans leurs fonctions, vu que l'un et l'autre n'ont jamais manqué à leurs devoirs envers le peuple. Aussitôt en effet on réintègre l'ancienne municipalité avec l'ancien conseil général, au milieu des plus vifs applaudissements. Ces formalités apparentes n'avaient d'autre but que de renouveler les pouvoirs municipaux, et de les rendre illimités et suffisants pour l'insurrection. Immédiatement après, on désigne un nouveau commandant-général provisoire : c'est le nommé Henriot, homme grossier, dévoué à la commune, et commandant du bataillon des sans-culottes. Pour s'assurer ensuite le secours du peuple, et le maintenir sous les armes pendant ces moments d'agitation, on arrête qu'il sera donné quarante sous par jour à tous les citoyens peu aisés qui seront de service, et que ces quarante sous seront pris immédiatement sur le produit de l'emprunt forcé, sur les riches. C'était un moyen assuré d'appeler au secours de la commune, et contre la bourgeoisie des sections, tous les ouvriers qui aimaient mieux gagner quarante sous en prenant part à des mouvements révolutionnaires, que d'en gagner trente en se livrant à leurs travaux accoutumés.

Pendant qu'on prenait toutes ces déterminations à la commune, les citoyens de la capitale se réunissaient au bruit du tocsin, et se rendaient en armes autour du drapeau, placé à la porte de chaque capitaine de section. Un grand nombre étaient incertains de ce qu'il fallait penser de ces mouvements; beaucoup d'entre eux même se demandaient pourquoi on les réunissait, et ignoraient les mesures prises la nuit dans les sections et à la commune. Dans cette disposition, ils étaient incapables d'agir et de résister à ce qui se ferait contre leur opinion, et ils devaient, tout en désapprouvant l'insurrection, la seconder de leur présence. Plus de quatre-vingt mille hommes en armes parcouraient Paris avec la plus grande tranquillité, et se laissaient conduire avec docilité par l'autorité audacieuse qui avait pris le commandement. Les seules sections de la Butte-des-Moulins, du Mail, et des Champs-Élysées, prononcées depuis long-temps contre la commune et la Montagne, et un peu encouragées par l'appui des girondins dont elles partageaient les dangers, étaient prêtes à résister. Elles s'étaient réunies en armes, et attendaient l'événement, dans l'attitude de gens menacés et prêts à se défendre. Les jacobins, les sans-culottes, effrayés de ces dispositions, et se les exagérant, couraient dans le faubourg Saint-Antoine, disant que ces sections révoltées allaient arborer la cocarde et le drapeau blancs, et qu'il fallait courir au centre de Paris pour arrêter une explosion des royalistes. Pour exciter un mouvement plus général, on voulait faire tirer le canon d'alarme. Il était placé au Pont-Neuf, et il y avait peine de mort contre celui qui le tirerait sans un décret de la convention. Henriot avait ordonné de tirer, mais le commandant du poste avait résisté à cet ordre, et demandait un décret. Les envoyés d'Henriot étaient revenus en force, avaient vaincu la résistance du poste, et dans le moment, le bruit du canon d'alarme se joignait à celui du tocsin et de la générale.

La convention, réunie dès le matin, comme on l'a vu, avait mandé sur-le-champ toutes les autorités, pour savoir quelle était la situation de Paris. Garat, présent dans la salle, et occupé à observer Danton, paraît le premier à la tribune, et rapporte ce que tout le monde connaît, c'est qu'une assemblée a été tenue à l'Évêché, qu'elle demande une réparation des injures faites à Paris, et l'abolition de la commission des douze. A peine Garat a-t-il achevé de parler, que les nouveaux commissaires, se qualifiant administration du département de la Seine, se présentent à la barre, et déclarent qu'il ne s'agit que d'une insurrection *toute morale*, ayant pour but la réparation des outrages faits à la ville de Paris. Ils ajoutent que le plus grand ordre est observé, que chaque citoyen a juré de respecter les personnes et les propriétés, que les sections armées parcourent la ville avec calme, et que toutes les autorités réunies viendront dans la journée faire à la convention leur profession de foi et leurs demandes.

Le président Mallarmé fait immédiatement connaître un billet du commandant de poste au Pont-Neuf, rapportant la contestation qui s'est élevée à l'occasion du canon d'alarme. Dufriche-

Valazé demande aussitôt qu'on s'enquière des auteurs de ce mouvement, qu'on recherche les coupables qui ont sonné le tocsin, et qu'on arrête le commandant-général, assez audacieux pour faire tirer le canon d'alarme sans décret de la convention. A cette demande, les tribunes et le côté gauche poussent les cris auxquels il était naturel de s'attendre. Valazé ne se décourage pas; il dit qu'on ne le fera pas renoncer à son caractère, qu'il est le représentant de vingt-cinq millions d'hommes, et qu'il fera son devoir jusqu'au bout; il demande enfin qu'on entende sur-le-champ cette commission des douze si calomniée, et qu'on écoute son rapport, car ce qui arrive est la preuve des complots qu'elle n'a cessé de dénoncer. Thuriot veut répondre à Valazé, la lutte s'engage et le tumulte commence. Mathieu et Cambon tâchent de se porter pour médiateurs; ils réclament le silence des tribunes, la modération des orateurs de la droite, et s'efforcent de faire sentir que dans le moment actuel un combat dans la capitale serait mortel pour la cause de la révolution, que le calme est le seul moyen de maintenir la dignité de la convention, et que la dignité est pour elle le seul moyen de se faire respecter par les malveillants. Vergniaud, disposé comme Mathieu et Cambon à employer

les moyens conciliatoires, dit qu'il regarde aussi comme mortel à la liberté et à la révolution le combat prêt à s'engager; il se borne donc à reprocher modérément à Thuriot d'avoir aggravé les dangers de la commission des douze, en la peignant comme le fléau de la France, dans un moment où tous les mouvements populaires sont dirigés contre elle. Il pense qu'il faut la dissoudre si elle a commis des actes arbitraires, mais l'entendre auparavant; et, comme son rapport serait inévitablement de nature à exciter les passions, il demande qu'on en renvoie l'audition et la discussion à un jour plus calme. C'est, selon lui, le seul moyen de maintenir la dignité de l'assemblée et de prouver sa liberté. Pour le moment, il importe avant tout de savoir qui a donné dans Paris l'ordre de sonner le tocsin et de tirer le canon d'alarme; on ne peut donc se dispenser de mander à la barre le commandant-général provisoire. « Je vous répète, s'écria Vergniaud en
« finissant, que quelle que fût l'issue du com-
« bat qui s'engagerait aujourd'hui, il amène-
« rait la perte de la liberté; jurons donc de
« rester fermes à notre devoir, et de mourir
« tous à notre poste plutôt que d'abandonner
« la chose publique! » On se lève aussitôt avec des acclamations, et on prête le serment pro-

posé par Vergniaud. On dispute ensuite sur la proposition de mander le commandant-général à la barre. Danton, sur lequel tous les regards étaient fixés dans cet instant, et à qui les girondins et les montagnards semblaient demander s'il était l'auteur des mouvements de la journée, se présente à la tribune, et obtient aussitôt une profonde attention. « Ce qu'il faut
« avant tout, dit-il, c'est de supprimer la com-
« mission des douze. Ceci est bien autrement
« important que de mander à la barre le com-
« mandant-général. C'est aux hommes doués
« de quelques vues politiques que je m'adresse.
« Mander Henriot ne fera rien à l'état des cho-
« ses, car il ne faut pas s'adresser à l'instru-
« ment, mais à la cause des troubles. Or la
« cause est cette commission des douze. Je ne
« prétends pas juger sa conduite et ses actes;
« ce n'est pas comme ayant commis des arresta-
« tions arbitraires que je l'attaque, c'est comme
« impolitique que je vous demande de la sup-
« primer. — Impolitique! s'écrie-t-on à droite,
« nous ne comprenons pas cela! — Vous ne le
« comprenez pas! reprend Danton; il faut donc
« vous l'expliquer. Cette commission n'a été
« instituée que pour réprimer l'énergie popu-
« laire; elle n'a été conçue que dans cet esprit
« de *modérantisme* qui perdra la révolution et

« la France. Elle s'est attachée à poursuivre des
« magistrats énergiques dont tout le tort était
« de réveiller l'ardeur du peuple. Je n'examine
« pas encore si elle a dans ses poursuites obéi
« à des ressentiments personnels, mais elle a
« montré des dispositions qu'aujourd'hui nous
« devons condamner. Vous-mêmes, sur le rap-
« port de votre ministre de l'intérieur, dont le
« caractère est si doux, dont l'esprit est si impar-
« tial, si éclairé, vous avez élargi les hommes
« que la commission des douze avait renfermés.
« Que faites-vous donc de la commission elle-
« même, puisque vous annulez ses actes?... Le
« canon a tonné, le peuple s'est soulevé, mais
« il faut remercier le peuple de son énergie,
« dans l'intérêt de la cause même que nous
« défendons; et, si vous êtes des *législateurs po-*
« *litiques*, vous applaudirez vous-mêmes à son
« ardeur, vous réformerez vos propres erreurs,
« et vous abolirez votre commission. Je ne
« m'adresse, répète encore Danton, qu'à ces
« hommes qui ont quelque intelligence de notre
« situation, et non à ces êtres stupides qui, dans
« ces grands mouvements, ne savent écouter
« que leurs passions. N'hésitez donc pas à sa-
« tisfaire ce peuple.... » — Quel peuple? s'écrie-
« t-on à droite. — « Ce peuple, répond Danton,
« ce peuple immense qui est notre sentinelle

« avancée, qui hait fortement la tyrannie et le
« lâche *modérantisme* qui doit la ramener.
« Hâtez-vous de le satisfaire, sauvez-le des aris-
« tocrates, sauvez-le de sa propre colère; et si,
« lorsqu'il sera satisfait, des hommes pervers,
« n'importe à quel parti ils appartiennent, vou-
« laient prolonger un mouvement devenu inu-
« tile, Paris lui-même les ferait rentrer dans
« le néant. »

Rabaut Saint-Étienne veut justifier la commission des douze sous le rapport politique,
et s'attache à prouver que rien n'était plus
politique que de créer une commission pour
découvrir les complots de Pitt et de l'Autriche,
qui paient tous les désordres de la France. — A
bas! s'écrie-t-on; ôtez la parole à Rabaut! —
Non, s'écrie Bazire, laissez-la-lui, c'est un
menteur; je prouverai que sa commission a
organisé dans Paris la guerre civile. — Rabaut
veut continuer; Marat demande qu'on intro-
duise une députation de la commune. — Laissez-
moi donc achever, dit Rabaut. — La commune!
— La commune! la commune! s'écrie-t-on
dans les tribunes et à la Montagne. — Je dé-
clarerai, reprend Rabaut, que, lorsque j'ai
voulu dire la vérité, vous m'avez interrompu.
— Eh bien! concluez, lui dit-on. Rabaut finit
par demander que la commission soit sup-

17

primée, si l'on veut, mais que le comité de salut public soit immédiatement chargé de poursuivre toutes les recherches qu'elle avait commencées.

La députation de la commune insurrectionnelle est introduite. « Un grand complot a été « formé, dit-elle, mais il est découvert. Le « peuple qui s'est soulevé au 14 juillet et au « 10 août pour renverser la tyrannie, se lève « de nouveau pour arrêter la contre-révolu- « tion. Le conseil général nous envoie pour « vous faire connaître les mesures qu'il a « prises. La première a été de mettre les pro- « priétés sous la sauvegarde des républicains; « la seconde de donner quarante sous par jour « aux républicains qui resteront en armes; la « troisième de former une commission qui cor- « responde avec la convention, dans ce moment « d'agitation. Le conseil général vous demande « de fixer à cette commission une salle voisine « de la vôtre, où elle puisse siéger et se concer- « ter avec vous. »

A peine la députation a-t-elle cessé de parler, que Guadet se présente pour répondre à ses demandes. Ce n'était pas celui des girondins dont la vue était le plus propre à calmer les passions. « La commune, dit-il, en prétendant « qu'elle a découvert un complot, ne s'est

« trompée que d'un mot, c'est qu'elle l'a exé-
« cuté. » Les cris des tribunes l'interrompent.
Vergniaud demande qu'elles soient évacuées.
Un horrible tumulte s'élève, et pendant long-
temps on n'entend que des cris confus. Le
président Mallarmé répète en vain que, si la
convention n'est pas respectée, il usera de
l'autorité que la loi lui donne. Guadet occupe
toujours la tribune, et parvient à peine à faire
entendre une phrase, puis une autre, dans les
intervalles de ce grand désordre. Enfin il demande que la convention interrompe ses délibérations jusqu'à ce que sa liberté soit assurée,
et que la commission des douze soit chargée
de poursuivre sur-le-champ ceux qui ont sonné
le tocsin et tiré le canon d'alarme. Une telle
proposition n'était pas faite pour apaiser le
tumulte. Vergniaud veut reparaître à la tribune
pour ramener un peu de calme, mais une
nouvelle députation de la municipalité vient
reproduire les réclamations déjà faites. La convention pressée de nouveau ne peut plus résister, et décrète que les ouvriers requis pour
veiller au respect de l'ordre public et des propriétés, recevront quarante sous par jour, et
qu'une salle sera donnée aux commissaires des
autorités de Paris, pour se concerter avec le
comité de salut public.

Après ce décret, Couthon veut répondre à Guadet, et la journée déjà fort avancée se consume en discussions sans résultat. Toute la population de Paris, réunie sous les armes, continue de parcourir la ville avec le plus grand ordre, et dans la même incertitude. La commune s'occupe à rédiger de nouvelles adresses relatives à la commission des douze, et l'assemblée ne cesse pas de s'agiter pour ou contre cette commission. Vergniaud, qui venait de sortir un moment de la salle, et qui avait été témoin du singulier spectacle de toute une population ne sachant quel parti prendre et obéissant aveuglément à la première autorité qui s'en emparait, pense qu'il faut profiter de ces dispositions, et il fait une motion qui a pour but d'établir une distinction entre les agitateurs et le peuple parisien, et de s'attacher celui-ci par un témoignage de confiance. « Je suis « loin, dit-il à l'assemblée, d'accuser la majorité « ni la minorité des habitants de Paris; ce jour « servira à faire voir combien Paris aime la « liberté. Il suffit de parcourir les rues, de « voir l'ordre qui y règne, les nombreuses pa-« trouilles qui y circulent; il suffit de voir ce « beau spectacle pour décréter que Paris a bien « mérité de la patrie! » — A ces mots, toute l'assemblée se lève et déclare par acclamation que Paris a bien mérité de la patrie. La Montagne et les tribunes applaudissent, surprises de voir une telle proposition sortir de la bouche de Vergniaud. Cette motion était fort adroite sans doute, mais ce n'était pas avec un témoignage flatteur qu'on pouvait réveiller le zèle des sections, rallier celles qui désapprouvaient la commune, et leur donner le courage et l'ensemble nécessaires pour résister à l'insurrection.

Dans ce moment, la section du faubourg Saint-Antoine, excitée par les émissaires qui étaient venus lui dire que la Butte-des-Moulins avait arboré la cocarde blanche, descend dans l'intérieur de Paris avec ses canons, et s'arrête à quelques pas du Palais-Royal, où la section de la Butte-des-Moulins s'était retranchée. Celle-ci s'était mise en bataille dans le jardin, avait fermé toutes les grilles, et se tenait prête, avec ses canons, à soutenir un siége en cas d'attaque. Au dehors on continuait à répandre le bruit qu'elle avait la cocarde et le drapeau blancs, et on excitait la section du faubourg Saint-Antoine à l'attaquer. Cependant quelques officiers de cette dernière représentent qu'avant d'en venir à des extrémités, il faut s'assurer des faits et tâcher de s'entendre. Ils se présentent aux grilles et demandent à parler aux officiers de la Butte-des-Moulins. On les reçoit, et ils ne trouvent partout que les couleurs nationales. Alors on s'explique, on s'embrasse de part et d'autre. Les officiers retournent à leurs bataillons, et bientôt les deux sections réunies se confondent et parcourent ensemble les rues de Paris.

Ainsi la soumission devenait de plus en plus générale, et on laissait la nouvelle commune poursuivre ses débats avec la convention. Dans ce moment, Barrère, toujours prêt à fournir les projets moyens, proposait au nom du comité de salut public d'abolir la commission des douze, mais en même temps de mettre la force armée à la disposition de la convention.— Tandis qu'il développe son projet, une nouvelle députation vient pour la troisième fois exprimer ses dernières intentions à l'assemblée, au nom du département, de la commune, et des commissaires des sections extraordinairement réunis à l'Évêché.

Le procureur-syndic du département, l'Huillier, a la parole. « Législateurs, dit-il, depuis
« long-temps la ville et le département de Paris
« sont calomniés aux yeux de l'univers. Les
« mêmes hommes qui ont voulu perdre Paris
« dans l'opinion publique sont les fauteurs des
« massacres de la Vendée; ce sont eux qui flat-
« tent et soutiennent les espérances de nos en-

« nemis; ce sont eux qui avilissent les autorités
« constituées, qui cherchent à égarer le peuple
« pour avoir le droit de s'en plaindre; ce sont
« eux qui vous dénoncent des complots imagi-
« naires pour en créer de réels; ce sont eux qui
« vous ont demandé le comité des douze pour
« opprimer la liberté du peuple; ce sont eux
« enfin qui, par une fermentation criminelle,
« par des adresses controuvées, par leur corres-
« pondance, entretiennent les haines et les di-
« visions dans votre sein, et privent la patrie du
« plus grand des bienfaits, d'une bonne consti-
« tution qu'elle a achetée par tant de sacrifices. »

Après cette véhémente apostrophe, l'Huillier dénonce des projets de fédéralisme, déclare que la ville de Paris veut périr pour le maintien de l'unité républicaine, et demande justice des paroles fameuses d'Isnard, *Paris sera rayé de la liste des cités.*

« Législateurs, s'écrie-t-il, le projet de dé-
« truire Paris serait-il bien formé! voudriez-
« vous dissoudre ce dépôt sacré des arts et des
« connaissances humaines! » Après ces lamentations affectées, il demande vengeance contre Isnard, contre les douze, et contre *beaucoup d'autres coupables*, tels que Brissot, Guadet, Vergniaud, Gensonné, Buzot, Barbaroux, Roland, Lebrun, Clavière, etc.

Le côté droit garde le silence. Le côté gauche et les tribunes applaudissent. Le président Grégoire répond à l'Huillier par des éloges emphatiques de Paris, et invite la députation aux honneurs de la séance. Les pétitionnaires qui la composaient étaient mêlés à une foule de gens du peuple. Trop nombreux pour rester tous à la barre, ils vont se placer du côté de la Montagne, qui les accueille avec empressement et leur ouvre ses rangs. Alors une multitude inconnue se répand dans la salle, et se confond avec l'assemblée. Les tribunes, à ce spectacle de *fraternité* entre les représentants et le peuple, retentissent d'applaudissements. Osselin demande aussitôt que la pétition soit imprimée, et qu'on délibère sur son contenu, rédigé en projet par Barrère.—Président, s'écrie Vergniaud, consultez l'assemblée pour savoir si elle veut délibérer dans l'état où elle se trouve! — Aux voix le projet de Barrère! s'écrie-t-on à gauche. — Nous protestons, s'écrie-t-on à droite, contre toute délibération. —La convention n'est pas libre, dit Doulcet. — Eh bien! reprend Levasseur, que les membres du côté gauche se portent vers la droite, et alors la convention sera distincte des pétitionnaires, et pourra délibérer. A cette proposition, la Montagne s'empresse de passer à droite. Pour un moment les deux côtés se confondent, et les bancs de la Montagne sont entièrement abandonnés aux pétitionnaires. On met aux voix l'impression de l'adresse, et elle est décrétée. — Aux voix, répète-t-on ensuite, le projet de Barrère ! — Nous ne sommes pas libres, répondent plusieurs membres de l'assemblée. — Je demande, s'écrie Vergniaud, que la convention aille se réunir à la force armée qui l'entoure, pour y chercher protection contre la violence qu'elle subit. En achevant ces mots, il sort suivi d'un grand nombre de ses collègues. La Montagne et les tribunes applaudissent avec ironie au départ du côté droit; la Plaine reste indécise et effrayée. « Je « demande, dit aussitôt Chabot, qu'on fasse « l'appel nominal pour signaler les absents qui « désertent leur poste. » Dans ce moment, Vergniaud et ceux qui l'avaient suivi rentrent avec un air de douleur et comme tout-à-fait accablés, car cette démarche, qui pouvait être grande, si elle eût été secondée, devenait petite et ridicule en ne l'étant pas. Vergniaud essaie de parler, mais Robespierre ne veut pas lui céder la tribune qu'il occupait. Il y reste, et réclame des mesures promptes et énergiques pour satisfaire le peuple; il demande qu'à la suppression de la commission des douze on joigne des mesures sévères contre ses membres; il s'étend ensuite longuement sur la rédaction du projet de Barrère, et s'oppose à l'article qui attribuait la disposition de la force armée à la convention. — « Concluez donc, lui « dit Vergniaud impatient. — Oui, reprend « Robespierre, je vais conclure et contre vous! « Contre vous, qui, après la révolution du 10 « août, avez voulu conduire à l'échafaud ceux « qui l'ont faite! contre vous, qui n'avez cessé « de provoquer la destruction de Paris! contre « vous, qui avez voulu sauver le tyran! contre « vous, qui avez conspiré avec Dumouriez!... « Ma conclusion, c'est le décret d'accusation « contre tous les complices de Dumouriez, et « contre ceux désignés par les pétitionnaires. »

Après de longs et nombreux applaudissements, un décret est rédigé, mis aux voix, et adopté au milieu d'un tumulte qui permet à peine de distinguer s'il a réuni un nombre suffisant de suffrages. Il porte : que la commission des douze est supprimée; que ses papiers seront saisis pour en être fait le rapport sous trois jours; que la force armée est en réquisition permanente; que les autorités constituées rendront compte à la convention des moyens pris pour assurer la tranquillité publique; que les complots dénoncés seront poursuivis, et qu'une proclamation sera faite pour donner à la France une juste idée de cette journée, que les malveillants chercheront sans doute à défigurer.

Il était dix heures du soir, et déja les jacobins, la commune, se plaignaient de ce que la journée s'écoulait sans produire de résultat. Ce décret rendu, quoiqu'il ne décide encore rien quant à la personne des girondins, est un premier succès dont on se réjouit, et dont on force la convention opprimée à se réjouir aussi. La commune ordonne aussitôt d'illuminer la ville entière; on fait une promenade civique aux flambeaux; les sections marchent confondues, celle du faubourg Saint-Antoine avec celles de la Butte-des-Moulins et du Mail. Des députés de la Montagne et le président sont obligés d'assister à ce cortége, et les vainqueurs forcent les vaincus eux-mêmes à célébrer leur victoire.

Le caractère de la journée était assez évident. Les insurgés avaient prétendu faire toutes choses avec des formes. Ils ne voulaient point dissoudre la convention, mais en obtenir ce qu'ils exigeaient, en paraissant lui conserver leur respect. Les faibles membres de la Plaine se prêtaient volontiers à ce mensonge, qui tendait à les faire regarder encore comme libres, quoique en fait ils obéissent. On avait en effet aboli la commission des douze, et renvoyé l'examen de sa conduite à trois jours, afin de ne pas avoir l'air de céder. On n'avait pas attribué à la convention la disposition de la force armée, mais on avait décidé qu'il lui serait rendu compte des mesures prises, pour lui conserver ainsi les apparences de la souveraineté. On ordonnait enfin une proclamation, pour répéter officiellement que la convention n'avait pas peur, et qu'elle était parfaitement libre.

Le lendemain, Barrère fut chargé de rédiger la proclamation, et il travestit les événements du 31 mai avec cette rare dextérité qui le faisait toujours rechercher quand il s'agissait de fournir aux faibles un prétexte honnête de céder aux forts. Des mesures trop rigoureuses avaient excité, disait-il, du mécontentement; le peuple s'était levé avec énergie, mais avec calme, s'était montré toute la journée couvert de ses armes, avait proclamé le respect des propriétés, avait respecté la liberté de la convention, la vie de chacun de ses membres, et demandé une justice qu'on s'était empressé de lui rendre. C'est ainsi que Barrère s'exprimait à l'égard de l'abolition de cette commission des douze, dont il était lui-même l'auteur.

Le 1er juin, la tranquillité était loin d'être

rétablie; la réunion à l'Évêché continuait ses délibérations; le département, la commune, toujours convoqués extraordinairement, étaient en séance; le bruit n'avait pas cessé dans les sections; et de toutes parts on disait qu'on n'avait obtenu que la moitié de ce qu'on désirait, puisque les vingt-deux siégeaient encore dans la convention. Le trouble régnait donc toujours dans Paris, et on s'attendait à de nouvelles scènes pour le lendemain dimanche, 2 juin.

Toute la force positive et matérielle se trouvait dans la réunion insurrectionnelle de l'Évêché, et la force légale dans le comité de salut public, revêtu de tous les pouvoirs extraordinaires de la convention. Une salle avait été assignée dans la journée du 31 mai, pour que les autorités constituées y vinssent correspondre avec le comité de salut public. Pendant toute la journée du 1er juin, le comité de salut public ne cessa de mander les membres de l'assemblée insurrectionnelle, pour savoir ce que voulait encore cette commune révoltée. Ce qu'elle voulait était trop évident : c'était ou l'arrestation ou la destitution des députés qui lui avaient si courageusement résisté. Tous les membres du comité de salut public étaient profondément affectés de ce projet. Delmas,

Treilhard, Bréard, s'en affligeaient sincèrement. Cambon, grand partisan, comme il le disait toujours, *du pouvoir révolutionnaire*, mais scrupuleusement attaché à la légalité, s'indignait de l'audace de la commune, et disait à Bouchotte, successeur de Beurnonville, et, comme Pache, complaisant des jacobins : « Mi-
« nistre de la guerre, nous ne sommes pas
« aveugles ; je vois très-bien que des employés
« de vos bureaux sont parmi les chefs et les
« meneurs de tout ceci. » Barrère, malgré ses ménagements accoutumés, commençait aussi à s'indigner, et à le dire. « Il faudra voir, répé-
« tait-il dans cette triste journée, si c'est la
« commune de Paris qui représente la répu-
« blique française, ou si c'est la convention. »
Le jacobin Lacroix, ami et lieutenant de Danton, paraissait embarrassé aux yeux de ses collègues de l'attentat qui se préparait contre les lois et la représentation nationale. Danton, qui s'était borné à approuver et à désirer fortement l'abolition de la commission des douze, parce qu'il ne voulait rien de ce qui arrêtait l'énergie populaire, Danton aurait souhaité qu'on respectât la représentation nationale ; mais il prévoyait de la part des girondins de nouveaux éclats et une nouvelle résistance à la marche de la révolution, et eût désiré trou-

ver un moyen de les éloigner sans les proscrire. Garat lui en offrit un, qu'il saisit avec empressement. Tous les ministres étaient présents au comité; Garat s'y trouvait avec ses collègues. Profondément affligé de la situation où se trouvaient, les uns à l'égard des autres, les chefs de la révolution, il conçut une idée généreuse qui aurait pu ramener la concorde. « Souvenez-vous, dit-il aux membres du co-
« mité, et particulièrement à Danton, des que-
« relles de Thémistocle et d'Aristide, de l'obs-
« tination de l'un à refuser ce qui était proposé
« par l'autre, et des dangers qu'ils firent cou-
« rir à leur patrie. Souvenez-vous de la géné-
« rosité d'Aristide, qui, profondément péné-
« tré des maux qu'ils causaient tous deux à
« leur pays, eut la magnanimité de s'écrier :
« O Athéniens, vous ne pourrez être tran-
« quilles et heureux, que lorsque vous nous au-
« rez jetés, Thémistocle et moi, dans le Bara-
« thre ! Eh bien ! ajoute Garat, que les chefs des
« deux côtés de l'assemblée se répètent les
« paroles d'Aristide, et qu'ils s'exilent volon-
« tairement, et en nombre égal, de l'assem-
« blée. Dès ce jour les discordes se calmeront;
« il restera dans l'assemblée assez de talents
« pour sauver la chose publique, et la patrie
« bénira, dans leur magnifique ostracisme,

« ces hommes qui se seront annulés pour la
« pacifier. » A cette idée généreuse, tous les
membres du comité sont émus. Delmas, Barrère, le chaud Cambon, sont enchantés de ce
projet. Danton, qui était ici le premier sacrifié, Danton se lève, les larmes aux yeux, et
dit à Garat: « Vous avez raison, je vais à la
« convention proposer cette idée, et je m'of-
« frirai à me rendre le premier en otage à
« Bordeaux. » On se sépare tout pleins de ce
noble projet, pour aller le communiquer aux
chefs des deux partis. On s'adresse particulièrement à Robespierre, à qui une telle abnégation ne pouvait convenir, et qui répond que
ce n'est là qu'un piége tendu à la Montagne
pour écarter ses plus courageux défenseurs.
De ce projet il ne reste plus alors qu'une seule
partie exécutable, c'est l'exil volontaire des
girondins, les montagnards refusant de s'y
soumettre eux-mêmes. C'est Barrère qui est
chargé, au nom du comité de salut public, de
proposer aux uns un sacrifice que les autres
n'avaient pas la générosité d'accepter. Barrère
rédige donc un projet pour proposer aux vingt-deux et aux membres de la commission des
douze de se démettre volontairement de leurs
fonctions.

Dans ce moment, le projet définitif de la seconde insurrection s'arrêtait à l'assemblée de l'Évêché. On se plaignait là, ainsi qu'aux Jacobins, de ce que l'énergie de Danton s'était ralentie depuis l'abolition de la commission des douze. Marat proposait d'aller exiger de la convention la mise en accusation des vingt-deux, et conseillait de l'exiger par force. On rédigeait même une pétition courte et énergique pour cet objet. On arrêtait le plan de l'insurrection, non dans l'assemblée, mais dans le comité d'exécution, chargé de ce qu'on appelait *les moyens de salut public*, et composé des Varlet, des Dobsen, des Gusman, et de tous ces hommes qui s'étaient constamment agités depuis le 21 janvier. Ce comité décida de faire entourer la convention par la force armée, et de consigner ses membres dans la salle, jusqu'à ce qu'elle eût rendu le décret exigé. Pour cela, on devait faire rentrer dans Paris les bataillons destinés pour la Vendée, qu'on avait eu soin de retenir, sous divers prétextes, dans les casernes de Courbevoie. On croyait pouvoir obtenir de ces bataillons, et de quelques autres dont on disposait, ce qu'on n'aurait peut-être pas obtenu de la garde des sections. En entourant le Palais-National de ces hommes dévoués, et en maintenant, comme au 31 mai, le reste de la force armée dans la docilité et l'ignorance, on devait facilement venir à bout de la résistance de la convention. C'est Henriot qui fut encore chargé de commander les troupes autour du Palais-National.

C'était là ce qu'on s'était promis pour le lendemain dimanche 2 juin; mais dans la soirée du samedi on voulait voir si une dernière démarche ne suffirait pas, et essayer quelques nouvelles sommations. Dans cette soirée, en effet, on fait battre la générale et sonner le tocsin, et le comité de salut public s'empresse de convoquer la convention, pour siéger au milieu de cette nouvelle tempête.

Dans ce moment, les girondins, réunis une dernière fois, dînaient ensemble, pour se consulter sur ce qui leur restait à faire. Il était évident à leurs yeux que l'insurrection actuelle ne pouvait plus avoir pour objet, ni *des presses à briser*, comme avait dit Danton, ni une commission à supprimer, et qu'il s'agissait définitivement de leurs personnes. Les uns conseillaient de rester fermes à leur poste, et de mourir sur la chaise curule, en défendant jusqu'au bout le caractère dont ils étaient revêtus. Pétion, Buzot, Gensonné, penchaient pour cette grave et magnanime résolution. Barbaroux, sans calculer les résultats, ne suivant que les inspirations de son ame héroïque, voulait aller braver ses ennemis par sa présence et son courage. D'autres enfin, et Louvet était le plus ardent à soutenir cette dernière opinion, proposaient d'abandonner sur-le-champ la convention, où ils n'avaient plus rien à faire d'utile, où la Plaine n'avait plus assez de courage pour leur donner ses suffrages, et où la Montagne et les tribunes étaient résolues à couvrir leurs voix par des huées. Ils voulaient se retirer dans leurs départements, fomenter l'insurrection déjà presque déclarée, et revenir en force à Paris venger les lois et la représentation nationale. Chacun soutenait son avis, et on ne savait auquel s'arrêter. Le bruit du tocsin et de la générale oblige les infortunés convives à quitter la table, et à chercher un asile avant d'avoir pris une résolution. Ils se rendent alors chez l'un d'eux, moins compromis que les autres, et non inscrit sur la fameuse liste des vingt-deux, chez Meilhan, qui les avait déjà reçus, et qui habitait, rue des Moulins, un logement vaste, où ils pouvaient se réunir en armes. Ils s'y rendent en hâte, à part quelques-uns qui avaient d'autres moyens de se mettre à couvert.

La convention s'était réunie au bruit du tocsin. Très-peu de membres étaient présents, et tous ceux du côté droit manquaient. Lanjuinais seul, empressé de braver tous les dangers, s'y était rendu pour dénoncer le complot, dont la révélation n'apprenait rien à personne. Après une séance assez orageuse et assez courte, la convention répondit aux pétitionnaires de l'Évêché, que, vu le décret qui enjoignait au comité de salut public de lui faire un rapport sur les vingt-deux, elle n'avait pas à statuer sur la nouvelle demande de la commune. On se sépara en désordre, et les conjurés renvoyèrent au lendemain matin l'exécution définitive de leur projet.

La générale et le tocsin se firent entendre toute la nuit du samedi au dimanche matin, 2 juin 1793. Le canon d'alarme gronda, et toute la population de Paris fut en armes dès la pointe du jour. Près de quatre-vingt mille hommes étaient rangés autour de la convention, mais plus de soixante-quinze mille ne prenaient aucune part à l'événement, et se contentaient d'y assister l'arme au bras. Quelques bataillons dévoués de canonniers étaient rangés sous le commandement de Henriot, autour du Palais-National. Ils avaient cent soixante-trois bouches à feu, des caissons, des grils à rougir les boulets, des mèches allumées, et tout l'appareil militaire capable d'imposer aux imaginations. Dès le matin on avait fait rentrer dans Paris les bataillons dont le départ pour la Vendée avait été retardé; on les avait irrités en leur persuadant qu'on venait de découvrir des complots dont les chefs étaient dans la convention, et qu'il fallait les en arracher. On assure qu'à ces raisons on ajouta des assignats de cent sous. Ces bataillons, ainsi entraînés, marchèrent des Champs-Élysées à la Madeleine, de la Madeleine au boulevart, et du boulevart au Carrousel, prêts à exécuter tout ce que les conjurés voudraient leur prescrire.

Ainsi la convention, serrée à peine par quelques mille forcenés, semblait assiégée par quatre-vingt mille hommes. Mais quoiqu'elle ne fût réellement pas assiégée, elle n'en courait pas moins de danger, car les quelques mille hommes qui l'entouraient étaient disposés à se livrer contre elle aux derniers excès.

Les députés de tous les côtés se trouvaient à la séance. La Montagne, la Plaine, le côté droit, occupaient leurs bancs. Les députés proscrits, réunis en grande partie chez Meilhan, où ils avaient passé la nuit, voulaient se rendre aussi à leur poste. Buzot faisait des efforts pour se détacher de ceux qui le retenaient, et aller expirer au sein de la convention. Cependant on était parvenu à l'en empécher. Barbaroux seul, réussissant à s'échapper, vint à la convention pour déployer dans cette journée un sublime courage. On engagea les autres à rester réunis dans leur asile en attendant l'issue de cette séance terrible.

La séance de la convention commence, et Lanjuinais, résolu aux derniers efforts pour faire respecter la représentation nationale, Lanjuinais, que ni les tribunes, ni la Montagne, ni l'imminence du danger, ne peuvent intimider, est le premier à demander la parole. A sa demande, les murmures les plus violents retentissent. « Je viens, dit-il, vous
« occuper des moyens d'arrêter les nouveaux
« mouvements qui vous menacent! » — « A bas!
« à bas! s'écrie-t-on, il veut amener la guerre
« civile. » — « Tant qu'il sera permis, reprend
« Lanjuinais, de faire entendre ici sa voix, je
« ne laisserai pas avilir dans ma personne le
« caractère de représentant du peuple! Jusqu'ici, vous n'avez rien fait, vous avez tout
« souffert; vous avez sanctionné tout ce qu'on
« a exigé de vous. Une assemblée insurrectionnelle se réunit, elle nomme un comité
« chargé de préparer la révolte, un commandant provisoire chargé de commander les révoltés; et cette assemblée, ce comité, ce commandant, vous souffrez tout cela! » Des cris

épouvantables interrompent à chaque instant les paroles de Lanjuinais; enfin la colère qu'il inspire devient telle, que plusieurs députés de la Montagne, Drouet, Robespierre jeune, Julien, Legendre, se lèvent de leurs bancs, courent à la tribune, et veulent l'en arracher. Lanjuinais résiste et s'y attache de toutes ses forces. Le désordre est dans toutes les parties de l'assemblée, et les hurlements des tribunes achèvent de rendre cette scène la plus effrayante qu'on eût encore vue. Le président se couvre et parvient à faire entendre sa voix. « La scène qui vient d'avoir lieu, dit-il, est « des plus affligeantes. La liberté périra si « vous continuez à vous conduire de même; « je vous rappelle à l'ordre, vous qui vous êtes « ainsi portés à cette tribune! » Un peu de calme se rétablit, et Lanjuinais, qui ne craignait pas les propositions chimériques, quand elles étaient courageuses, demande qu'on casse les autorités révolutionnaires de Paris, c'est-à-dire que ceux qui sont désarmés sévissent contre ceux qui sont en armes. A peine a-t-il achevé, que les pétitionnaires de la commune se présentent de nouveau. Leur langage est plus bref et plus énergique que jamais. *Les citoyens de Paris n'ont point quitté les armes depuis quatre jours. Depuis quatre jours, ils* réclament auprès de leurs mandataires leurs droits indignement violés, et depuis quatre jours leurs mandataires se rient de leur calme et de leur inaction..... *Il faut qu'on mette les conspirateurs en état d'arrestation provisoire, il faut qu'on sauve le peuple sur-le-champ, ou il va se sauver lui-même!* — A peine les pétitionnaires ont-ils achevé de parler, que Billaud-Varennes et Tallien demandent le rapport sur cette pétition, séance tenante et sans désemparer. — D'autres en grand nombre demandent l'ordre du jour. Enfin, au milieu du tumulte, l'assemblée, animée par le danger, se lève, et vote l'ordre du jour, sur le motif qu'un rapport a été ordonné au comité de salut public sous trois jours. A cette décision, les pétitionnaires sortent en poussant des cris, en faisant des menaces, et en laissant apercevoir des armes cachées. Tous les hommes qui étaient dans les tribunes se retirent comme pour aller exécuter un projet, et il n'y reste que les femmes. Un grand bruit se fait au dehors, et on entend crier *aux armes! aux armes!* Dans ce moment plusieurs députés veulent représenter à l'assemblée que la détermination qu'elle a prise est imprudente, qu'il faut terminer une crise dangereuse, en accordant ce qui est demandé, et en mettant en

arrestation provisoire les vingt-deux députés accusés. « Nous irons tous, tous en prison, » s'écrie Larévellière-Lépeaux. Cambon annonce alors que, dans une demi-heure, le comité de salut public fera son rapport. Le rapport était ordonné sous trois jours, mais le danger, toujours plus pressant, avait engagé le comité à se hâter. Barrère se présente en effet à la tribune, et propose l'idée de Garat, qui la veille avait ému tous les membres du comité, que Danton avait embrassée avec chaleur, que Robespierre avait repoussée, et qui consistait en un exil volontaire et réciproque des chefs des deux partis. Barrère, ne pouvant pas la proposer aux montagnards, la propose aux vingt-deux. « Le comité, dit-il, n'a eu le temps d'é-
« claircir aucun fait, d'entendre aucun témoin ;
« mais, vu l'état politique et moral de la con-
« vention, il croit que la suspension volontaire
« des députés désignés produirait le plus heu-
« reux effet, et sauverait la république d'une
« crise funeste, dont l'issue est effrayante à
« prévoir. »

A peine a-t-il achevé de parler, qu'Isnard se rend le premier à la tribune, et dit que dès qu'on mettra en balance un homme et la patrie, il n'hésitera jamais, et que non seulement il renonce à ses fonctions, mais à la vie, s'il le faut. Lanthenas imite l'exemple d'Isnard, et abdique ses fonctions. Fauchet offre sa démission et sa vie à la république. Lanjuinais, qui ne pensait pas qu'il fallût céder, se présente à la tribune, et dit : « Je crois que jusqu'à ce « moment j'ai montré assez d'énergie pour que « vous n'attendiez de moi ni suspension, ni « démission... » A ces mots, des cris éclatent dans l'assemblée. Il promène un regard assuré sur ceux qui l'interrompent. « Le sacrificateur, « s'écrie-t-il, qui traînait jadis une victime à « l'autel, la couvrait de fleurs et de bandelettes, « et ne l'insultait pas..... On veut le sacrifice de « nos pouvoirs, mais les sacrifices doivent « être libres, et nous ne le sommes pas! On « ne peut ni sortir d'ici, ni se mettre aux fe- « nêtres ; les canons sont braqués, on ne peut « émettre aucun vœu, et je me tais. » Barbaroux succède à Lanjuinais, et refuse avec autant de courage la démission qu'on lui demande. « Si la convention, dit-il, ordonne ma « démission, je me soumettrai ; mais comment « puis-je me démettre de mes pouvoirs, lors- « qu'une foule de départements m'écrivent et « m'assurent que j'en ai bien usé, et m'enga- « gent à en user encore ? J'ai juré de mourir à « mon poste, et je tiendrai mon serment. » Dusaulx offre sa démission. « Quoi ! s'écrie Marat,

« doit-on donner à des coupables l'honneur
« du dévouement? Il faut être pur pour offrir
« des sacrifices à la patrie ; c'est à moi, vrai
« martyr, à me dévouer ; j'offre donc ma sus-
« pension du moment que vous aurez ordonné
« la mise en arrestation des députés accusés.
« Mais, ajoute Marat, la liste est mal faite ; au
« lieu du vieux radoteur Dusaulx, du pauvre
« d'esprit Lanthenas, et de Ducos, coupable
« seulement de quelques opinions erronées, il
« faut y placer Fermont et Valazé, qui méri-
« tent d'y être et qui n'y sont pas. »

Dans le moment, un grand bruit se fait entendre aux portes de la salle. Lacroix entre tout agité, et poussant des cris ; il dit lui-même qu'on n'est plus libre, qu'il a voulu sortir de la salle, et qu'il ne l'a pas pu. Quoique montagnard et partisan de l'arrestation des vingt-deux, Lacroix était indigné de l'attentat de la commune, qui faisait consigner les députés dans le Palais-National.

Depuis le refus de statuer sur la pétition de la commune, la consigne avait été donnée, à toutes les portes, de ne plus laisser sortir un seul député. Plusieurs avaient vainement essayé de s'évader ; Gorsas seul était parvenu à s'échapper, et il était allé engager les girondins, restés chez Meilhan, à se cacher où ils pourraient, et à ne pas se rendre à l'assemblée. Tous ceux qui essayèrent de sortir furent forcément retenus. Boissy-d'Anglas se présente à une porte, reçoit les plus mauvais traitements, et rentre en montrant ses vêtements déchirés. A cette vue, toute l'assemblée s'indigne, et la Montagne elle-même s'étonne. On mande les auteurs de cette consigne, et on rend un décret illusoire qui appelle à la barre le commandant de la force armée.

Barrère prenant alors la parole, et s'exprimant avec une énergie qui ne lui était pas ordinaire, dit que l'assemblée n'est pas libre, qu'elle délibère sous l'empire de tyrans cachés, que dans le comité insurrectionnel se trouvent des hommes dont on ne peut pas répondre, des étrangers suspects, tels que l'Espagnol Gusman et autres; qu'à la porte de la salle on distribue des assignats de cinq livres aux bataillons destinés pour la Vendée, et qu'il faut s'assurer si la convention est respectée encore ou ne l'est plus. En conséquence, il propose à l'assemblée de se rendre tout entière au milieu de la force armée, pour s'assurer qu'elle n'a rien à craindre, et que son autorité est encore reconnue. Cette proposition, déjà faite par Garat le 25 mai, renouvelée par Vergniaud le 31, est aussitôt adoptée. Hérault-Séchelles, dont on se servait dans toutes les occasions difficiles, est mis à la tête de l'assemblée comme président, et tout le côté droit et la Plaine se lèvent pour le suivre. La Montagne seule reste à sa place. Alors les derniers députés de la droite reviennent, et lui reprochent de ne pas partager le danger commun. Les tribunes au contraire engagent avec des signes les montagnards de rester sur leurs bancs, comme si un grand péril les menaçait au dehors. Cependant les montagnards cèdent par un sentiment de pudeur, et toute la convention, ayant à sa tête Hérault-Séchelles, se présente dans les cours du Palais-National, et du côté du Carrousel. Les sentinelles s'écartent et laissent passer l'assemblée. Elle arrive en présence des canonniers, à la tête desquels se trouvait Henriot. Le président lui signifie d'ouvrir passage à l'assemblée. — Vous ne sortirez pas, leur dit Henriot, que vous n'ayez livré les vingt-deux. — Saisissez ce rebelle, dit le président aux soldats. — Alors Henriot faisant reculer son cheval, et s'adressant à ses canonniers, leur dit : Canonniers, à vos pièces ! — Quelqu'un aussitôt saisit fortement Hérault-Séchelles par le bras, et le ramène d'un autre côté. On se rend dans le jardin pour renouveler la même expérience. Quelques groupes criaient *vive la nation!* d'autres *vive la convention! vive Marat! à bas le côté droit!* — Hors du jardin, des bataillons, autrement disposés que ceux qui entouraient le Carrousel, faisaient signe aux députés de venir les joindre. La convention, pour s'y rendre, s'avance vers le Pont-Tournant, mais là elle trouve un nouveau bataillon qui lui ferme la sortie du jardin. Dans ce moment, Marat, entouré de quelques enfants qui criaient *vive Marat!* s'approche du président, et lui dit : Je somme les députés qui ont abandonné leur poste d'y retourner.

L'assemblée en effet, dont ces épreuves répétées ne faisaient que prolonger l'humiliation, rentre dans la salle de ses séances, et chacun reprend sa place. Couthon monte alors à la tribune. « Vous voyez bien, dit-il avec une « assurance qui confond l'assemblée, que vous « êtes respectés, obéis par le peuple; vous « voyez que vous êtes libres, et que vous pou- « vez voter sur la question qui vous est sou- « mise; hâtez-vous donc de satisfaire aux vœux « du peuple. » Legendre propose de retrancher de la liste des vingt-deux ceux qui ont offert leur démission, et d'excepter de la liste des douze, Boyer-Fonfrède et Saint-Martin, qui se sont opposés aux arrestations arbitraires; il propose de les remplacer par Lebrun et Clavière. Marat insiste pour qu'on raie de la liste Lanthenas, Ducos et Dusaulx, et qu'on y ajoute Fermont et Valazé. Ces propositions sont adoptées, et on est prêt à passer aux voix. La Plaine intimidée commençait à dire, qu'après tout, les députés mis en arrestation chez eux ne seraient pas tant à plaindre, et qu'il fallait mettre fin à cette scène terrible. Le côté droit demande l'appel nominal pour faire honte aux membres du *ventre* de leur faiblesse ; mais l'un d'eux fournit à ses collègues un moyen honnête pour sortir de cette situation difficile. Il ne vote pas, dit-il, parce qu'il n'est pas libre. A son exemple, les autres refusent de voter. Alors la Montagne seule, et quelques autres membres, décrètent la mise en arrestation des députés dénoncés par la commune.

Tel fut le célèbre événement du 2 juin, plus connu sous le nom du 31 mai. Ce fut contre la représentation nationale un vrai 10 août ; car, les députés une fois en arrestation chez eux, il ne restait plus qu'à les faire monter sur l'échafaud, et c'était peu difficile. Ici finit une ère principale de la révolution, qui a servi de préparation à la plus terrible et à la plus grande de toutes, et dont il faut se rappeler l'ensemble pour la bien apprécier.

Au 10 août, la révolution, ne contenant plus

ses défiances, attaque le palais du monarque, pour se délivrer de craintes devenues insupportables. La première idée qu'on a, c'est de suspendre Louis XVI, et d'ajourner son sort à la réunion de la prochaine convention nationale. Le monarque suspendu, et le pouvoir restant aux mains des différentes autorités populaires, naît la question de savoir comment on usera de ce pouvoir. Alors les divisions qui s'étaient déja prononcées entre les partisans de la modération et ceux d'une énergie inexorable, éclatent sans ménagement : la commune, composée de tous les hommes ardents, attaque la législative et l'insulte en la menaçant du tocsin. Dans ce moment, la coalition, ranimée par le 10 août, se presse d'avancer; le danger augmente, provoque de plus en plus la violence, décrie la modération, et pousse les passions aux plus grands excès. Longwy, Verdun, tombent au pouvoir de l'ennemi. En voyant approcher Brunswick, on devance les cruautés qu'il annonce dans ses manifestes, et on frappe de terreur ses partisans cachés, par les épouvantables journées de septembre. Bientôt, sauvée par le beau sang-froid de Dumouriez, la France a le temps de s'agiter encore pour cette grande question de l'usage modéré ou impitoyable du pouvoir.

Septembre devient un pénible sujet de reproches : les modérés s'indignent; les violents veulent qu'on se taise sur des maux qu'ils disent inévitables et irréparables. De cruelles personnalités ajoutent les haines individuelles aux haines d'opinion; la discorde est excitée au plus haut point. Alors arrive le moment de statuer sur le sort de Louis XVI. On fait sur sa personne l'application des deux systèmes; celui de la modération est vaincu, celui de la violence l'emporte; et, en immolant le roi, la révolution rompt définitivement avec la royauté et avec tous les trônes.

La coalition, ranimée encore par le 21 janvier, comme elle l'avait été déja par le 10 août, réagit de nouveau et nous fait essuyer des revers. Dumouriez, arrêté dans ses progrès par des circonstances contraires et par le désordre de toutes les administrations, s'irrite contre les jacobins auxquels il impute ses revers, sort alors de son indifférence politique, se prononce tout-à-coup pour la modération, la compromet en employant pour elle son épée et l'étranger, et échoue enfin contre la révolution, après avoir mis la république dans le plus grand péril. Dans ce même moment la Vendée se lève; les départements, tous modérés, deviennent menaçants; jamais le danger ne fut plus grand pour la révolution. Des revers, des trahisons, fournissent aux jacobins un prétexte pour calomnier les républicains modérés, et un motif pour demander la dictature judiciaire et exécutive. Ils proposent un essai de tribunal révolutionnaire et de comité de salut public. Vive dispute à ce sujet. Les deux partis en viennent, sur ces questions, aux dernières extrémités; ils ne peuvent plus demeurer en présence. Au 10 mars, les jacobins tentent de frapper les chefs des girondins, mais leur tentative, trop prématurée, échoue. Alors ils se préparent mieux; ils provoquent des pétitions, soulèvent les sections et s'insurgent légalement. Les girondins résistent en instituant une commission chargée de poursuivre les complots de leurs adversaires; cette commission agit contre les jacobins, les soulève, et est emportée dans un orage. Replacée le lendemain, elle est emportée de nouveau dans l'horrible tempête du 31 mai. Enfin, le 2 juin, ses membres et les députés qu'elle devait défendre, sont enlevés du sein de la représentation nationale, et, comme Louis XVI, la décision de leur sort est ajournée à une époque où la violence sera suffisante pour les conduire à l'échafaud.

Tel est donc l'espace que nous avons parcouru depuis le 10 août jusqu'au 31 mai. C'est une longue lutte entre les deux systèmes sur l'emploi des moyens. Le danger toujours croissant a rendu la dispute toujours plus vive, plus envenimée; et la généreuse députation de la Gironde, épuisée pour avoir voulu venger septembre, pour avoir voulu empêcher le 21 janvier, le tribunal révolutionnaire et le comité de salut public, expire lorsque le danger plus grand a rendu la violence plus urgente et la modération moins admissible. Maintenant, toute légalité étant vaincue, toute réclamation étouffée avec la suspension des girondins, et le péril devenant plus effrayant que jamais par l'insurrection même qui s'efforcera de venger la Gironde, la violence va se déployer sans obstacle et sans mesure, et la terrible dictature du tribunal révolutionnaire et du comité de salut public va se compléter. Ici commencent des scènes plus grandes et plus horribles cent fois que toutes celles qui ont indigné les girondins. Pour eux leur histoire est finie; il ne reste plus à y ajouter que le récit de leur mort héroïque. Leur opposition a été dangereuse, leur indignation impolitique; ils ont compromis la révolution, la liberté et la France; ils ont compromis même la modération en la défendant avec aigreur, et en mourant ils ont entraîné dans leur chute tout ce qu'il y avait de plus généreux et de plus éclairé en France. Cependant, qui ne voudrait avoir rempli leur rôle? qui ne voudrait avoir commis leurs fautes? Est-il possible, en effet, de laisser couler le sang sans résistance et sans indignation?

FIN DU TOME QUATRIÈME

NOTES.

J'ai cru devoir ajouter, à la fin de ce quatrième volume, des notes qui se rapportent à la fois au troisième et au quatrième, et qui me semblent utiles, soit comme éclaircissements de faits peu connus et mal appréciés, soit comme monument d'un style et d'un langage aujourd'hui tout-à-fait oubliés, et cependant très-caractéristiques. Ces morceaux sont empruntés pour la plupart à des sources entièrement négligées, et surtout aux discussions des jacobins, monument politique très-rare et très-curieux.

NOTES
ET
PIÈCES JUSTIFICATIVES
DES TOMES TROISIÈME ET QUATRIÈME.

NOTE 1, PAGE 212 DU TOME IIIe.

Discours de Collot-d'Herbois à Dumouriez, après la campagne de l'Argonne, extrait du Journal des Jacobins. (*Séance du dimanche 14 octobre, l'an 1er de la république.*)

« Je voulais parler de nos armées, et je me félicitais d'en parler en présence du soldat que vous venez d'entendre. Je voulais blâmer la réponse du président; déjà j'ai dit plusieurs fois que le président ne doit jamais répondre aux membres de la société; mais il a répondu à tous les soldats de l'armée. Cette réponse donne à tous un témoignage éclatant de votre satisfaction : Dumouriez la partage avec tous ses frères d'armes, car il sait que sans eux sa gloire ne serait rien. Il faut nous accoutumer à ce langage. Dumouriez a fait son devoir;

c'est là sa plus belle récompense...... Ce n'est pas parce qu'il est général que je le loue, mais parce qu'il est soldat français.

« N'est-il pas vrai, général, qu'il est beau de commander une armée républicaine? que tu as trouvé une grande différence entre cette armée et celles du despotisme? Ils n'ont pas seulement de la bravoure, les Français; ils ne se contentent pas de mépriser la mort; car, qui est-ce qui craint la mort? Mais ces habitants de Lille et de Thionville, qui attendent de sang-froid les boulets rouges, qui restent immobiles au milieu des éclats des bombes et de la destruction de leurs maisons, n'est-ce pas là le développement de toutes les vertus? Ah! oui, ces vertus sont au-dessus de tous les triomphes...... Une nouvelle manière de faire la guerre aujourd'hui est inventée, et nos ennemis ne la trouveront pas; les tyrans ne pourront rien tant qu'il y aura des hommes libres qui voudront se défendre.

« Un grand nombre de confrères sont morts pour la défense de la liberté; ils sont morts, mais leur mémoire nous est chère, mais ils ont laissé des exemples qui vivent dans nos cœurs; mais vivent-ils ceux qui nous ont attaqués? Non: ils ont succombé, et leurs cohortes ne sont plus que des monceaux de cadavres qui pourrissent où ils ont combattu; elles ne sont plus qu'un fumier infect que le soleil de la liberté ne purifiera qu'avec peine...... Cette nuée de squelettes ambulants ressemble bien au squelette de la tyrannie; et, comme lui, ils ne tarderont pas à succomber...... Que sont devenus ces anciens généraux à grande renommée? Leur ombre s'évanouit devant le génie tout-puissant de la liberté; ils fuient, et n'ont plus que des cachots pour retraite; car les cachots ne seront plus bientôt que les palais des despotes : ils fuient, parce que les peuples se lèvent.

« Ce n'est pas un roi qui t'a nommé, Dumouriez, ce sont tes concitoyens : souviens-toi qu'un général de la république ne doit jamais transiger avec les tyrans; souviens-toi que les généraux comme toi ne doivent jamais servir que la liberté. Tu as entendu parler de Thémistocle; il venait de sauver les Grecs par la bataille de Salamine; il fut calomnié (tu as des ennemis, Dumouriez, tu seras calomnié; c'est pourquoi je te parle); Thémistocle fut calomnié; il fut puni injustement par ses concitoyens; il trouva un asile chez les tyrans, mais il fut toujours Thémistocle. On lui proposa de porter les armes contre sa patrie : *Mon épée ne servira jamais les tyrans*, dit-il, et il se l'enfonça dans le cœur. Je te rappellerai aussi Scipion. Antiochus tenta de séduire ce grand homme en offrant de lui rendre un ôtage précieux, son propre fils. Scipion répondit : « Tu n'as pas assez de richesses pour acheter « ma conscience, et la nature n'a rien au-dessus de l'a- « mour de la patrie. »

« Des peuples gémissent esclaves; bientôt tu les délivreras. Quelle glorieuse mission! Le succès n'est pas douteux : les citoyens qui t'attendent t'espèrent; et ceux qui sont ici te poussent..... Il faut cependant te reprocher quelque excès de générosité envers tes ennemis; tu as reconduit le roi de Prusse un peu trop à la manière française, à l'ancienne manière française s'entend (*applaudi*). Mais, nous l'espérons, l'Autriche paiera double; elle est en fonds; ne la ménage pas; tu ne peux trop lui faire payer les outrages que sa race a faits au genre humain.

« Tu vas à Bruxelles, Dumouriez (*applaudi*); tu vas passer à Courtray. Là le nom français a été profané: un général a abusé l'espoir des peuples; le traître Jarry a incendié les maisons. Je n'ai jusqu'ici parlé qu'à ton courage, je parle à ton cœur. Souviens-toi de ces malheureux habitants de Courtray; ne trompe pas leur espoir cette fois-ci; promets-leur la justice de la nation, la nation ne te démentira pas.

« Quand tu seras à Bruxelles,... je n'ai rien à te dire sur la conduite que tu as à tenir,... si tu y trouves une femme exécrable qui, sous les murs de Lille, est venue repaitre sa férocité du spectacle des boulets rouges..... Mais cette femme ne t'attend pas..... Si tu la trouvais, elle serait ta prisonnière: nous en avons d'autres aussi qui sont de sa famille;... tu l'enverrais ici;..... fais-la raser au moins de manière qu'elle ne puisse jamais porter perruque.

« A Bruxelles, la liberté va renaître sous tes auspices. Un peuple entier va se livrer à l'allégresse; tu rendras les enfants à leurs pères, les épouses à leurs époux; le spectacle de leur bonheur te délassera de tes travaux. Enfants, citoyens, filles, femmes, tous se presseront autour de toi; tous t'embrasseront comme leur père...... De quelle félicité tu vas jouir, Dumouriez!..... Ma femme,..... elle est de Bruxelles; elle t'embrassera aussi. »

Ce discours a été souvent interrompu par de vifs applaudissements.

NOTE 2, PAGE 217 DU TOME IIIe.

Récit de la visite que Marat fit à Dumouriez chez mademoiselle Candeille, extrait du Journal de la République française, *et écrit par Marat lui-même dans son numéro du mercredi* 17 *octobre* 1792.

Déclaration de l'Ami du Peuple.

« Moins étonné qu'indigné de voir d'anciens valets de la cour, placés par suite des événements à la tête de nos armées, et depuis le 10 août maintenus en place par l'influence, l'intrigue et la sottise, pousser l'audace jusqu'à dégrader et traiter en criminels deux bataillons patriotes, sous le prétexte ridicule, et très-probablement faux, que quelques individus avaient massacré quatre déserteurs prussiens, je me présentai à la tribune des jacobins pour dévoiler cette trame odieuse, et demander deux commissaires distingués par leur civisme pour m'accompagner chez Dumouriez, et être témoins de ses réponses à mes interpellations. Je me rendis chez lui avec les citoyens Bentabole et Monteau, deux de mes collègues à la convention. On nous répondit qu'il était au spectacle et qu'il soupait en ville.

« Nous le savions de retour des Variétés; nous allâmes le chercher au club du D. Cypher, où l'on nous dit qu'il devait se rendre : peine perdue. Enfin nous apprîmes qu'il devait souper rue Chantereine, dans la petite maison de Talma. Une file de voitures et de brillantes illuminations nous indiquèrent le temple où le fils de Thalie fêtait un enfant de Mars. Nous sommes surpris de trouver garde nationale parisienne en dedans et en dehors. Après avoir traversé une antichambre pleine de domestiques mêlés à des heiduques, nous arrivâmes dans un salon rempli d'une nombreuse société.

« A la porte était Santerre, général de l'armée parisienne, faisant les fonctions de laquais ou d'introducteur. Il m'annonce tout haut dès l'instant qu'il m'aperçoit, indiscrétion qui me déplut très-fort, en ce qu'elle pouvait faire éclipser quelques masques intéressants à connaître. Cependant j'en vis assez pour tenir le fil des intrigues. Je ne parlerai pas d'une dizaine de fées destinées à parer la fête. Probablement la politique n'était pas l'objet de leur réunion. Je ne dirai rien non plus des officiers nationaux qui faisaient leur cour au grand général, ni des anciens valets de la cour qui formaient son cortége, sous l'habit d'aides-de-camp. Enfin je ne dirai rien du maître de logis, qui était au milieu d'eux en costume d'histrion. Mais je ne puis me dispenser de déclarer, pour l'intelligence des opérations de la convention et la connaissance des escamoteurs de décrets, que dans l'auguste compagnie étaient Kersaint, le grand faiseur de Lebrun, et Roland, Lasource, ... Chénier, tous suppôts de la faction de la république fédérative; Dulaure et Gorsas, leurs galopins libellistes. Comme il y avait cohue, je n'ai distingué que ces conjurés; peut-être étaient-ils en plus grand nombre : et comme il était de bonne heure encore, il est probable qu'ils n'étaient pas tous rendus; car les Vergniaud, les Buzot, les Camus, les Rabaut, les Lacroix, les Guadet, les Barbaroux et autres meneurs étaient sans doute de la fête, puisqu'ils sont du conciliabule.

« Avant de rendre compte de notre entretien avec Dumouriez, je m'arrête ici un instant pour faire, avec le lecteur judicieux, quelques observations qui ne seront pas déplacées. Conçoit-on que ce généralissime de la république, qui a laissé échapper le roi de Prusse à Verdun, et qui a capitulé avec l'ennemi, qu'il pouvait forcer dans ses camps et réduire à mettre bas les armes, au lieu de favoriser sa retraite, ait choisi un moment aussi critique pour abandonner les armées sous ses ordres, courir les spectacles, s'y faire applaudir, et se livrer à des orgies chez un acteur avec des nymphes de l'Opéra?

« Dumouriez a couvert les motifs secrets qui l'appellent à Paris du prétexte de concerter avec les ministres le plan des opérations de la campagne. Quoi! avec un Roland, frère coupe-choux et petit intrigant qui ne connaît que les basses menées du mensonge et de l'astuce! avec un Lepage, digne acolyte de Roland son protecteur! avec un Clavière, qui ne connaît que les rubriques de l'agiotage! avec un Garat, qui ne connaît que les phrases précieuses et le manége d'un flagorneur académique ! Je ne dirai rien de Monge; on le croit patriote; mais il est aussi ignorant des opérations militaires que ses collègues, qui n'y entendent rien. Dumouriez est venu se concerter avec les meneurs de la clique qui cabale pour établir la république fédérative; voilà l'objet de son équipée.

« En entrant dans le salon où le festin était préparé, je m'aperçus très-bien que ma présence troublait la gaieté; ce qu'on n'a pas de peine à concevoir quand on considère que je suis l'épouvantail des ennemis de la patrie. Dumouriez surtout paraissait déconcerté; je le priai de passer avec nous dans une autre pièce, pour l'entretenir quelques moments en particulier. Je portai la parole, et voici notre entretien mot pour mot :
« Nous sommes membres de la convention nationale,
« et nous venons, monsieur, vous prier de nous donner
« des éclaircissements sur le fond de l'affaire des deux
« bataillons, le Mauconseil et le Républicain, accusés
« par vous d'avoir assassiné de sang-froid quatre déser-
« teurs prussiens. Nous avons parcouru les bureaux du
« comité militaire et ceux du département de la guerre;
« nous n'y avons pas trouvé la moindre preuve du dé-
« lit, et personne ne peut mieux nous instruire de
« toutes ces circonstances que vous. — Messieurs, j'ai
« envoyé toutes les pièces au ministre. — Nous vous
« assurons, monsieur, que nous avons entre les mains
« un mémoire fait dans ses bureaux et en son nom,
« portant qu'il manque absolument de faits pour pro-
« noncer sur ce prétendu délit, et qu'il faut s'adresser
« à vous pour en avoir. — Mais, messieurs, j'ai informé
« la convention, et je me réfère à elle. — Permettez-

« nous, monsieur, de vous observer que les informa-
« tions données ne suffisent pas, puisque les comités
« de la convention, auxquels cette affaire a été ren-
« voyée, ont déclaré dans leur rapport qu'ils étaient
« dans l'impossibilité de prononcer, faute de rensei-
« gnements et de preuves du délit dénoncé. Nous vous
« prions de nous dire si vous êtes instruit du fond de
« l'affaire. — Certainement, par moi-même. — Et ce
« n'est pas par une dénonciation de confiance faite par
« vous sur la foi de M. Duchaseau ? — Mais, messieurs,
« quand je dis quelque chose, je crois devoir être cru.
« — Monsieur, si nous pensions là-dessus comme vous,
« nous ne ferions pas la démarche qui nous amène.
« Nous avons de grandes raisons de douter; plusieurs
« membres du comité militaire nous annoncent que
« ces prétendus Prussiens sont quatre Français émi-
« grés. — Eh bien, messieurs, quand cela serait.....
« — Monsieur, cela changerait absolument l'état de
« la chose, et sans approuver d'avance la conduite des
« bataillons, peut-être sont-ils absolument innocents ;
« ce sont les circonstances qui ont provoqué le mas-
« sacre qu'il importe de connaître; or, des lettres ve-
« nues de l'armée annoncent que ces émigrés ont été
« reconnus pour espions envoyés par l'ennemi, et
« qu'ils se sont même révoltés contre les gardes na-
« tionaux. — Comment, monsieur, vous approuvez
« donc l'insubordination des soldats ? — Non, mon-
« sieur, je n'approuve point l'insubordination des sol-
« dats, mais je déteste la tyrannie des chefs : j'ai trop
« lieu de croire que c'est ici une machination de Du-
« chaseau contre les bataillons patriotes, et la manière

« dont vous les avez traités est révoltante. — Monsieur
« Marat, vous êtes trop vif; et je ne puis m'expliquer
« avec vous. » Ici Dumouriez, se sentant trop vivement pressé, s'est tiré d'embarras en nous quittant : mes deux collègues l'ont suivi, et dans l'entretien qu'ils ont eu avec lui, il s'est borné à dire qu'il avait envoyé les pièces au ministre. Pendant leur entretien je me suis vu entouré par tous les aides-de-camp de Dumouriez et par les officiers de la garde parisienne. Santerre cherchait à m'apaiser; il me parlait de la nécessité de la subordination dans les troupes. « Je sais
« cela comme vous, lui répondis-je; mais je suis ré-
« volté de la manière dont on traite les soldats de la
« patrie : j'ai encore sur le cœur les massacres de
« Nancy et du Champ-de-Mars. » Ici quelques aides-de-camp de Dumouriez se mirent à déclamer contre les agitateurs. « Cessez ces ridicules déclamations,
« m'écriai-je; il n'y a d'agitateurs dans nos ar-
« mées que les infames officiers, leurs mouchards et
« leurs perfides courtisans, que nous avons eu la sot-
« tise de laisser à la tête de nos troupes. » Je parlais à Moreton Chabrillant et à Bourdoin, dont l'un est un ancien valet de la cour, et l'autre un mouchard de Lafayette.

« J'étais indigné de tout ce que j'avais entendu, de tout ce que je pressentais d'atroce dans l'odieuse conduite de nos généraux. Ne pouvant plus y tenir, je quittai la partie, et je vis avec étonnement dans la pièce voisine, dont les portes étaient béantes, plusieurs heiduques de Dumouriez le sabre nu à l'épaule. J'ignore quel pouvait être le but de cette farce ridicule;

si elle avait été imaginée pour m'intimider, il faut convenir que les valets de Dumouriez ont de grandes idées de liberté. Prenez patience, messieurs, nous vous apprendrons à la connaître. En attendant, croyez que votre maître redoute bien plus le bout de ma plume que je n'ai peur des sabres de ses chenapans. »

NOTE 3, PAGE 182 DU TOME IIIe.

Voici le tableau que le ministre Garat, l'homme qui a le mieux observé les personnages de la révolution, a tracé des deux côtés de la convention.

« C'est dans le côté droit de la convention qu'étaient presque tous les hommes dont je viens de parler; je ne pouvais y voir un autre génie que celui que je leur avais connu. Là, je voyais donc et ce républicanisme de sentiment qui ne consent à obéir à un homme que lorsque cet homme parle *au nom* de la nation et *comme* la loi, et ce républicanisme bien plus rare de la pensée qui a décomposé et recomposé tous les ressorts de l'organisation d'une société d'hommes semblables en droits comme en nature; qui a démêlé par quel heureux et profond artifice on peut associer dans une grande république ce qui paraît inassociable, l'égalité et la soumission aux magistrats, l'agitation féconde des esprits et des ames, et un ordre constant, immuable; un gouvernement dont la puissance soit toujours absolue sur les individus et sur la multitude, et toujours soumise à la nation; un pouvoir exécutif dont l'appareil et les formes, d'une splendeur utile, réveillent toujours les idées de la splendeur de la république, et jamais les idées de la grandeur d'une personne.

« Dans ce même côté, je voyais s'asseoir les hommes qui possédaient le mieux ces doctrines de l'économie politique qui enseignent à ouvrir et à élargir tous les canaux des richesses particulières et de la richesse nationale; à composer le trésor public avec scrupule des portions que lui doit la fortune de chaque citoyen; à créer de nouvelles sources et de nouveaux fleuves aux fortunes particulières par un bon usage de ce qu'elles ont versé dans les caisses de la république; à protéger, à laisser sans limites tous les genres d'industrie, sans en favoriser aucune; à regarder les grandes propriétés non comme ces lacs stériles qui absorbent et gardent toutes les eaux que les montagnes versent dans leur sein, mais comme des réservoirs nécessaires pour multiplier et pour accroître les germes de la fécondité universelle, pour les épancher de proche en proche sur tous les lieux qui seraient restés dans le dessèchement et dans la stérilité : doctrines admirables qui ont porté la liberté dans les arts et dans le commerce avant qu'elle fût dans les gouvernements, mais particulièrement propres par leur essence à l'essence des républiques; seules capables de donner un fondement solide à *l'égalité*, non dans une *frugalité* générale toujours violée, et qui enchaîne bien moins les désirs que l'industrie, mais dans une aisance universelle, mais dans ces travaux dont la variété ingénieuse et la renaissance continuelle peuvent seules absorber, heureusement pour la liberté, cette activité turbulente des démocraties qui, après les avoir long-temps tourmentées, a fait disparaître les républiques anciennes au milieu des orages et des tempêtes dont leur atmosphère était toujours enveloppée.

« Dans le côté droit étaient cinq à six hommes dont le génie pouvait concevoir ces grandes théories de l'ordre social et de l'ordre économique, et un grand nombre d'hommes dont l'intelligence pouvait les comprendre et les répandre : c'est là encore qu'étaient allés se ranger un certain nombre d'esprits naguère très-impétueux, très-violents, mais qui, après avoir parcouru et épuisé le cercle entier de leurs emportements démagogiques, n'aspiraient qu'à désavouer et à combattre les folies qu'ils avaient propagées ; c'est là enfin que s'asseyaient, comme les hommes pieux s'agenouillent au pied des autels, ces hommes que des passions douces, une fortune honnête et une éducation qui n'avait pas été négligée, disposaient à honorer de toutes les vertus privées la république, qui les laisserait jouir de leur repos, de leur bienveillance facile et de leur bonheur.

« En détournant mes regards de ce côté droit sur le côté gauche, en les portant sur la Montagne, quel contraste me frappait ! Là, je vois s'agiter avec le plus de tumulte un homme à qui la face couverte d'un jaune cuivré donnait l'air de sortir des cavernes sanglantes des anthropophages, ou du seuil embrasé des enfers ; qu'à sa marche convulsive, brusque, coupée, on reconnaissait pour un de ces assassins échappés aux bourreaux, mais non aux furies, et qui semblent vouloir anéantir le genre humain pour se dérober à l'effroi que la vue de chaque homme leur inspire. Sous le despotisme, qu'il n'avait pas couvert de sang comme la liberté, cet homme avait eu l'ambition de faire une révolution dans les sciences; et on l'avait vu attaquer, par des systèmes audacieux et plats, les plus grandes découvertes des temps modernes et de l'esprit humain. Ses yeux, errant sur l'histoire des siècles, s'étaient arrêtés sur la vie de quatre ou cinq grands exterminateurs qui ont changé les cités en déserts, pour repeupler ensuite les déserts d'une race formée à leur image ou à celle des tigres; c'est là tout ce qu'il avait retenu des annales des peuples, tout ce qu'il en savait et qu'il voulait imiter. Par un instinct semblable à celui des bêtes féroces, plutôt que par une vue profonde de la perversité, il avait aperçu à combien de folies et de forfaits il est possible d'entraîner un peuple immense dont on vient de briser les chaînes religieuses et les chaînes politiques : c'est l'idée qui a dicté toutes ses feuilles, toutes ses paroles, toutes ses actions. Et il n'est tombé que sous le poignard d'une femme! et plus de cinquante mille de ses images ont été érigées sur le sein de la république!

« A ses côtés se plaçaient des hommes qui n'auraient pas conçu eux-mêmes de pareilles atrocités, mais qui, jetés avec lui, par un acte d'une extrême audace, dans des événements dont la hauteur les étourdissait, et dont les dangers les faisaient frémir, en désavouant les maximes du monstre, les avaient peut-être déjà suivies, et n'étaient pas fâchés qu'on craignît qu'ils pussent les suivre encore. Ils avaient horreur de Marat, mais ils n'avaient pas horreur de s'en servir. Ils le plaçaient au milieu d'eux, ils le mettaient en avant, ils le portaient en quelque sorte sur leur poitrine comme une tête de Méduse. Comme l'effroi que répandait un pareil homme était partout, on croyait le voir partout lui-même, on croyait en quelque sorte qu'il était toute la Montagne, ou que toute la Montagne était comme lui. Parmi les chefs, en effet, il y en avait plusieurs qui ne reprochaient aux forfaits de Marat que d'être un peu trop sans voile.

« Mais parmi les chefs mêmes (et c'est ici que la vérité me sépare de l'opinion de beaucoup d'honnêtes gens), parmi les chefs mêmes étaient un grand nombre d'hommes qui, liés aux autres par les événements beaucoup plus que par leurs sentiments, tournaient des regards et des regrets vers la sagesse et l'humanité; qui auraient eu beaucoup de vertus et auraient rendu beaucoup de services, à l'instant où on aurait commencé à les en croire capables. Sur la Montagne se rendaient, comme à des postes militaires, ceux qui avaient beaucoup la passion de la liberté et peu la théorie; ceux qui croyaient l'égalité menacée ou même rompue par la grandeur des idées et par l'élégance du langage; ceux qui, élus dans les hameaux et dans les ateliers, ne pouvaient reconnaître un républicain que sous le costume qu'ils portaient eux-mêmes; ceux qui, entrant pour la première fois dans la carrière de la révolution, avaient à signaler cette impétuosité et cette violence par laquelle avait commencé la gloire de presque tous les grands révolutionnaires; ceux qui, jeunes encore et plus faits pour servir la république dans les armées que dans le sanctuaire des lois, ayant vu naître la république au bruit de la foudre, croyaient que c'était toujours au bruit de la foudre qu'il fallait la conserver et promulguer ses décrets. A ce côté gauche allaient encore chercher un asile plutôt qu'une place plusieurs de ces députés qui, ayant été élevés dans les castes proscrites de la noblesse et du sacerdoce, quoique toujours purs, étaient toujours exposés aux soupçons, et fuyaient au haut de la Montagne l'accusation de ne pas atteindre à la hauteur des principes : là, allaient se nourrir de leurs soupçons, et vivre au milieu des fantômes, ces caractères graves et mélancoliques qui, ayant aperçu trop souvent la fausseté unie à la politesse, ne croient à la vertu que lorsqu'elle est sombre, et à la liberté que lorsqu'elle est farouche : là siégeaient quelques esprits qui avaient pris dans les sciences exactes de la roideur en même temps que de la rectitude, qui, fiers de posséder des lumières immédiatement applicables aux arts mécaniques, étaient bien aises de se séparer par leur place, comme par leur dédain, de ces hommes de lettres, de ces philosophes dont les lumières ne sont pas si promptement utiles aux tisserands et aux forgerons, et n'arrivent aux individus qu'après avoir éclairé la société tout entière : là enfin devaient aimer à voter, quels que fussent d'ailleurs leur esprit et leurs talents, tous ceux qui, par les ressorts trop tendus de leur caractère, étaient disposés à aller au-delà plutôt qu'à rester en-deçà de la borne qu'il fallait marquer à l'énergie et à l'élan révolutionnaire.

« Telle était l'idée que je me formais des *éléments* des deux côtés de la convention nationale.

« A juger chaque côté par la majorité de ses éléments, tous les deux, dans des genres et dans des degrés différents, devaient me paraître capables de rendre de grands services à la république : le côté droit pour organiser l'intérieur avec sagesse et avec grandeur; le côté gauche pour faire passer, de leurs ames dans l'ame de tous les Français, ces passions républicaines et populaires si nécessaires à une nation assaillie de toutes parts par la meute des rois et par la soldatesque de l'Europe. »

NOTE 4, PAGES 57 ET 114 DU TOME IVe.

Voici un extrait des Mémoires de Garat, non moins curieux que le précédent, et qui est la peinture la plus juste qu'on ait faite de Robespierre, et des soupçons qui le tourmentaient. C'est un entretien :

« A peine Robespierre eut compris que j'allais lui parler des querelles de la convention, — Tous ces députés de la Gironde, me dit-il, ce Brissot, ce Louvet, ce Barbaroux, ce sont des contre-révolutionnaires, des conspirateurs. — Je ne pus m'empêcher de rire, et le rire qui m'échappa lui donna tout de suite de l'aigreur. — Vous avez toujours été *comme cela*. Dans l'assemblée constituante, vous étiez disposé à croire que les aristocrates aimaient la révolution. — Je n'ai pas été tout-à-fait *comme cela*. J'ai pu croire tout au plus que quelques nobles n'étaient pas aristocrates. Je l'ai pensé de plusieurs, et vous-même vous le pensez encore de quelques-uns. J'ai pu croire encore que nous aurions fait quelques conversions parmi les aristocrates mêmes, si des deux moyens qui étaient à notre disposition, la

raison et la force, nous avions employé plus souvent la raison, qui était pour nous seuls, et moins souvent la force, qui peut être pour les tyrans. Croyez-moi, oublions ces dangers que nous avons vaincus, et qui n'ont rien de commun avec ceux qui nous menacent aujourd'hui. La guerre se faisait alors entre les amis et les ennemis de la liberté; elle se fait aujourd'hui entre les amis et les ennemis de la république. Si l'occasion s'en présentait, je dirais à Louvet qu'il est par trop fort qu'il vous croie un royaliste; mais à vous, je crois devoir vous dire que Louvet n'est pas plus royaliste que vous. Vous ressemblez dans vos querelles aux molinistes et aux jansénistes, dont toute la dispute roulait sur la manière dont la grace divine opère dans nos ames, et qui s'accusaient réciproquement de ne pas croire en Dieu. — S'ils ne sont pas royalistes, pourquoi donc ont-ils tant travaillé à sauver la vie d'un roi ? Je parie que vous étiez aussi, vous, pour la grace, pour la clémence.
....

Eh! qu'importe quel principe rendait la mort du tyran juste et nécessaire? vos girondins, votre Brissot et vos appelants au peuple ne la voulaient pas. Ils voulaient donc laisser à la tyrannie tous les moyens de se relever? — J'ignore si l'intention des *appelants au peuple* était d'epargner la peine de mort à Capet : l'*appel au peuple* m'a toujours paru imprudent et dangereux; mais je conçois comment ceux qui l'ont voté ont pu croire que la vie de Capet prisonnier pourrait être, au milieu des événements, plus utile que sa mort; je conçois comment ils ont pu penser que l'appel au peuple était un grand moyen d'honorer une nation républicaine aux yeux du monde entier, en lui donnant l'occasion d'exercer elle-même un grand acte de générosité par un acte de souveraineté. — C'est assurément prêter de belles intentions à des mesures que vous n'approuverez pas, et à des hommes qui conspirent de toutes parts. — Et où donc conspirent-ils ? — Partout. Dans Paris, dans toute la France, dans toute l'Europe. A Paris, Gensonné conspire dans le faubourg Saint-Antoine, en allant de boutique en boutique, persuader aux marchands que nous autres patriotes nous voulons piller leurs magasins; la Gironde a formé depuis long-temps le projet de se séparer de la France pour se réunir à l'Angleterre; et les chefs de sa députation sont eux-mêmes les auteurs de ce plan, qu'ils veulent exécuter à tout prix: Gensonné ne le cache pas; il dit à qui veut l'entendre qu'ils ne sont pas ici des représentants de la nation, mais les plénipotentiaires de la Gironde. Brissot conspire dans son journal, qui est un tocsin de guerre civile; on sait qu'il est allé en Angleterre, et on sait aussi pourquoi il y est allé; nous n'ignorons pas ses liaisons intimes avec le ministre des affaires étrangères, avec ce Lebrun, qui est un Liégois et une créature de la maison d'Autriche; le meilleur ami de Brissot c'est Clavière, et Clavière a conspiré partout où il a respiré: Rabaut, traître comme un protestant et comme un philosophe qu'il est, n'a pas été assez habile pour nous cacher sa correspondance avec le courtisan et le traître Montesquiou : il y a six mois qu'ils travaillent ensemble à ouvrir la Savoie et la France aux Piémontais; Servan n'a été nommé général de l'armée des Pyrénées que pour livrer les clefs de la

France aux Espagnols; enfin, voilà Dumouriez, qui ne menace plus la Hollande, mais Paris; et quand ce charlatan d'héroïsme est venu ici, *où je voulais le faire arrêter*, ce n'est pas avec la Montagne qu'il a dîné tous les jours, mais bien avec les ministres et avec les girondins. — Trois ou quatre fois chez moi, par exemple. — Je suis *bien las de la révolution*, je suis malade : jamais la patrie ne fut dans de plus grands dangers, et je doute qu'elle s'en tire. Eh bien! avez-vous encore envie de rire et de croire que ce sont là d'honnêtes gens, de bons républicains? — Non, je ne suis plus tenté de rire, mais j'ai peine à retenir les larmes qu'il faut verser sur la patrie, lorsqu'on voit ses législateurs en proie à des soupçons si affreux sur des fondements si misérables. Je suis sûr que rien de ce que vous soupçonnez n'est réel; mais je suis plus sûr encore que vos soupçons sont un danger très-réel et très-grand. Tous ces hommes à peu près sont vos ennemis, mais aucun, excepté Dumouriez, n'est l'ennemi de la république; et si de toutes parts vous pouviez étouffer vos haines, la république ne courrait plus aucun danger. — N'allez-vous pas me proposer de refaire la motion de l'évêque Lamourette? — Non; j'ai assez profité des leçons au moins que vous m'avez données; et les trois assemblées nationales ont pris la peine de m'apprendre que les meilleurs patriotes haïssent encore plus leurs ennemis qu'ils n'aiment leur patrie. Mais j'ai une question à vous faire, et je vous prie de vous recueillir avant de me répondre : N'avez-vous aucun doute sur tout ce que vous venez de me dire? — Aucun. — Je le quittai et me retirai dans un long étonnement, et dans une grande épouvante de ce que je venais d'entendre.

« Quelques jours après, je sortais du conseil exécutif; je rencontre Salles, qui sortait de la convention nationale. Les circonstances devenaient de plus en plus menaçantes. Tous ceux qui avaient quelque estime les uns pour les autres ne pouvaient se voir sans se sentir pressés du besoin de s'entretenir de la chose publique.

« Eh bien! dis-je à Salles en l'abordant, n'y a-t-il aucun moyen de terminer ces horribles querelles? — Oh! oui, je l'espère; j'espère que bientôt je lèverai tous les voiles qui couvrent encore ces affreux scélérats et leurs affreuses conspirations. Mais vous, je sais que vous avez toujours une confiance aveugle; je sais que votre manie est de ne rien croire. — Vous vous trompez : je crois comme un autre, mais sur des présomptions, et non sur des soupçons ; sur des faits attestés, non pas sur des faits imaginés. Pourquoi me supposez-vous donc si incrédule? Est-ce parce qu'en 1789 je ne voulus pas vous croire, lorsque vous m'assuriez que Necker pillait le trésor, et qu'on avait vu les mules chargées d'or et d'argent sur lesquelles il faisait passer des millions à Genève? Cette incrédulité, je l'avoue, a été en moi bien incorrigible ; car aujourd'hui encore je suis persuadé que Necker a laissé ici plus de millions à lui, qu'il n'a emporté de millions de nous à Genève. — Necker était un coquin; mais ce n'était rien auprès des scélérats dont nous sommes entourés; et c'est de ceux-ci que je veux vous parler si vous voulez m'entendre. Je veux tout vous dire, car je sais tout ; j'ai deviné toutes leurs trames. Tous les complots, tous les crimes de la Montagne ont commencé avec la révolution : c'est d'Orléans qui est le chef de cette bande de brigands ; et c'est l'auteur du roman infernal des *Liaisons dangereuses* qui a dressé le plan de tous les forfaits qu'ils commettent depuis cinq ans. Le traître Lafayette était leur complice, et c'est lui qui, en faisant semblant de déjouer le complot dès son origine, envoya d'Orléans en Angleterre pour tout arranger avec Pitt, le prince de Galles et le cabinet de Saint-James. Mirabeau était aussi là-dedans : il recevait de l'argent du roi pour cacher ses liaisons avec d'Orléans, mais il en recevait plus encore de d'Orléans pour le servir. La grande affaire pour le parti de d'Orléans, c'était de faire entrer les jacobins dans ses desseins. Ils n'ont pas osé l'entreprendre directement ; c'est d'abord aux cordeliers qu'ils se sont adressés. Dans les cordeliers, à l'instant tout leur a été vendu et dévoué. Observez bien que les cordeliers ont toujours été moins nombreux que les jacobins, ont toujours fait moins de bruit : c'est qu'ils veulent bien que tout le monde soit leur instrument, mais qu'ils ne veulent pas que tout le monde soit dans leur secret. Les cordeliers ont toujours été la pépinière des conspirateurs : c'est là que le plus dangereux de tous, Danton, les forme et les élève à l'audace et au mensonge, tandis que Marat les façonne au meurtre et aux massacres : c'est là qu'ils s'exercent au rôle qu'ils doivent jouer ensuite dans les jacobins ; et les jacobins, qui ont l'air de mener la France, sont m...és eux-mêmes, sans s'en douter, par les cordeliers. Les cordeliers, qui ont l'air d'être cachés dans un trou de Paris, négocient avec l'Europe, et ont des envoyés dans toutes les cours, qui ont juré la ruine de notre liberté : le fait est certain ; j'en ai la preuve. Enfin ce sont les cordeliers qui ont englouti un trône dans des flots de sang pour en faire sortir un nouveau trône. Ils savent bien que le côté droit, où sont toutes les vertus, est aussi le côté où sont tous les vrais républicains ; et s'ils nous accusent de royalisme, c'est parce qu'il leur faut ce prétexte pour déchaîner sur nous les fureurs de la multitude ; c'est parce que des poignards sont plus faciles à trouver contre nous que des raisons. Dans une seule conjuration, il y en a trois ou quatre. Quand le côté droit tout entier sera égorgé, le duc d'York arrivera pour s'asseoir sur le trône, et d'Orléans, qui le lui a promis, l'assassinera ; d'Orléans sera assassiné lui-même par Marat, Danton et Robespierre, qui lui ont fait la même promesse, et les triumvirs se partageront la France, couverte de cendres et de sang, jusqu'à ce que le plus habile de tous, et ce sera Danton, assassine les deux autres et règne seul, d'abord sous le titre de dictateur, ensuite, sans déguisement, sous celui de roi. Voilà leur plan, n'en doutez pas ; à force d'y rêver, je l'ai trouvé ; tout le prouve et le rend évident : voyez comme toutes les circonstances se lient et se tiennent : il n'y a pas un fait dans la révolution qui ne soit une partie et une preuve de ces horribles complots. Vous êtes étonné, je le vois : serez-vous encore incrédule ? — Je suis étonné, en effet : mais dites-moi, y en a-t-il beaucoup parmi vous, c'est-à-dire de votre côté, qui pensent comme vous sur tout cela ? — Tous, ou presque tous. Condorcet m'a fait une fois quelques objections ; Sieyes communique peu avec nous ; Rabaut, lui, a un autre plan, qui quelquefois se rapproche, et quelquefois s'éloigne du mien : mais tous les autres n'ont pas plus de doute que moi sur ce que je viens de vous dire; tous sentent la nécessité d'agir promptement, *de mettre promptement les fers au feu*, pour prévenir tant de crimes et de malheurs, pour ne pas perdre tout le fruit d'une révolution qui nous a tant coûté. Dans le côté droit, il y a des membres qui n'ont pas assez de confiance en vous; mais moi, qui ai été votre collègue, qui vous connais pour un honnête homme, pour un ami de la liberté, je leur assure que vous serez pour nous, que vous nous aiderez de tous les moyens que votre place met à votre disposition. Est-ce qu'il peut vous rester la plus légère incertitude sur tout ce que je vous ai dit de ces scélérats? — Je serais trop indigne de l'estime que vous me témoignez, si je vous laissais penser que je crois à la vérité de tout ce plan, que vous croyez être celui de vos ennemis. Plus vous y mettez de faits, de choses et d'hommes, plus il vous paraît vraisemblable à vous, et moins il me le paraît à moi. La plupart des faits dont vous composez le tissu de ce plan ont eu un but qu'on n'a pas besoin de leur prêter, qui se présente de lui-même; et vous leur donnez un but qui ne se présente pas de lui-même, et qu'il faut leur prêter. Or, il faut des preuves d'abord pour écarter une explication naturelle, et il faut d'autres preuves ensuite pour faire adopter une explication qui ne se présente pas naturellement. Par exemple, tout le monde croit que Lafayette et d'Orléans étaient ennemis, et que c'était pour délivrer Paris, la France et l'assemblée nationale, de beaucoup d'inquiétudes, que d'Orléans fut engagé ou obligé par Lafayette à s'éloigner quelque temps de la France ; il faut établir, non par assertion, mais par preuve, 1° qu'ils n'étaient pas ennemis ; 2° qu'ils étaient complices ; 3° que le voyage de d'Orléans en Angleterre eut pour objet l'exécution de leurs complots. Je sais qu'avec une manière de raisonner si rigoureuse, on s'expose à laisser courir les crimes et les malheurs devant soi sans les atteindre, et sans les arrêter par la prévoyance : mais je sais aussi qu'en se livrant à son imagination, on fait des systèmes sur les événements passés et sur les événements futurs ; on perd tous les moyens de bien discerner et apprécier les événements actuels ; et en rêvant des milliers de forfaits que personne ne trame, on s'ôte la faculté de voir avec certitude ceux qui nous menacent : on force des ennemis qui ont peu de scrupule à la tentation d'en commettre, auxquels ils n'auraient jamais pensé. Je ne doute pas qu'il n'y ait autour de nous beaucoup de scélérats : le déchaînement de toutes les passions les fait naître, et l'or de l'étranger les soudoie. Mais, croyez-moi, si leurs projets sont affreux, ils ne sont ni si vastes, ni si grands, ni si compliqués, ni conçus et menés de si loin. Il y a dans tout cela beaucoup plus de voleurs et d'assassins que de profonds conspirateurs. Les véritables conspirateurs contre la république, ce sont les rois de l'Europe et les passions des républicains. Pour repousser les rois de l'Europe et leurs régiments, nos armées suffisent, et de reste : pour empêcher nos passions de nous dévorer, il y a un moyen, mais il est unique ; hâtez-vous d'organiser un gouvernement qui ait de la force et qui mérite de la confiance.

Dans l'état où vos querelles laissent le gouvernement, une démocratie même de vingt-cinq millions d'anges serait bientôt en proie à toutes les fureurs et à toutes les dissensions de l'orgueil; comme l'a dit Jean-Jacques, il faudrait vingt-cinq millions de dieux, et personne ne s'est avisé d'en imaginer tant. Mon cher Salles, les hommes et les grandes assemblées ne sont pas faits de manière que d'un côté il n'y ait que des dieux, et de l'autre que des diables. Partout où il y a des hommes en conflit d'intérêts et d'opinions, les bons même ont des passions méchantes, et les mauvais même, si on cherche à pénétrer dans leurs ames avec douceur et patience, sont susceptibles d'impressions droites et bonnes. Je trouve au fond de mon ame la preuve évidente et invincible de la moitié au moins de cette vérité: je suis bon, moi, et aussi bon, à coup sûr, qu'aucun d'entre vous; mais quand, au lieu de réfuter mes opinions avec de la logique et de la bienveillance, on les repousse avec soupçon et injure, je suis prêt à laisser là le raisonnement, et à regarder si mes pistolets sont bien chargés. Vous m'avez fait deux fois ministre, et deux fois vous m'avez rendu un très-mauvais service: ce sont les dangers qui vous environnent, et qui m'environnent, qui peuvent seuls me faire rester au poste où je suis. Un brave homme ne demande pas son congé la veille des batailles. La bataille, je le vois, n'est pas loin; en prévoyant que des deux côtés vous tirerez sur moi, je suis résolu à rester. Je vous dirai à chaque instant ce que je croirai vrai dans ma raison et dans ma conscience; mais soyez bien averti que je prendrai pour guides ma conscience et ma raison, et non celles d'aucun homme sur la terre. Je n'aurai pas travaillé trente ans de ma vie à me faire une lanterne, pour laisser ensuite éclairer mon chemin par la lanterne des autres.

« Salles et moi nous nous séparâmes en nous serrant la main, en nous embrassant comme si nous avions été encore collègues de l'assemblée constituante. »

NOTE 5, PAGE 230 DU TOME III°

Parmi les esprits les plus froids et les plus impartiaux de la révolution, il faut citer Pétion. Personne n'a jugé d'une manière plus sensée les deux partis qui divisaient la convention. Son équité était si connue, que des deux côtés on consentait à s'en remettre à son jugement. Les accusations qui eurent lieu dès l'ouverture de l'assemblée, provoquèrent de grandes disputes aux Jacobins. Fabre d'Églantine proposa de s'en référer à Pétion du jugement à rendre. Voici la manière dont il s'exprima:

Séance du 29 octobre 1792.

« Il est un autre moyen que je crois utile et qui produira un plus grand effet: presque toujours, lorsqu'une vaste intrigue a voulu se nouer, elle a eu besoin de puissance; elle a dû faire de grands efforts pour s'attacher un grand crédit personnel. S'il existait un homme qui aurait tout vu, tout apprécié dans l'un et l'autre parti, vous ne pourriez douter que cet homme, ami de la vérité, ne fût très-propre à la faire connaître : eh bien! je propose que vous invitiez cet homme, membre de votre société, à prononcer sur les crimes qu'on impute aux patriotes; forcez sa vertu à dire tout ce qu'il a vu : cet homme, c'est Pétion. Quelque condescendance que l'homme puisse avoir pour ses amis, j'ose dire que les intrigants n'ont point corrompu Pétion ; il est toujours pur, il est sincère ; je le dis ici, je vais lui parler souvent, à la convention, dans les moments d'explosion, et s'il ne me dit pas toujours qu'il gémit, je vois qu'il gémit intérieurement: ce matin, il voulait monter à la tribune. Il ne peut pas vous refuser d'écrire ce qu'il pense, et nous verrons si, malgré que j'évente ce moyen-là, les intrigants peuvent le détourner. Observez, citoyens, que cette démarche seule prouvera que vous ne voulez que la vérité; c'est un hommage que vous rendez à la vertu d'un bon patriote, avec d'autant plus de motifs, que les menteurs se sont enveloppés de sa vertu pour être quelque chose. Je demande que la motion soit mise aux voix. » (*Applaudi.*)

Legendre. « Le coup était monté, il était clair : la distribution du discours de Brissot, le rapport du ministre de l'intérieur, le discours de Louvet dans la poche, tout cela prouve que la partie était faite. Le discours de Brissot sur la radiation contient tout ce qu'a dit Louvet : le rapport de Roland était pour fournir à Louvet une occasion de parler. J'approuve la motion de Fabre : la convention va prononcer, Robespierre a la parole pour lundi : je demande que la société suspende sa décision ; il est impossible que dans un pays libre la vertu succombe sous le crime. »

Après cette citation, je crois devoir placer le morceau que Pétion écrivit relativement à la dispute engagée entre Louvet et Robespierre ; c'est, avec les morceaux extraits de Garat, celui qui renferme les renseignements les plus précieux sur la conduite et le caractère des hommes de ce temps, et ce sont ceux que l'histoire doit conserver comme les plus capables de répandre des idées justes sur cette époque.

« Citoyens, je m'étais promis de garder le silence le plus absolu sur les événements qui se sont passés depuis le 10 août : des motifs de délicatesse et de bien public me déterminaient à user de cette réserve.

« Mais il est impossible de me taire plus long-temps : de l'une et de l'autre part, on invoque mon témoignage ; chacun me presse de dire mon opinion ; je vais dire avec franchise ce que je sais sur quelques hommes, ce que je pense sur les choses.

« J'ai vu de près les scènes de la révolution ; j'ai vu les cabales, les intrigues, les luttes orageuses entre la tyrannie et la liberté, entre le vice et la vertu.

« Quand le jeu des passions humaines paraît à découvert, quand on aperçoit les ressorts secrets qui ont dirigé les opérations les plus importantes, quand on rapproche les événements de leurs causes, quand on connaît tous les périls que la liberté a courus, quand on pénètre dans l'abîme de corruption qui menaçait à chaque instant de nous engloutir, on se demande avec étonnement par quelle suite de prodiges nous sommes arrivés au point où nous nous trouvons aujourd'hui !

« Les révolutions veulent être vues de loin : ce prestige leur est bien nécessaire ; les siècles effacent les taches qui les obscurcissent; la postérité n'aperçoit que les résultats. Nos neveux nous croiront grands; rendons-les meilleurs que nous.

« Je laisse en arrière les faits antérieurs à cette journée à jamais mémorable, qui a élevé la liberté sur les ruines de la tyrannie, et qui a changé la monarchie en république.

« Les hommes qui se sont attribué la gloire de cette journée sont les hommes à qui elle appartient le moins : elle est due à ceux qui l'ont préparée ; elle est due à la nature impérieuse des choses; elle est due aux braves fédérés et à leur directoire secret, qui concertait depuis long-temps le plan de l'insurrection ; elle est due au peuple, elle est due enfin au génie tutélaire qui préside constamment aux destins de la France depuis la première assemblée de ses représentants !

« Il faut le dire, un moment le succès fut incertain; et ceux qui sont vraiment instruits des détails de cette journée, savent quels furent les intrépides défenseurs de la patrie qui empêchèrent les Suisses et tous les satellites du despotisme de demeurer maîtres du champ de bataille, quels furent ceux qui rallièrent nos phalanges citoyennes, un instant ébranlées.

« Cette journée avait également lieu sans le concours des commissaires de plusieurs sections réunis à la maison commune: les membres de l'ancienne municipalité, qui n'avaient pas désemparé pendant la nuit, étaient encore en séance à neuf heures et demie du matin.

« Ces commissaires conçurent néanmoins une grande idée, et prirent une mesure hardie en s'emparant de tous les pouvoirs municipaux, et en se mettant à la place d'un conseil général dont ils redoutaient la faiblesse et la corruption; ils exposèrent courageusement leur vie dans le cas où le succès ne justifierait pas l'entreprise.

« Si ces commissaires eussent eu la sagesse de savoir déposer à temps leur autorité, de rentrer au rang de simples citoyens après la belle action qu'ils avaient faite, ils se seraient couverts de gloire; mais ils ne surent pas résister à l'attrait du pouvoir, et l'envie de dominer s'empara d'eux.

« Dans les premiers moments d'ivresse de la conquête de la liberté, et après une commotion aussi violente, il était impossible que tout rentrât à l'instant dans le calme et dans l'ordre accoutumé; il eût été injuste de l'exiger : on fit alors au nouveau conseil de la commune des reproches qui n'étaient pas fondés; ce n'était connaître ni sa position ni les circonstances; mais ces commissaires commencèrent à les mériter lorsqu'ils prolongèrent eux-mêmes le mouvement révolutionnaire au-delà du terme.

« L'assemblée nationale s'était prononcée; elle avait pris un grand caractère, elle avait rendu des décrets qui sauvaient l'empire, elle avait suspendu le roi, elle avait effacé la ligne de démarcation qui séparait les citoyens en deux classes, elle avait appelé la convention ! Le parti royaliste était abattu : il fallait dès lors se rallier à elle, la fortifier de l'opinion, l'environner de la confiance : le devoir et la saine politique le voulaient aussi.

« La commune trouva plus grand de rivaliser avec l'assemblée; elle établit une lutte qui n'était propre qu'à jeter de la défaveur sur tout ce qui s'était passé, qu'à faire croire que l'assemblée était sous le joug irrésistible des circonstances; elle obéissait ou résistait aux décrets, suivant qu'ils favorisaient ou contrariaient ses vues; elle prenait, dans ses représentations au corps législatif, des formes impérieuses et irritantes; elle affectait la puissance, et ne savait ni jouir de ses triomphes, ni se les faire pardonner.

« On était parvenu à persuader aux uns que tant que l'état révolutionnaire durait, le pouvoir était remonté à sa source, que l'assemblée nationale était sans caractère, que son existence était précaire, et que les assemblées des communes étaient les seules autorités légales et puissantes.

« On avait insinué aux autres que les chefs d'opinion dans l'assemblée nationale avaient des projets perfides, voulaient renverser la liberté et livrer la république aux étrangers.

« De sorte qu'un grand nombre de membres du conseil croyaient user d'un droit légitime lorsqu'ils usurpaient l'autorité, croyaient résister à l'oppression lorsqu'ils s'opposaient à la loi, croyaient faire un acte de civisme lorsqu'ils manquaient à leurs devoirs de citoyens: néanmoins, au milieu de cette anarchie, la commune prenait de temps en temps des arrêtés salutaires.

« J'avais été conservé dans ma place; mais elle n'était plus qu'un vain titre; j'en cherchais inutilement les fonctions, elles étaient éparses entre toutes les mains, et chacun les exerçait.

« Je me rendis les premiers jours au conseil; je fus effrayé du désordre qui régnait dans cette assemblée, et surtout de l'esprit qui la dominait : ce n'était plus un corps administratif délibérant sur les affaires communales ; c'était une assemblée politique se croyant investie de pleins pouvoirs, discutant les grands intérêts de l'état, examinant les lois faites et en promulguant de nouvelles ; on n'y parlait que de complots contre la liberté publique ; on y dénonçait des citoyens ; on les appelait à la barre ; on les entendait publiquement ; on les jugeait, on les renvoyait absous ou on les retenait ; les règles ordinaires avaient disparu ; l'effervescence des esprits était telle, qu'il était impossible de retenir ce torrent ; toutes les délibérations s'emportaient avec l'impétuosité de l'enthousiasme ; elles se succédaient avec une rapidité effrayante ; le jour, la nuit, sans aucune interruption, le conseil était toujours en séance.

« Je ne voulus pas que mon nom fût attaché à une multitude d'actes aussi irréguliers, aussi contraires aux principes.

« Je sentis également combien il était sage et utile de ne pas approuver, de ne pas fortifier par ma présence tout ce qui se passait. Ceux qui dans le conseil craignaient de m'y voir, ceux que mon aspect gênait, désiraient fortement que le peuple, dont je conservais la confiance, crût que je présidais à ses opérations, et que rien ne se faisait que de concert avec moi : ma réserve à cet égard accrut leur inimitié ; mais ils n'osèrent pas la manifester trop ouvertement, crainte de déplaire à ce peuple dont ils briguaient la faveur.

« Je parus rarement ; et la conduite que je tins dans cette position très-délicate entre l'ancienne municipalité, qui réclamait contre sa destitution, et la nouvelle, qui se prétendait légalement instituée, ne fut pas inutile à la tranquillité publique; car, si alors je me fusse prononcé fortement pour ou contre, j'occasionais un déchirement qui aurait pu avoir des suites funestes : en tout il est un point de maturité qu'il faut savoir saisir.

« L'administration fut négligée, le maire ne fut plus un centre d'unité; tous les fils furent coupés entre mes mains; le pouvoir fut dispersé; l'action de surveillance fut sans force; l'action réprimante le fut également.

« Robespierre prit donc l'ascendant dans le conseil, et il était difficile que cela ne fût pas ainsi dans les circonstances où nous nous trouvions, et avec la trempe de son esprit. Je lui entendis prononcer un discours qui me contrista l'ame : il s'agissait du décret qui ouvrait les barrières, et à ce sujet, il se livra à des déclamations extrêmement animées, aux écarts d'une imagination sombre; il aperçut des précipices sous ses pas, des complots liberticides; il signala les prétendus conspirateurs; il s'adressa au peuple, échauffa les esprits, et occasiona, parmi ceux qui l'entendaient, la plus vive fermentation.

« Je répondis à ce discours pour rétablir le calme, pour dissiper ces noires illusions, et ramener la discussion au seul point qui dût occuper l'assemblée.

« Robespierre et ses partisans entraînaient ainsi la commune dans des démarches inconsidérées, dans les partis extrêmes.

« Je ne suspectais pas pour cela les intentions de Robespierre; j'accusais sa tête plus que son cœur; mais les suites de ces noires visions ne m'en causaient pas moins d'alarmes.

« Chaque jour les tribunes du conseil retentissaient de diatribes violentes; les membres ne pouvaient pas se persuader qu'ils étaient des magistrats chargés de veiller à l'exécution des lois et au maintien de l'ordre; ils s'envisageaient toujours comme formant une association révolutionnaire.

« Les sections assemblées recevaient cette influence, la communiquaient à leur tour, de sorte qu'en même temps tout Paris fut en fermentation.

« Le comité de surveillance de la commune remplissait les prisons; on ne peut pas se dissimuler que si plusieurs de ces arrestations furent justes et nécessaires, d'autres furent légalement hasardées. Il faut moins en accuser les chefs que leurs agents : la police était mal entourée; un homme entre autres, dont le nom seul est devenu une injure, dont le nom seul jette l'épouvante dans l'ame de tous les citoyens paisibles, semblait s'être emparé de sa direction et de ses mouvements; assidu à toutes les conférences, il s'immisçait dans toutes les affaires; il parlait, il ordonnait en maître; je m'en plaignis hautement à la commune, et je terminai mon opinion par ces mots : *Marat est ou le plus insensé ou le plus scélérat des hommes.* Depuis je n'ai jamais parlé de lui.

« La justice était lente à prononcer sur le sort des détenus, et ils s'entassaient de plus en plus dans les prisons. Une section vint en députation au conseil de la commune le 23 août, et déclara formellement que les citoyens, fatigués, indignés des retards que l'on apportait dans les jugements, forceraient les portes de ces asiles, et immoleraient à leur vengeance les coupables qui y étaient renfermés..... Cette pétition, conçue dans les termes les plus délirants, n'éprouva aucune censure; elle reçut même des applaudissements!

« Le 25, mille à douze cents citoyens armés sortirent de Paris pour enlever les prisonniers d'état détenus à Orléans, et les transférer ailleurs.

« Des nouvelles fâcheuses vinrent encore augmenter l'agitation des esprits : on annonça la trahison de Longwy, et, quelques jours après, le siége de Verdun.

« Le 27, l'assemblée nationale invita le département de Paris et ceux environnants à fournir trente mille hommes armés pour voler aux frontières : ce décret imprima un nouveau mouvement qui se combina avec ceux qui existaient déjà.

« Le 31, l'absolution de Montmorin souleva le peuple; le bruit se répandit qu'il avait été sauvé par la perfidie d'un commissaire du roi, qui avait induit les jurés en erreur.

« Dans le même moment, on publia la révélation d'un complot, faite par un condamné, complot tendant à faire évader tous les prisonniers, qui devaient ensuite se répandre dans la ville, s'y livrer à tous les excès et enlever le roi.

« L'effervescence était à son comble. La commune, pour exciter l'enthousiasme des citoyens, pour les porter en foule aux enrôlements civiques, avait arrêté de les réunir avec appareil au Champ-de-Mars au bruit du canon.

« Le 2 septembre arrive; le canon d'alarme tire; le tocsin sonne..... O jour de deuil! A ce son lugubre et alarmant, on se rassemble, on se précipite dans les prisons, on égorge, on assassine! Manuel, plusieurs députés de l'assemblée nationale, se rendent dans ces lieux de carnage : leurs efforts sont inutiles; on immole les victimes jusque dans leurs bras! Eh bien! j'étais dans une fausse sécurité; j'ignorais ces cruautés, depuis quelque temps on ne me parlait de rien. Je les apprends enfin, et comment? d'une manière vague, indirecte, défigurée : on m'ajoute en même temps que tout est fini. Les détails les plus déchirants me parviennent ensuite; mais j'étais dans la conviction la plus intime que le jour qui avait éclairé ces scènes affreuses ne reparaîtrait plus. Cependant elles continuent; j'écris au commandant général, je le requiers de porter des forces aux prisons; il ne me répond pas d'abord : j'écris de nouveau. Il me dit qu'il a donné des ordres : rien n'annonce que ces ordres s'exécutent. Cependant elles continuent encore : je vais au conseil de la commune; je me rends de là à l'hôtel de la Force avec plusieurs de mes collègues. Des citoyens assez paisibles obstruaient la rue qui conduit à cette prison; une très-faible garde était à la porte : j'entre.... Non, jamais ce spectacle ne s'effacera de mon cœur! Je vois deux officiers municipaux revêtus de leur écharpe; je vois trois hommes tranquillement assis devant une table, les registres d'écrous ouverts et sous leurs yeux, faisant l'appel des prisonniers; d'autres hommes les interrogeant; d'autres hommes faisant fonctions de jurés et de juges; une douzaine de bourreaux, les bras nus, couverts de sang, les uns avec des massues, les autres avec des sabres et des coutelas qui en dégouttaient, exécutant à l'instant les jugements; des citoyens attendant au dehors ces jugements avec impatience, gardant le plus morne silence aux arrêts de mort, jetant des cris de joie aux arrêts d'absolution.

« Et les hommes qui jugeaient, et les hommes qui exécutaient avaient la même sécurité que si la loi les eût appelés à remplir ces fonctions! ils me vantaient leur justice, leur attention à distinguer les innocents des coupables, les services qu'ils avaient rendus; ils demandaient, pourrait-on le croire! ils demandaient à être payés du temps qu'ils avaient passé!... J'étais réellement confondu de les entendre!

« Je leur parlai le langage austère de la loi; je leur parlai avec le sentiment de l'indignation profonde dont j'étais pénétré: je les fis sortir tous devant moi. J'étais à peine sorti moi-même qu'ils y rentrèrent: je fus de nouveau sur les lieux pour les en chasser; la nuit ils achevèrent leur horrible boucherie.

« Ces assassinats furent-ils commandés, furent-ils dirigés par quelques hommes? J'ai eu des listes sous les yeux, j'ai reçu des rapports, j'ai recueilli quelques faits; si j'avais à prononcer comme juge, je ne pourrais pas dire : Voilà le coupable.

« Je pense que ces crimes n'eussent pas eu un aussi libre cours, qu'ils eussent été arrêtés, si tous ceux qui avaient en main le pouvoir et la force, les eussent vus avec horreur; mais, je dois le dire, parce que cela est vrai : plusieurs de ces hommes publics, de ces défenseurs de la patrie, croyaient que ces journées désastreuses et déshonorantes étaient nécessaires, qu'elles purgeaient l'empire d'hommes dangereux, qu'elles portaient l'épouvante dans l'ame des conspirateurs; et que ces crimes, odieux en morale, étaient utiles en politique.

« Oui, voilà ce qui a ralenti le zèle de ceux à qui la loi avait confié le maintien de l'ordre, de ceux à qui elle avait remis la défense des personnes et des propriétés.

« On voit comment on peut lier les journées des 2, 3, 4 et 5 septembre à l'immortelle journée du 10 août; comment on peut en faire une suite du mouvement révolutionnaire imprimé dans ce jour, le premier des annales de la république; mais je ne puis me résoudre à confondre la gloire avec l'infamie, et à souiller le 10 août des excès du 2 septembre.

« Le comité de surveillance lança en effet un mandat d'arrêt contre le ministre Roland; c'était le 4, et les massacres duraient encore. Danton en fut instruit; il vint à la mairie : il était avec Robespierre; il s'emporta avec chaleur contre cet acte arbitraire et de démence; il aurait perdu non pas Roland, mais ceux qui l'avaient décerné : Danton en provoqua la révocation; il fut enseveli dans l'oubli.

« J'eus une explication avec Robespierre; elle fut très-vive; je lui ai toujours fait en face des reproches que l'amitié a tempérés en son absence; je lui dis : Robespierre, vous faites bien du mal ! Vos dénonciations, vos alarmes, vos haines, vos soupçons, agitent le peuple. Mais enfin, expliquez-vous; avez-vous des faits, avez-vous des preuves? Je combats avec vous; je n'aime que la vérité; je ne veux que la liberté.

« — Vous vous laissez entourer, vous vous laissez prévenir, me répondit-il, on vous indispose contre moi;

vous voyez tous les jours mes ennemis; vous voyez Brissot et son parti.

« — Vous vous trompez, Robespierre; personne plus que moi n'est en garde contre les préventions, et ne juge avec plus de sang-froid les hommes et les choses.

« Vous avez raison, je vois Brissot; néanmoins rarement; mais vous ne le connaissez pas, et moi je le connais dès son enfance; je l'ai vu dans ces moments où l'âme se montre tout entière, où l'on s'abandonne sans réserve à l'amitié, à la confiance : je connais son désintéressement, je connais ses principes, je vous proteste qu'ils sont purs. Ceux qui en font un chef de parti n'ont pas la plus légère idée de son caractère; il a des lumières et des connaissances, mais il n'a ni la réserve, ni la dissimulation, ni ces formes entraînantes, ni cet esprit de suite, qui constituent un chef de parti, et ce qui vous surprendra, c'est que, loin de mener les autres, il est très-facile à abuser.

« Robespierre insista, mais en se renfermant dans des généralités. De grace, lui dis-je, expliquons-nous : dites-moi franchement ce que vous avez sur le cœur, ce que vous savez?

« — Eh bien! me répondit-il, je crois que Brissot est à Brunswick!

« — Quelle erreur est la vôtre! m'écriai-je; c'est véritablement une folie; voilà comme votre imagination vous égare : Brunswick ne serait-il pas le premier à lui couper la tête? Brissot n'est pas assez fou pour en douter. Qui de nous sérieusement peut capituler? qui de nous ne risque sa vie? Bannissons d'injustes défiances. »

« Je reviens aux événements, dont je vous ai tracé

une faible esquisse. Ces événements, et quelques-uns de ceux qui ont précédé la célèbre journée du 10 août, le rapprochement des faits et d'une foule de circonstances, ont porté à croire que des intrigants avaient voulu s'emparer du peuple, pour, avec le peuple, s'emparer de l'autorité; on a désigné hautement Robespierre : on a examiné ses liaisons; on a analysé sa conduite; on a recueilli les paroles qui, dit-on, ont échappé à un de ses amis, et on a conclu que Robespierre avait eu l'ambition insensée de devenir le dictateur de son pays.

« Le caractère de Robespierre explique ce qu'il a fait. Robespierre est extrêmement ombrageux et défiant; il aperçoit partout des complots, des trahisons, des précipices; son tempérament bilieux, son imagination atrabilaire, lui présentent tous les objets sous de sombres couleurs; impérieux dans son avis, n'écoutant que lui, ne supportant pas la contrariété, ne pardonnant jamais à celui qui a pu blesser son amour-propre, et ne reconnaissant jamais ses torts; dénonçant avec légèreté, s'irritant du plus léger soupçon; croyant toujours qu'on s'occupe de lui, et pour le persécuter; vantant ses services, et parlant de lui avec peu de réserve; ne connaissant point les convenances, et nuisant par cela même aux causes qu'il défend; voulant par-dessus tout les faveurs du peuple, lui faisant sans cesse la cour, et cherchant avec affectation ses applaudissements : c'est là, c'est surtout cette dernière faiblesse qui, perçant dans les actes de sa vie publique, a pu faire croire que Robespierre aspirait à de hautes destinées et qu'il voulait usurper le pouvoir dictatorial.

« Quant à moi, je ne puis me persuader que cette chimère ait sérieusement occupé ses pensées, qu'elle ait été l'objet de ses désirs et le but de son ambition.

« Il est un homme cependant qui s'est enivré de cette idée fantastique, qui n'a cessé d'appeler la dictature sur la France comme un bienfait, comme la seule domination qui pût nous sauver de l'anarchie qu'il prêchait, qui pût nous conduire à la liberté et au bonheur! Il sollicitait ce pouvoir tyrannique, pour qui? Vous ne voudrez jamais le croire; vous ne connaissez pas assez tout le délire de sa vanité; il le sollicitait pour lui! oui, pour lui Marat! Si sa folie n'était pas féroce, il n'y aurait rien d'aussi ridicule que cet être, que la nature semble avoir marqué tout exprès du sceau de sa réprobation. »

NOTE 6, PAGE 358 DU TOME III.e

Parmi les opinions les plus curieuses exprimées sur Marat et Robespierre, il ne faut pas omettre celle qui fut émise par la société des jacobins dans la séance du dimanche 23 décembre 1792. Je ne connais rien qui peigne mieux l'esprit et les dispositions du moment que la discussion qui s'éleva sur le caractère de ces deux personnages. En voici un extrait :

« Desfieux donne lecture de la correspondance. Une lettre d'une société, dont le nom nous a échappé, donne lieu à une grande discussion propre à faire naître des réflexions bien importantes. Cette société annonce à la société-mère qu'elle est invariablement attachée aux principes des jacobins; elle observe qu'elle ne s'est point laissé aveugler par les calomnies répandues avec profusion contre Marat et Robespierre, et qu'elle conserve toute son estime et toute sa vénération pour ces deux incorruptibles amis du peuple.

« Cette lettre a été vivement applaudie, mais elle a

été suivie d'une discussion que Brissot et Gorsas, qui sont aussi sûrement des prophètes, avaient annoncée la veille.

Robert : « Il est bien étonnant que l'on confonde toujours les noms de Marat et de Robespierre. Combien l'esprit public est-il corrompu dans les départements, puisque l'on n'y met aucune différence entre ces deux défenseurs du peuple! Ils ont tous deux des vertus, il est vrai; Marat est patriote, il a des qualités estimables, j'en conviens; mais qu'il est différent de Robespierre! Celui-ci est sage, modéré dans ses moyens, au lieu que Marat est exagéré, n'a pas cette sagesse qui caractérise Robespierre. Il ne suffit pas d'être patriote; il faut, pour servir le peuple utilement, être réservé dans les moyens d'exécution, et Robespierre l'emporte à coup sûr sur Marat dans les moyens d'exécution.

« Il est temps, citoyens, de déchirer le voile qui cache la vérité aux yeux des départements; il est temps qu'ils sachent que nous savons distinguer Robespierre de Marat. Écrivons aux sociétés affiliées ce que nous pensons de ces deux citoyens; car, je vous l'avoue, je suis un grand partisan de Robespierre. » (*Murmures dans les tribunes et dans une partie de la salle.*)

Bourdon : « Il y a long-temps que nous aurions dû manifester aux sociétés affiliées ce que nous pensons de Marat. Comment ont-elles jamais pu confondre Marat et Robespierre? Robespierre est un homme vraiment vertueux auquel, depuis la révolution, nous n'avons aucun reproche à faire; Robespierre est modéré dans ses moyens, au lieu que Marat est un écrivain fougueux qui nuit beaucoup aux jacobins (*murmures*); et d'ailleurs il est bon d'observer que Marat nous fait beaucoup de tort à la convention nationale.

« Les députés s'imaginent que nous sommes partisans de Marat; on nous appelle des maratistes; si on s'aperçoit que nous savons apprécier Marat, alors vous verrez les députés se rapprocher de la Montagne où nous siégeons, vous les verrez venir dans le sein de cette société, vous verrez les sociétés affiliées revenir de leur égarement et se rallier de nouveau au berceau de la liberté. Si Marat est patriote, il doit accéder à la motion que je vais faire. Marat doit se sacrifier à la cause de la liberté. Je demande qu'il soit rayé du tableau des membres de la société. »

« Cette motion excite quelques applaudissements, de violents murmures dans une partie de la salle, et une violente agitation dans les tribunes.

« On se rappelle que huit jours avant cette scène d'un nouveau genre, Marat avait été couvert d'applaudissements dans la société; le peuple des tribunes, qui a de la mémoire, se le rappelait fort bien; il ne pouvait pas croire qu'il se fût opéré un si prompt changement dans les esprits; et, comme l'instinct moral du peuple est toujours juste, il a vivement été indigné de la proposition de Bourdon; le peuple a défendu son *vertueux ami*; il n'a pas cru que dans huit jours il ait pu démériter de la société, car, quoiqu'on ait dit que l'ingratitude était une vertu des républiques, on aura beaucoup de peine à familiariser le peuple français avec ces sortes de vertus.

« La jonction des noms de Marat et de Robespierre n'a pas révolté le peuple; les oreilles étaient accoutumées depuis long-temps à les voir réunis dans la correspondance ; et après avoir vu plusieurs fois la société indignée, lorsque les clubs des autres départements demandaient la radiation de Marat, il n'a pas cru devoir aujourd'hui appuyer la motion de Bourdon.

« Un citoyen d'une société affiliée a fait observer à la société combien il était dangereux en effet de joindre ensemble les noms de Marat et de Robespierre. « Dans les départements, dit-il, on fait une grande différence de Marat et de Robespierre, et l'on est surpris de voir la société se taire sur les différences qui existent entre ces deux patriotes. Je propose à la société, après avoir prononcé sur le sort de Marat, de ne plus parler d'affiliation (ce mot ne doit pas être prononcé dans une république), mais de se servir du terme de *fraternisation*. »

Dufourny : « Je m'oppose à la motion de rayer Marat de la société. (*Applaudissements très-vifs.*) Je ne disconviendrai pas de la différence qui existe entre Marat et Robespierre. Ces deux écrivains, qui peuvent se ressembler par le patriotisme, ont des différences bien remarquables ; ils ont tous deux servi la cause du peuple, mais par des moyens bien différents. Robespierre a défendu les vrais principes avec méthode, avec fermeté, et avec toute la sagesse qui convient ; Marat au contraire a souvent outre-passé les bornes de la saine raison et de la prudence. Cependant, en convenant de la différence qui existe entre Marat et Robespierre, je ne suis pas d'avis de la radiation : on peut être juste sans être ingrat envers Marat. Marat nous a été utile, il a servi la révolution avec courage. (*Applaudissements très-vifs de la société et des tribunes.*) Il y aurait de l'ingratitude à le rayer. (*Oui! oui! s'écrie-t-on de toutes parts.*) Marat a été un homme nécessaire ; il faut dans les révolutions de ces têtes fortes, capables de réunir les états, et Marat est du nombre de ces hommes rares qui sont nécessaires pour renverser le despotisme. (*Applaudi.*)

« Je conclus à ce que la motion de Bourdon soit rejetée, et que l'on se contente d'écrire aux sociétés affiliées pour leur apprendre la différence que nous mettons entre Marat et Robespierre. » (*Applaudi.*)

« La société arrête qu'elle ne se servira plus du terme d'affiliation, le regardant comme injurieux à l'égalité républicaine ; elle y substitue le mot fraternisation. La société arrête ensuite que Marat ne sera point rayé du tableau de ses membres, mais qu'il sera fait une circulaire à toutes les sociétés qui ont le droit de fraternisation, une circulaire dans laquelle on détaillera les rapports, ressemblances, dissemblances, conformités et difformités qui peuvent se trouver entre Marat et Robespierre, afin que tous ceux qui fraternisent avec les jacobins puissent prononcer avec connaissance de cause sur ces deux défenseurs du peuple, et qu'ils apprennent enfin à séparer deux noms qu'à tort ils croient devoir être éternellement unis. »

NOTE 7, PAGE 88 DU TOME III°.

Voici quelques détails précieux sur les journées de septembre, qui font connaître sous leur véritable aspect ces scènes affreuses. C'est aux Jacobins que furent faites les révélations les plus importantes, par suite des disputes qui s'étaient élevées dans la convention.

(*Séance du lundi* 29 *octobre* 1792.)

Chabot : « Ce matin, Louvet a annoncé un fait qu'il est essentiel de relever. Il nous a dit que ce n'étaient pas les hommes du 10 août qui avaient fait la journée du 2 septembre, et moi, comme témoin oculaire, je vous dirai que ce sont les mêmes hommes. Il nous a dit qu'il n'y avait pas deux cents personnes agissantes, et moi, je vous dirai que j'ai passé sous une voûte d'acier de dix mille sabres ; j'en appelle à Bazire, Colon et autres députés qui étaient avec moi : depuis la cour des Moines jusqu'à la prison de l'Abbaye, on était obligé de se serrer pour nous faire passage. J'ai reconnu pour mon compte cent cinquante fédérés. Il est possible que Louvet et ses adhérents n'aient pas été à ces exécutions populaires. Cependant, lorsqu'on a prononcé avec sang-froid un discours tel que celui de Louvet, on n'a pas beaucoup d'humanité; je sais bien que, depuis son discours, je ne voudrais pas coucher à côté de lui, dans la crainte d'être assassiné. Je somme Pétion de déclarer s'il est vrai qu'il n'y avait pas plus de deux cents hommes à cette exécution; mais il est juste que les intrigants se raccrochent à cette journée, sur laquelle toute la France n'est pas éclairée..... Ils veulent détruire en détail les patriotes; ils vont décréter d'accusation Robespierre, Marat, Danton, Santerre. Bientôt ils accoleront Bazire, Merlin, Chabot, Montaut, même Grangeneuve, s'il n'était pas raccroché à eux; ils proposeront ensuite le décret contre tout le faubourg Saint-Antoine, contre les quarante-huit sections, et nous serons huit cent mille hommes décrétés d'accusation : il faut cependant qu'ils se défient un peu de leurs forces, puisqu'ils demandent l'ostracisme. »

(*Séance du lundi 5 novembre.*)

« Fabre-d'Églantine fait des observations sur la journée du 2 septembre ; il assure que ce sont les hommes du 10 août qui ont enfoncé les prisons de l'Abbaye, celles d'Orléans, et celles de Versailles. Il dit que, dans ces moments de crise, il a vu les mêmes hommes venir chez Danton, et exprimer leur contentement en se frottant les mains; que l'un d'entre eux même désirait bien que Morande fût immolé: il ajoute qu'il a vu, dans le jardin du ministre des affaires étrangères, le ministre Roland, pâle, abattu, la tête appuyée contre un arbre, et demandant la translation de la convention à Tours ou à Blois. L'opinant ajoute que Danton seul montra la plus grande énergie de caractère dans cette journée; que Danton ne désespéra pas du salut de la patrie; qu'en frappant la terre du pied il en fit sortir des milliers de défenseurs; et qu'il eut assez de modération pour ne pas abuser de l'espèce de dictature dont l'assemblée nationale l'avait revêtu, en décrétant que ceux qui contrarieraient les opérations ministérielles seraient punis de mort. Fabre déclare ensuite qu'il a reçu une lettre de madame Roland, dans laquelle l'épouse du ministre de l'intérieur le prie de donner les mains à une tactique imaginée pour emporter quelques décrets de la convention. L'opinant demande que la société arrête la rédaction d'une adresse qui contiendrait tous les détails historiques des événements depuis l'époque de l'absolution de Lafayette jusqu'à ce jour. »

Chabot : « Voici des faits qu'il importe de connaître. Le 10 août, le peuple en insurrection voulait immoler les Suisses; à cette époque, les brissotins ne se croyaient pas les hommes du 10, car ils venaient nous conjurer d'avoir pitié d'eux : c'étaient les expressions de Lasource. Je fus un dieu dans cette journée; je sauvai cent cinquante Suisses; j'arrêtai moi seul à la porte des Feuillants le peuple qui voulait pénétrer dans la salle pour sacrifier à sa vengeance ces malheureux Suisses; les brissotins craignaient alors que le massacre ne s'étendît jusqu'à eux. D'après ce que j'avais fait à la journée du 10 août, je m'attendais que le 2 septembre on me députerait près du peuple : eh bien! la commission extraordinaire, présidée alors par le suprême Brissot, ne me choisit pas : qui choisit-on! Dusaulx, auquel, à la vérité, on adjoignit Bazire. On n'ignorait pas cependant quels hommes étaient propres à influencer le peuple et arrêter l'effusion du sang. Je me trouvai sur le passage de la députation; Bazire m'engagea à me joindre à lui, il m'emmena... Dusaulx avait-il des instructions particulières? je l'ignore : mais, ce que je sais, c'est que Dusaulx ne voulut céder la parole à personne. Au milieu d'un rassemblement de dix mille hommes, parmi lesquels étaient cent cinquante Marseillais, Dusaulx monta sur une chaise; il fut très-maladroit : il avait à parler à des hommes armés de poignards. Comme il obtenait enfin du silence, je lui adressai promptement ces paroles : « Si vous êtes adroit, vous arrêterez l'ef-« fusion du sang; dites aux Parisiens qu'il est de leur « intérêt que les massacres cessent, afin que les dépar-« tements ne conçoivent pas des alarmes relativement « à la sûreté de la convention nationale, qui va s'assem-« bler à Paris.... » Dusaulx m'entendit : soit mauvaise foi, soit orgueil de la vieillesse, il ne fit pas ce que je lui avais dit; et c'est ce M. Dusaulx que l'on proclame comme le seul homme digne dans la députation de Paris....! Un second fait non moins essentiel, c'est que le massacre des prisonniers d'Orléans n'a pas été fait par les Parisiens. Ce massacre devait paraître bien plus odieux, puisqu'il était plus éloigné du 10 août, et qu'il a été commis par un moindre nombre d'hommes. Cependant les intrigants n'en ont pas parlé; ils n'ont pas dit un mot : c'est qu'il y a péri un ennemi de Brissot, le ministre des affaires étrangères, qui avait chassé son protégé Narbonne... Si moi seul, à la porte des Feuillants, j'ai arrêté le peuple qui voulait immoler les Suisses, à plus forte raison l'assemblée législative eût pu empêcher l'effusion du sang. Si donc il y a un crime, c'est à l'assemblée législative qu'il faut l'imputer, ou plutôt à Brissot qui la menait alors.

NOTE 8, PAGE 244 DU TOME IVe

Les véritables dispositions de Robespierre, à l'égard du 31 mai, sont manifestes par les discours qu'il a tenus aux Jacobins, où on parlait beaucoup plus librement qu'à l'assemblée, et où l'on conspirait hautement. Des extraits de ce qu'il a dit aux diverses époques importantes prouveront la marche de ses idées à l'égard de la grande catastrophe des 31 mai et 2 juin. Son premier discours prononcé sur les pillages du mois de février donne une première indication.

(*Séance du 25 février* 1793.)

Robespierre : « Comme j'ai toujours aimé l'humanité et que je n'ai jamais cherché à flatter personne, je vais dire la vérité. Ceci est une trame ourdie contre les patriotes eux-mêmes. Ce sont les intrigants qui veulent perdre les patriotes; il y a dans le cœur du peuple un sentiment juste d'indignation. J'ai soutenu, au milieu des persécutions et sans appui, que le peuple n'a jamais tort; j'ai osé proclamer cette vérité dans un temps où elle n'était pas encore reconnue; le cours de la révolution l'a développée.

« Le peuple a entendu tant de fois invoquer la loi par ceux qui voulaient le mettre sous son joug, qu'il se méfie de ce langage.

« Le peuple souffre; il n'a pas encore recueilli le fruit de ses travaux; il est encore persécuté par les riches, et les riches sont encore ce qu'ils furent toujours, c'est-à-dire durs et impitoyables. (*Applaudi.*) Le peuple voit l'insolence de ceux qui l'ont trahi, il voit la fortune accumulée dans leurs mains, il ne sent pas la nécessité de prendre les moyens d'arriver au but; et, lorsqu'on lui parle le langage de la raison, il n'écoute que son indignation contre les riches, et il se laisse entraîner dans de fausses mesures par ceux qui s'emparent de sa confiance pour le perdre.

« Il y a deux causes : la première, une disposition naturelle dans le peuple à chercher les moyens de soulager sa misère, disposition naturelle et légitime en elle-même; le peuple croit qu'au défaut de lois protectrices, il a le droit de veiller lui-même à ses propres besoins.

« Il y a une autre cause. Cette cause, ce sont les desseins perfides des ennemis de la liberté, des ennemis du peuple, qui sont bien convaincus que le seul moyen de nous livrer aux puissances étrangères, c'est d'alarmer le peuple sur ses subsistances, et de le rendre victime des excès qui en résultent. J'ai été témoin moi-même des mouvements. A côté des citoyens honnêtes, nous avons vu des étrangers et des hommes opulents, revêtus de l'habit respectable des sans-culottes. Nous avons entendu dire : On nous promettait l'abondance après la mort du roi, et nous sommes plus malheureux depuis que ce pauvre roi n'existe plus. Nous en avons entendu déclamer non pas contre la portion intrigante et contre-révolutionnaire de la convention, qui siége où siégeaient les aristocrates de l'assemblée constituante, mais contre la Montagne, mais contre la députation de Paris et contre les jacobins, qu'ils représentaient comme accapareurs.

« Je ne vous dis pas que le peuple soit coupable ; je ne vous dis pas que ses mouvements soient un attentat ; mais quand le peuple se lève, ne doit-il pas avoir un but digne de lui ? Mais de chétives marchandises doivent-elles l'occuper ? Il n'en a pas profité, car les pains de sucre ont été recueillis par les mains des valets de l'aristocratie ; et en supposant qu'il en ait profité, en échange de ce modique avantage, quels sont les inconvénients qui peuvent en résulter ? Nos adversaires veulent effrayer tout ce qui a quelque propriété ; ils veulent persuader que notre système de liberté et d'égalité est subversif de tout ordre, de toute sûreté.

« Le peuple doit se lever, non pour recueillir du sucre, mais pour terrasser les brigands. (*Applaudi.*) Faut-il vous retracer vos dangers passés ? Vous avez pensé être la proie des Prussiens et des Autrichiens ; il y avait une transaction ; et ceux qui avaient alors trafiqué de votre liberté, sont ceux qui ont excité les troubles actuels. J'articule à la face des amis de la liberté et de l'égalité, à la face de la nation, qu'au mois de septembre, après l'affaire du 10 août, il était décidé à Paris que les Prussiens arriveraient sans obstacle à Paris. »

(*Séance du mercredi* 8 *mai* 1793.)

Robespierre: « Nous avons à combattre la guerre extérieure et intérieure. La guerre civile est entretenue par les ennemis de l'intérieur. L'armée de la Vendée, l'armée de la Bretagne et l'armée de Coblentz, sont dirigées contre Paris, cette citadelle de la liberté. Peuple de Paris, les tyrans s'arment contre vous, parce que vous êtes la portion la plus estimable de l'humanité; les grandes puissances de l'Europe se lèvent contre vous; tout ce qu'il y a en France d'hommes corrompus secondent leurs efforts.

« Après avoir conçu ce vaste plan de vos ennemis, vous devez deviner aisément le moyen de vous défendre. Je ne vous dis point mon secret; je l'ai manifesté au sein de la convention.

« Je vais vous révéler ce secret, et, s'il était possible que ce devoir d'un représentant d'un peuple libre pût être considéré comme un crime, je saurai braver tous les dangers pour confondre les tyrans et sauver la liberté.

« J'ai dit ce matin à la convention que les partisans de Paris iraient au-devant des scélérats de la Vendée, qu'ils entraîneraient sur leur route tous leurs frères des départements, et qu'ils extermineraient tous, oui, tous les rebelles à la fois.

« J'ai dit qu'il fallait que tous les patriotes du dedans se levassent, et qu'ils réduisissent à l'impuissance de nuire et les aristocrates de la Vendée et les aristocrates déguisés sous le masque du patriotisme.

« J'ai dit que les révoltés de la Vendée avaient une armée à Paris; j'ai dit que le peuple généreux et sublime, qui depuis cinq ans supporte le poids de la révolution, devait prendre les précautions nécessaires pour que nos femmes et nos enfants ne fussent pas livrés au couteau contre-révolutionnaire des ennemis que Paris renferme dans son sein. Personne n'a osé contester ce principe. Ces mesures sont d'une nécessité pressante, impérieuse. Patriotes! volez à la rencontre des brigands de la Vendée.

« Ils ne sont redoutables que parce qu'on avait pris la précaution de désarmer le peuple. Il faut que Paris envoie des légions républicaines; mais quand nous ferons trembler nos ennemis intérieurs, il ne faut pas que nos femmes et nos enfants soient exposés à la fureur de l'aristocratie. J'ai proposé deux mesures : la première, que Paris envoie deux légions suffisantes pour exterminer tous les scélérats qui ont osé lever l'étendard de la révolte. J'ai demandé que tous les aristocrates, que tous les feuillants, que tous les modérés fussent bannis des sections qu'ils ont empoisonnées de leur souffle impur. J'ai demandé que tous les citoyens suspects fussent mis en état d'arrestation.

« J'ai demandé que la qualité de citoyen suspect ne fût pas déterminée par la qualité de ci-devant nobles, de procureurs, de financiers, de marchands. J'ai demandé que tous les citoyens qui ont fait preuve d'incivisme fussent incarcérés, jusqu'à ce que la guerre soit terminée, et que nous ayons une attitude imposante devant nos ennemis. J'ai dit qu'il fallait procurer au peuple les moyens de se rendre dans les sections sans nuire à ses moyens d'existence, et que, pour cet effet, la convention décrétât que tout artisan vivant de son travail fût soldé, pendant tout le temps qu'il serait obligé de se tenir sous les armes pour protéger la tranquillité de Paris. J'ai demandé qu'il fût destiné des millions nécessaires pour fabriquer des armes et des piques, pour armer tous les sans-culottes de Paris.

« J'ai demandé que des fabriques et des forges fussent élevées dans les places publiques, afin que tous les citoyens fussent témoins de la fidélité et de l'activité des travaux. J'ai demandé que tous les fonctionnaires publics fussent destitués par le peuple.

« J'ai demandé qu'on cessât d'entraver la municipalité, et le département de Paris, qui a la confiance du peuple.

« J'ai demandé que les factieux qui sont dans la convention cessassent de calomnier le peuple de Paris, et que les journalistes qui pervertissent l'opinion publique fussent réduits au silence. Toutes ces mesures sont nécessaires, et en me résumant, voici l'acquit de la dette que j'ai contractée envers le peuple :

« J'ai demandé que le peuple fît un effort pour exterminer les aristocrates qui existent partout. (*Applaudi.*)

« J'ai demandé qu'il existât au sein de Paris une armée, une armée non pas comme celle de Dumouriez, mais une armée populaire qui soit continuellement sous les armes pour imposer aux feuillants et aux modérés. Cette armée doit être composée de sans-culottes payés ; je demande qu'il soit assigné des millions suffisants pour armer les artisans, tous les bons patriotes ; je demande qu'ils soient à tous les postes, et que leur majesté imposante fasse pâlir tous les aristocrates.

« Je demande que dès demain les forges s'élèvent sur toutes les places publiques, où l'on fabriquera des armes pour armer le peuple. Je demande que le conseil exécutif soit chargé d'exécuter ces mesures sous sa responsabilité. S'il en est qui résistent, s'il en est qui favorisent les ennemis de la liberté, il faut qu'ils soient chassés dès demain.

« Je demande que les autorités constituées soient chargées de surveiller l'exécution de ces mesures, et qu'elles n'oublient pas qu'elles sont les mandataires d'une ville qui est le boulevart de la liberté, et dont l'existence rend la contre-révolution impossible.

« Dans ce moment de crise, le devoir impose à tous les patriotes de sauver la patrie par les moyens les plus rigoureux : si vous souffrez qu'on égorge en détail les patriotes, tout ce qu'il y a de vertueux sur la terre sera anéanti ; c'est à vous de voir si vous voulez sauver le genre humain.

(Tous les membres se lèvent par un élan simultané, et crient, en agitant leurs chapeaux : *Oui, oui, nous le voulons !*)

« Tous les scélérats du monde ont dressé leurs plans, et tous les défenseurs de la liberté sont désignés pour victimes.

« C'est parce qu'il est question de votre gloire, de votre bonheur ; ce n'est que par ce motif que je vous conjure de veiller au salut de la patrie. Vous croyez peut-être qu'il faut vous révolter, qu'il faut vous donner un air d'insurrection : point du tout, c'est la loi à la main qu'il faut exterminer tous nos ennemis.

« C'est avec une impudence insigne que des mandataires infidèles ont voulu séparer le peuple de Paris des départements, qu'ils ont voulu séparer le peuple des tribunes du peuple de Paris, comme si c'était notre faute à nous, qui avons fait tous les sacrifices possibles pour étendre nos tribunes pour tout le peuple de Paris. Je dis que je parle à tout le peuple de Paris, et s'il était assemblé dans cette enceinte, s'il m'entendait plaider sa cause contre Buzot et Barbaroux, il est indubitable qu'il se rangerait de mon côté.

« Citoyens, on grossit les dangers, on oppose les armées étrangères réunies aux révoltés de l'intérieur ; que peuvent leurs efforts contre des millions d'intrépides sans-culottes ? Et, si vous suivez cette proposition, qu'un homme libre vaut cent esclaves, vous devez calculer que votre force est au-dessus de toutes les puissances réunies.

« Vous avez dans les lois tout ce qu'il faut pour exterminer légalement nos ennemis. Vous avez des aristocrates dans les sections : chassez-les. Vous avez la liberté à sauver : proclamez les droits de la liberté, et employez toute votre énergie. Vous avez un peuple immense de sans-culottes, bien purs, bien vigoureux ; ils ne peuvent pas quitter leurs travaux : faites-les payer par les riches. Vous avez une convention nationale ; il il est très-possible que les membres de cette convention ne soient pas également amis de la liberté et de l'égalité, mais le plus grand nombre est décidé à soutenir les droits du peuple et à sauver la république. La portion gangrénée de la convention n'empêchera pas le peuple de combattre les aristocrates. Croyez-vous donc que la Montagne de la convention n'aura pas assez de force pour contenir tous les partisans de Dumouriez, de d'Orléans, de Cobourg ? En vérité, vous ne pouvez pas le penser.

« Si la liberté succombe, ce sera moins la faute des mandataires que du souverain. Peuple, n'oubliez pas que votre destinée est dans vos mains; vous devez sauver Paris et l'humanité : si vous ne le faites pas, vous êtes coupable.

« La Montagne a besoin du peuple; le peuple est appuyé sur la Montagne. On cherche à vous effrayer de toutes les manières; on veut nous faire croire que les départements méridionaux sont les ennemis des jacobins. Je vous déclare que Marseille est l'amie éternelle de la Montagne; qu'à Lyon les patriotes ont remporté une victoire complète.

« Je me résume et je demande, 1° que les sections lèvent une armée suffisante pour former le noyau d'une armée révolutionnaire qui entraîne tous les sans-culottes des départements pour exterminer les rebelles; 2° qu'on lève à Paris une armée de sans-culottes pour contenir l'aristocratie; 3° que les intrigants dangereux, que tous les aristocrates soient mis en état d'arrestation; que les sans-culottes soient payés aux dépens du trésor public, qui sera alimenté par les riches, et que cette mesure s'étende dans toute la république.

« Je demande qu'il soit établi des forges sur toutes les places publiques.

« Je demande que la commune de Paris alimente de tout son pouvoir le zèle révolutionnaire du peuple de Paris.

« Je demande que le tribunal révolutionnaire fasse son devoir, qu'il punisse ceux qui, dans les derniers jours, ont blasphémé contre la république.

« Je demande que ce tribunal ne tarde pas à faire subir une punition exemplaire à certains généraux pris en flagrant délit, et qui devraient être jugés.

« Je demande que les sections de Paris se réunissent à la commune de Paris, et qu'elles balancent par leur influence les écrits perfides des journalistes alimentés par les puissances étrangères

« En prenant toutes ces mesures, sans fournir aucun prétexte de dire que vous avez violé les lois, vous donnerez l'impulsion aux départements, qui s'uniront à vous pour sauver la liberté. »

(*Séance du dimanche* 12 *mai* 1793.)

Robespierre : « Je n'ai jamais pu concevoir comment, dans des moments critiques, il se trouvait tant d'hommes pour faire des propositions qui compromettent les amis de la liberté, tandis que personne n'appuie celles qui tendent à sauver la république. Jusqu'à ce qu'on m'ait prouvé qu'il n'est pas nécessaire d'armer les sans-culottes, qu'il n'est pas bon de les payer pour monter la garde et assurer la tranquillité de Paris, jusqu'à ce qu'on m'ait prouvé qu'il n'est pas bon de changer nos places en ateliers pour fabriquer des armes, je croirai et je dirai que ceux qui, mettant ces mesures à l'écart, ne vous proposent que des mesures partielles, quelque violentes qu'elles soient, je dirai que ces hommes n'entendent rien au moyen de sauver la patrie; car ce n'est qu'après avoir épuisé toutes les mesures qui ne compromettent pas la société, qu'on doit avoir recours aux moyens extrêmes; encore ces moyens ne doivent-ils pas être proposés au sein d'une société qui doit être sage et politique. Ce n'est pas un moment d'effervescence passagère qui doit sauver la patrie. Nous avons pour ennemis les hommes les plus fins, les plus souples, qui ont à leur disposition tous les trésors de la république.

« Les mesures que l'on a proposées n'ont et ne pourront avoir aucun résultat; elles n'ont servi qu'à alimenter la calomnie, elles n'ont servi qu'à fournir des prétextes aux journalistes de nous représenter sous les couleurs les plus odieuses.

« Lorsqu'on néglige les premiers moyens que la raison indique, et sans lesquels le salut public ne peut être opéré, il est évident qu'on n'est point dans la route. Je n'en dirai pas davantage; mais je déclare que je proteste contre tous les moyens qui ne tendent qu'à compromettre la société sans contribuer au salut public. Voilà ma profession de foi : le peuple sera toujours en état de terrasser l'aristocratie; il suffit que la société ne fasse aucune faute grossière.

« Quand je vois qu'on cherche à faire inutilement des ennemis à la société, à encourager les scélérats qui veulent la détruire, je suis tenté de croire qu'on est aveugle ou malintentionné.

« Je propose à la société de s'arrêter aux mesures que j'ai proposées, et je regarde comme très-coupables les hommes qui ne les font pas exécuter. Comment peut-on se refuser à ces mesures ? comment n'en sent-on pas la nécessité ? et, si on la sent, pourquoi balance-t-on à les appuyer et à les faire adopter ? Je proposerai à la société d'entendre une discussion sur les principes de constitution qu'on prépare à la France; car il faut bien embrasser tous les plans de nos ennemis. Si la société peut démontrer le machiavélisme de nos ennemis, elle n'aura pas perdu son temps. Je demande donc que, écartant les propositions déplacées, la société me permette de lui lire mon travail sur la constitution. »

(*Séance du dimanche 26 mai 1793.*)

Robespierre : « Je vous disais que le peuple doit se reposer sur sa force; mais, quand le peuple est opprimé, quand il ne lui reste plus que lui-même, celui-là serait un lâche qui ne lui dirait pas de se lever. C'est quand toutes les lois sont violées, c'est quand le despotisme est à son comble, c'est quand on foule aux pieds la bonne foi et la pudeur, que le peuple doit s'insurger. Ce moment est arrivé : nos ennemis oppriment ouvertement les patriotes; ils veulent, au nom de la loi, replonger le peuple dans la misère et dans l'esclavage. Je ne serai jamais l'ami de ces hommes corrompus, quelques trésors qu'ils m'offrent. J'aime mieux mourir avec les républicains, que de triompher avec ces scélérats. (*Applaudi.*)

« Je ne connais pour un peuple que deux manières d'exister : ou bien qu'il se gouverne lui-même, ou bien qu'il confie ce soin à des mandataires. Nous, députés républicains, nous voulons établir le gouvernement du peuple, par ses mandataires, avec la responsabilité; c'est à ces principes que nous rapportons nos opinions, mais le plus souvent on ne veut pas nous entendre. Un signal rapide, donné par le président, nous dépouille du droit de suffrage. Je crois que la souveraineté du peuple est violée, lorsque ses mandataires donnent à leurs créatures les places qui appartiennent au peuple. D'après ces principes, je suis douloureusement affecté..... »

« L'orateur est interrompu par l'annonce d'une députation (*tumulte*). « Je vais, s'écrie Robespierre, continuer de parler, non pas pour ceux qui m'interrompent, mais pour les républicains.

« J'exhorte chaque citoyen à conserver le sentiment de ses droits; je l'invite à compter sur sa force et sur celle de toute la nation; j'invite le peuple à se mettre, dans la convention nationale, en insurrection contre tous les députés corrompus. (*Applaudi.*) Je déclare qu'ayant reçu du peuple le droit de défendre ses droits, je regarde comme mon oppresseur celui qui m'interrompt, ou qui me refuse la parole, et je déclare que, moi seul, je me mets en insurrection contre le président, et contre tous les membres qui siègent dans la convention. (*Applaudi.*) Lorsqu'on affectera un mépris coupable pour les sans-culottes, je déclare que je me mets en insurrection contre les députés corrompus. J'invite tous les députés montagnards à se rallier et à combattre l'aristocratie, et je dis qu'il n'y a pour eux qu'une alternative : ou de résister de toutes leurs forces, de tout leur pouvoir, aux efforts de l'intrigue, ou de donner leur démission.

« Il faut en même temps que le peuple français connaisse ses droits; car les députés fidèles ne peuvent rien sans la parole.

« Si la trahison appelle les ennemis étrangers dans le sein de la France, si, lorsque nos canonniers tiennent dans leur main la foudre qui doit exterminer les tyrans et leurs satellites, nous voyons l'ennemi approcher de nos murs, alors je déclare que je punirai moi-même les traîtres, et je promets de regarder tout conspirateur comme mon ennemi, et de le traiter comme tel. » (*Applaudi.*)

FIN DES NOTES DES TOMES TROISIÈME ET QUATRIÈME.

TABLE

DES CHAPITRES

CONTENUS DANS LE TOME QUATRIÈME.

CHAPITRE PREMIER.

Position des partis après la mort de Louis XVI. — Changements dans le pouvoir exécutif. Retraite de Roland; Beurnonville est nommé ministre de la guerre, en remplacement de Pache. — Situation de la France à l'égard des puissances étrangères; rôle de l'Angleterre; politique de Pitt. — État de nos armées dans le Nord; anarchie dans la Belgique par suite du gouvernement révolutionnaire. — Dumouriez vient encore à Paris; son opposition aux jacobins. — Deuxième coalition contre la France; plans de défense générale proposés par Dumouriez. — Levée de trois cent mille hommes. Invasion de la Hollande par Dumouriez; détails des plans et des opérations militaires. — Pache est nommé maire de Paris. — Agitation des partis dans la capitale; leur physionomie, leur langage et leurs idées dans la commune, dans les Jacobins et dans les sections. — Troubles à Paris à l'occasion des subsistances; pillage des boutiques des épiciers. — Continuation de la lutte des girondins et des montagnards; leurs forces, leurs moyens. —

Revers de nos armées dans le Nord. Décrets révolutionnaires pour la défense du pays. — Établissement du *tribunal criminel extraordinaire*; orageuses discussions dans l'assemblée à ce sujet; événements de la soirée du 10 mars; le projet d'attaque contre la convention échoue.......... 1

CHAPITRE II.

Suite de nos revers militaires; défaite de Nerwinde. — Premières négociations de Dumouriez avec l'ennemi; ses projets de contre-révolution; il traite avec l'ennemi. — Évacuation de la Belgique. — Premiers troubles de l'Ouest; mouvements insurrectionnels dans la Vendée. — Décrets révolutionnaires. Désarmement des *suspects*. — Entretien de Dumouriez avec des émissaires des jacobins. Il fait arrêter et livre aux Autrichiens les commissaires de la convention. — Décret contre les Bourbons. Mise en arrestation du duc d'Orléans et de sa famille. — Dumouriez, abandonné de son armée après sa trahison, se réfugie dans le camp des Impériaux. Opinion sur ce général. — Changements dans les commandements des armées du Nord et du Rhin. Bouchotte est nommé ministre de la guerre à la place de Beurnonville destitué........................... 89

CHAPITRE III.

Établissement du *comité de salut public*. — L'irritation des partis augmente à Paris. Réunion démagogique de l'Évêché; projets de pétitions incendiaires. — Renouvellement de la lutte entre les deux côtés de l'assemblée. — Discours et accusation de Robespierre contre les complices de Dumouriez et les girondins. — Réponse de Vergniaud. — Marat est décrété d'accusation et envoyé devant le tribunal révolutionnaire. — Pétition des sections de Paris demandant l'expulsion de 22 membres de la convention. — Résistance de la commune à l'autorité de l'assemblée. Accroissement de ses pouvoirs. — Marat est acquitté et porté en triomphe. — État des opinions et marche de la révolution dans les provinces. Dispositions des principales villes, Lyon, Marseille, Bordeaux, Rouen. — Position particulière de la Bretagne et de la Vendée. Description de ces pays; causes qui amenèrent et entretinrent la guerre civile. Premiers succès des Vendéens; leurs principaux chefs. 137

CHAPITRE IV

Levée d'une armée parisienne de 12 mille hommes; emprunt forcé; nouvelles mesures révolutionnaires contre les suspects. — Effervescence croissante des jacobins à la suite des troubles des départements. — Custine est nommé général en chef de l'armée du Nord. — Accusations et menaces des jacobins; violente lutte des deux côtés de la convention. — Formation d'une commission de douze membres, destinée à examiner les actes de la commune. — Assemblée insurrectionnelle à la mairie. Motions et complots contre la majorité de la convention et contre la vie des députés girondins; mêmes projets dans le club des Cordeliers. — La convention prend des mesures pour sa sûreté. — Arrestation d'Hébert, substitut du procureur de la commune. — Pétitions impérieuses de la commune. Tumulte et scènes de désordres dans toutes les sections. — Événements principaux des 28, 29 et 30 mai 1793. Dernière lutte des montagnards et des girondins. — Journées du 31 mai et du 2 juin. Détails et circonstances de l'insurrection dite du 31 mai. — Vingt-neuf représentants girondins sont mis en arrestation. — Caractère et résultats politiques de cette journée. Coup d'œil sur la marche de la révolution. Jugement sur les girondins. 192

FIN DE LA TABLE.

www.ingramcontent.com/pod-product-compliance
Lightning Source LLC
Chambersburg PA
CBHW050545170426
43201CB00011B/1570